हिंदी कम्प्यूटरीकरण

तकनीक के नवीन आयाम

डॉ. एहतिशाम अज़ीज़

ISBN 979-8-88883-611-8

अनुक्रमणिका

बहुज्ञता का अनुसंधान एवं प्रकृष्ट जीवन की लालसा उपयज्ञता को सदैव परिवर्द्धन देते रहे।

इसी परिवर्द्धन ने अनेक विस्मयकारी अविष्कारों का उदय किया। अपने कार्या को साध्य बनाने के इस यात्रानुभव में मनुष्य ने अनेक यंत्रों एवं मशीनों की रचना की। इसी अनुक्रम में कम्प्यूटर की उत्पत्ति हुई। यह कल्पित भी करना असंभव था कि संगणन के हेतु सृजित किया गया, यह यंत्र स्वयं के भीतर एक विप्लवकारी भविष्य छुपाए हुए है। संगणन के इस यंत्र ने जहाँ पहले प्रकाशन के क्षेत्र में क्रांति की स्थिति पैदा कीए वहीं संप्रेषण एवं अभिव्यक्ति का नया माध्यम बना। एक ऐसा माध्यम जहाँ सूचना के स्रोत खुलते हैं वहीं साहित्य-विषयक चिंतन को नवीन मंच भी मिलता है। पूर्वतः धारणा थी कि कम्प्यूटर पारंपरिक एवं प्रकाशित साहित्य के लि, अस्वास्थ्यकर सिद्ध होगा परंतु कम्प्यूटर ने अनुचित सिद्ध करते हुए पारंपरिक साहित्य को स्वयं प्रत्यक्षीकरण के एक नूतन मध्यस्थ की भूमिका का निर्वाह किया और साहित्य को डिजिटलाइजेशन के रूप में परिरक्षित करने के साथ-साथ वैज्ञानिक-स्वरूप भी प्रदान किया। जिससे कि दुर्लभ एवं अनुपलब्ध कृतियों को दृश्य रूप में स्थायित्व मिला। निष्कर्षतः कम्प्यूटर को निसंदेह मानव बौद्धिकता के द्वारा सृजित सर्वोत्कृष्ट अविष्कारों में से एक माना जा सकता है। जिसने विभिन्न मनीषियों के विचारों की अभिव्यक्ति को संरक्षण का साधन प्रदान किया। परंतु अभी तक कम्प्यूटर का संवहन केवल साहित्य के संरक्षण तक ही सीमित था एवं यह एक बहुप्रतिलिपिक यंत्र के रूप में स्वयं को प्रमाणित कर चुका था। कुछ संभ्रांत जन इस यंत्र का वाणिज्यीकरण रूप में भी उपयोग कर रहे थे।

परंतु इंटरनेट के अन्वेषण ने कम्प्यूटर क्रांति के अध्याय में एक नूतन एवं उल्लेखनीय विषम अनुप्रविष्ट किया। इंटरनेट के रूप में कम्प्यूटर को एक ऐसा सहपथी मिला जिसके सहचार्य से वास्तव में कम्प्यूटर सार्वभौतिक तकनीक के शिखर पर जम सूचक बनकर उभरा। कम्प्यूटर के रूप में प्रज्ज्वलित प्रदिप्ति अब संपूर्ण विश्व को अपनी आभा से कान्तिमय बना रही है। यह केवल परिकलन यंत्र न रहकर एक अकूत सामर्थ्ययुक्त भाषिक उपकरण के रूप में परिवर्तित हो चुका है। संसार को सम्बद्ध करके एक वैश्विक गाँव, में परिवर्तित करने के चमत्कारपूर्ण कृत्य के समकक्ष ही एक नवीन भाषिक समाज की आधारशिला भी डाल दी।

यह समस्त भाषाओं के लिए अत्यंत संभावनापूर्ण अवसर था, जहाँ वह खुद को तकनीकी रूप से अधिक सक्षम सिद्ध कर कसती थी, वहीं अपने साहित्य को विश्व पटल पर प्रस्तुत कर सकते थे। संप्रेषण एवं अभिव्यक्ति के माध्यम से अपनी भाषा का प्रसार करके अपने लिए वैश्विक बाज़ार में अभूतपूर्ण सुअवसर पैदा कर सकती थी। यही कारण रहा कि भाषा और सूचना एवं प्रौद्योगिकी क्रांतिपूर्ण रूप से एक दूसरे संशिलष्ट हो गयीं, जहाँ एक और भाषा तकनीक को सक्षम एवं सुग्रहण बना रही है वहीं तकनीक भी भाषा को विस्तार प्रदान कर रही है। इस क्रांति में समस्त भाषाओं के साथ हिन्दी भी बढ़-चढ़कर सहभागिता दर्ज करा रही है।

तकनीकी रूप से हिन्दी भाषा का संदर्भित अध्ययन करने के पश्चात हिन्दी एवं पाश्चात्य विद्वानों ने यही पाया कि हिन्दी कम्प्यूटर के लिए आदर्श भाषा है, जहाँ रिंग ब्रिग्ज़ का मत हिन्दी के तकनीकी रूप में सक्षम होने का सशक्त प्रमाण है, वहीं उनके पश्चात विभिन्न विद्वानों ने इस तथ्य पर पूर्ण रूप से सहमति दर्शायी है। देवनागरी लिपि की वैज्ञानिकता उसे वाक्य विन्यास, शब्द संरचना एवं उच्चरित स्थान के संदर्भ में आदर्श लिपि घोषित करती है। परंतु हिन्दी एवं देवनागरी को अभी भी कम्प्यूटरीकरण में वह स्थान नहीं मिल पाया है, जिसकी वह हकदार हैं। आश्चर्यजनक तथ्य है कि भारत एक युवा प्रधान देश है और अमेरिका आई.टी. सेक्टर में अधिकांश भारतीय युवा ही हैं, जो अमेरिका

को तकनीक के क्षेत्र में सर्वप्रथम बनाए हुए हैं। इसके साथ ही भारत इंटरनेट उपभोक्ताओं की सूची में तीसरा स्थान प्राप्त कर चुका है, परंतु फिर भी भाषिक स्तर पर अपनी राष्ट्रभाषा का तकनीकीकरण करने में वह प्रयास नहीं कर पा रहं है, जो वांछित हैं। इसका कारण एक तो तकनीक एवं कम्प्यूटर की कार्य प्रणाली के बारे में अल्पज्ञान है, साथ ही साथ अपनी भाषा को प्रयोग करने का समर्पण भाव भी कम है। यह चिंतन का विषय है। हमें इस क्षेत्र में हुए प्रयासों का आत्मासात करना होगा।

परंतु यह कहना भी अप्रासंगिक न होगा कि हिन्दी एवं देवनागरी धीमी परंतु अविच्छन्न गति से कम्प्यूटर जगत का अभीष्ट अंग बनती जा रही है। बड़ी-बड़ी बहुराष्ट्रीय कपंनियाँ भी इस बात से भली भांति परिचित है। तब ही माइक्रोसाफ्ट जैसी कम्पनी अपने साफ्टवेयर्स में हिन्दी एवं उसके अनुप्रयोगों को स्थान दे रही हैं, आवश्यकता है तो केवल इस प्रयासों की तीव्रता प्रदान करने की। इसलिए युवा वर्ग को अपनी उर्जा को अधिक से अधिक इन प्रयासों में परिवर्तित करके हिन्दी को कम्प्यूटर जगत की अग्रज भाषा बनाने का प्रण लेना होगा।

प्रस्तुत पुस्तक को कुल मिलाकर सात अध्यायों में विभक्त किया गया है। पुस्तक का प्रारंभ प्रस्तावना से किया गया है, जिसमें विषय की उपयोगिता तथा अध्ययन की रूपरेखा का विवेचन किया गया है।

प्रथम अध्याय में भाषा की संकल्पना एवं स्वरूप के ऊपर विचार किया गया है। इस अध्याय में हिन्दी एवं पाश्चात्य विद्वानों के मतों का विवेचना करते हुए भाषा के अंग, भाषा के रूप, भाषा की संकल्पना, उसकी प्रकृतिगत विशेषताएँ एवं परिवर्तनशीलता पर विचार किया गया है।

द्वितीय अध्याय में हिन्दी शब्द की उत्पत्ति और उसके विभिन्न रूप एवं प्रयोग, विभिन्न कालों में हिन्दी को विकास-यात्रा को दर्शाया गया।

पुस्तक के तृतीय अध्याय में कम्प्यूटर की परिभाषा बताते हुए, उसके प्रयोग एवं विभिन्न प्रोग्रामिंग भाषाओं का उल्लेख करते हुए,

इसके अतिरिक्त कम्प्यूटर की संरचना पर भी प्रकाश डाला गया है एवं हार्डवेयर तथा सहायक प्रभाग को निरूपित करते हुए, उनके कार्यों के बारे में बताया गया है।

चतुर्थ अध्याय में कम्प्यूटर के भाषिक अनुप्रयोगों के बारे में वर्णन है। सर्वप्रथम भाषा विज्ञान में कम्प्यूटर की आवश्यकता बताते हुए देवनागरी के तकनीकी पक्ष पर दृष्टिपात किया गया है, फिर हिन्दी में कम्प्यूटर जगत में भाषिक अनुप्रयोगों का विवेचन करते हुए, हिन्दी भाषा में प्रोग्रामिंग भाषाओं पर प्रकाश डाला गया है।

पंचम अध्याय का शीर्षक हिन्दी के विकास में कम्प्यूटर के अनुप्रयोग हैं। इसमें पहले इंटरनेट की कार्य प्रणाली समझते हुए इंटरनेट और भाषिक परिवर्तन, इंटरनेट और अभिव्यक्ति के नवीन आयाम विभिन्न अनुवादित साहित्यों की उपलब्धता और हिन्दी पर चर्चा की गयी है।

षष्ठ अध्याय में अभिकल्पनात्मक भाषिकी और हिन्दी भाषा, हिन्दी की तकनीकी क्रांति, कोशीय अध्ययन, साहित्य के परिप्रेक्ष्य में कम्प्यूटर की भूमिका को दर्शाया गया है।

सप्तम अध्याय का शीर्षक उपसंहार है। प्रस्तुत शोध के सभी तथ्यों का संक्षिप्त निरूपण इसमें किया गया है। अंत में सहायक ग्रंथों की सूची परिशिष्ट में संलग्न की गई है।

'हिन्दी भाषा के विकास में कम्प्यूटर की भूमिका' विषय की अन्वेषण-यात्रा के उपरांत मुझे कई द्वंद्वात्मक क्षणों का भी सामना करना पड़ा। परंतु ईश्वर की कृपा से परम आदरणीय गुरूदेव एवं विद्वान प्रो॰ आरिफ़ नज़ीर, चेयरमैन, हिन्दी विभाग, अलीगढ़ मुस्लिम विश्वविद्यालय, अलीगढ़ के सान्निध्य का सौभाग्य प्राप्त होने के कारण निराशा का तमस गुरूज्ञान की कान्तिमय ज्योति से परास्त हो गया। अध्ययन एवं अनुसंधान के इस यात्रा क्रम में मुझे प्रो॰ आरिफ़ नज़ीर से अदम्य प्रेरणा, स्नेह एवं प्रोत्साहन प्राप्त हुआ। उन्होंने अपने पारिवारिक एवं विभागीय कर्तव्यों का निर्वाह करते हुए, अपनी व्यस्त दिनचर्या में से अत्यंत दुर्लभ समय देकर मेरी दुविधाओं एवं समस्याओं का निदान किया।

मैं अपने नाना श्री फज़ल इलाही का धन्यवाद करते हुए गौरव का अनुभव करता हूँ। जिन्होंने इस शोध कार्य के उपरांत हुई कठिनाइयों में मेरा सदैव मनोबल बढ़ाया और हर प्रकार से मेरा सहयोग किया। मैं उनके प्रति अपनी अपार श्रद्धा को शब्दों में व्यक्त नहीं कर सकता।

मेरे पिता श्री अज़ीज उलहक की स्नेहमयी छवि सदैव मेरे साथ रही। मेरे पिता का गौरवमयी व्यक्तित्व मेरा आदर्श बनकर सदैव मुझे कार्यरत रहने हेतु प्रेरित करता रहा है।

मैं श्रद्धावान हूँ अपनी माता श्रीमती कहकशाँ अज़ीज जी के प्रति जिनका वात्सल्य व सहयोग मुझे निरंतर मिलता रहा है। बचपन से ही मेरी माता जी (मम्मी) ने शिक्षा के प्रति मेरे मन में जो प्रेम भरा और हर प्रकार का सहयोग देकर जो मेरा उत्साहवर्द्धन किया उनका ऋण चुकाने की शक्ति मुझमें नहीं है।

पुस्तक पूरा करने में मेरी बहन अरमीना फ़हद खान का भी महत्वपूर्ण योगदान रहा, जिन्होंने मेरी हर तरह से सहायता की है। इनके अलावा फ़हद ख़ान, अकीक-उर-रहमान, उरुसा ख़ान, उस्मान ख़ान, जावेद फ़जल, मुख्तार ज़ैदी, ज़िया उल हक आदि का आभार प्रकट करना चाहता हूँ। इन सबका आभार प्रकट करते हुए मैं गौरव व अनुभव करता हूँ।

अलीगढ़ कॉलेज ऑफ एजुकेशन में रहते हुए प्रो0 एम 0 मुक़ीम का पिता तुल्य स्नेह और जीवन को देखने का नया नजरिया देने के बाद से ही इस पुस्तक को लिखने का सहस जुटा पाया एवं डॉ 0 नाएला ज़िआ का मार्गदर्शन मुझे हमेशा प्रेरित करता रहा उनके जैसी ऊर्जावान रखने वाली प्राचार्या ही मेरी अथक मेहनत का ज़रिया बनी अपने सहकर्मी डॉ0 एहसान अहमद, नाज़िर इक़बाल, डॉ0 मोईन अहमद खान, डॉ0 सदफ जाफरी, डॉ जावेद अख्तर, डॉ0 रेशमा परवीन ने मेरी भरपूर सहायता की

इस पुस्तक की परिकल्पना मैं अपने हितैषी एम 0 रेहान के बिना नहीं कर सकता था बिना उनके सद:योग के इस सपने को साकार करना न मुमकिन सा था ईश्वर से उनके सुखमय, उज्ज्वल एवं स्वर्णिम भविष्य की कामना करता हूँ।

मैं अपनी धर्मपत्नी डॉ0 उज़्मा अहमद के प्रति मैं विशेष रूप से कृतज्ञ हूँ। जिन्होंने यथा सामर्थ्य पूर्ण निष्ठा के साथ समार्पित भाव से मुझे पग-पग पर सहयोग दिया।जीवन की अनेक कठिनाइयों एवं संघर्षों के बीच भी उन्होंने सदैव ही यह प्रयास किया कि पुस्तक पर कार्य करते समय मुझे किसी भी विघ्न का सामना न करना पड़े मेरी एकाग्रता को बनाए रखने के लिए उनका जितना आभारी हूँ कम ही प्रतीत होता है

मेरी ज्ञान सीमा इतनी व्यापक नहीं है कि मैं कोई बड़ा दावा कर सकूँ विश्वास इतना की है कि यह अनुसंधानात्मक प्रयास विद्वज्जन से प्रोत्साहनपरक संस्तुति प्राप्त करेगा।

फिर अंत में ईश्वर (अल्लाह) को नमन करता हूँ, जिसने मुझे शोधकार्य करने का सामाध्र्य प्रदान किया।

विनयावनत

डॉ. एहतिशाम अज़ीज़

अलीगढ़ कॉलेज ऑफ एजुकेशन

अलीगढ़

भाषा की संकल्पना और स्वरूप

भाषा शब्द की उत्पत्ति संस्कृत की भाष् धातु से हुआ है जिसका अभिप्राय है "बोलना"। प्राणी-जगत में केवल मनुष्य की संप्रेषण के लिए भाषा व्यवहार करता है, इसका प्रमुख कारण है कि मनुष्य एक सामाजिक एवं चिंतनशील प्राणी है। इसी सामाजिकता को बनाए रखने के लिए उसे संप्रेषण की आवश्यकता पड़ती है और भाषा संप्रेषण का सबसे सशक्त माध्यम है। यह मानना अतिशयोक्त नहीं होगी कि भाषा को समझे बिना मानवीय व्यवहार हो समझना अत्यंत कठिन है।

भाषा की उत्पति को लेकर प्रारंभ से ही अनेक प्रकार की भ्रांतियाँ रहीं, जैसे पूर्वधरणा के अनुसार भाषा ईश्वरकृत है। इसके पीछे अध्यात्मवादियों का मत था कि भाषा के सृजन के निर्माण में जिस सृजनशीलता की आवश्यकता होती है, मनुष्य में उस सृजनशीलता का नितांत अभाव है, परन्तु भाषा विज्ञानियों एवं शरीर विज्ञानियों ने इस मत को पूर्णतः खण्डन करते हुए, इस मत को स्थापित किया कि प्राणी-जगत में केवल मनुष्य में ही वह सृजनशीलता है जो भाषा के सृजन के लिए आवश्यक है। इंग्लैण्ड के एक प्रसिद्ध शरीर विज्ञानी डा॰ वी.ई नीगस जिन्होंने द्योषयंत्र पर "कम्पेरेटिव एंड फिजियोलाजी आफ द लैरिन्कस" नामक एक अत्यंत महत्वपूर्ण पुस्तक की रचना की, जिसमें पशुओं द्वारा उत्पन्न ध्वनि संकेतों की चर्चा करते हुए इन्होंने स्पष्ट लिखा है कि 'बहुत से पशु ऐसी ध्वनियाँ करते हैं, जिनसे भाषा का विषद् शब्द भण्डार लेकिन उनमें बुद्धि नहीं है कि वह इस क्षमता से लाभ उठायें जैसे मनुष्य उठाता है।[1] और यह बात भी पूर्णतः प्रमाणित है कि विश्व की सभी भाषाओं की उत्पति की समस्या को प्राचीन दस्तावेजों या भाषाओं के तुलनात्मक अध्ययन से

नहीं सुलझाया जा सकता, बल्कि इसके लिए भाषा के विकास के समकक्ष मनुष्य के जैविक एवं सामाजिक विकास पर भी चिंतन करना होगा इस विषय पर बहुत पहले से खोज हो रही है।

"Conscious interest in languages and its problem begin with the Greek philosopher and the Sanskrit grammarians, while former discussed the origin and nature of language, the later went to work to codify the rules for the use of their tongues. Panini's grammer of Sanskrit (c. 300 BC; but it contains references to much earlier works) is a jewel of precision and concision) but we left to wonder, whether it is the main prescriptive or descriptive[2]".

तो यह स्वतः स्पष्ट है कि केवल मनुष्य में हीवह बौद्धिकता है, जो कि विकास के चरण चढ़ते हुए भाषा के सृजन को प्राप्त कर पायी है और सामाजिकता बनाए रखने का सर्वोपरि साधन भाषा ही है, किन्तु विचार करने हेतु भाषा अत्यंत जटिल विषय है, शायद ही ऐसी परिभाषा बन पाये जो इसको पूर्णतः व्याख्यायित कर सके। इसका मुख्य कारण सभवतः यह है कि मनुष्य भाषा का प्रयोग करना बिना किसी प्रयास के अनुसरण द्वारा ही सीख जाता है। भाषा का व्यवहार सामाजिक धरातल पर जितना सरल और स्वभाविक है, उसकी परिभाषा और तत्संबंधी नियमों, विद्धांतों का विवेचन उतना ही सीख जाता है। भाषा एक शारीरिक एवं मनोवैज्ञानिक प्रकिया है, यह एक पहले से निर्धारित व्यवस्था है इसका प्रयोग करने वाले समाज की सर्वसम्मति से इस व्यवस्था का निर्धारण किया जाता है। भाषा का ताना-बाना समाज की बुनता है।

Language may refer either to specifically human capacity for acquiring and using complex system of communication or to a specific instance of such a system of complex communication[3].

इन परिभाषाओं पर सूक्ष्मता से दृष्टिपात करने पर ज्ञात होता है कि 'मुख से उच्चरित होने वाले परस्पर सर्वद्ध शब्दों और वाक्यों आदि का वह ध्वनि-समूह जिसके द्वारा मन का भाव बताया जाए।[4] मानव मात्र जिस प्रकार इन ध्वनियों का व्यवहार करता है, उस सबको सम्मिलित रूप से 'भाषा' कहते हैं।[5] भाषा मानव वागींद्रियों से उच्चरित, यादृच्छिक, रूढ़ एवं सार्थक ध्वनि प्रतीकों की वह व्यवस्था है, जिसके माध्यम से समुदाय विशेष के लोग परस्पर विचारों का आदान-प्रदान करते हैं।[6]

भाषा मानव उच्चारणावयवों से उच्चरित यादृच्छिक, ध्वनि प्रतीकों की वह संरचात्मक व्यवस्था है, जिसके द्वारा समाज विशेष के लोग आपस में विचार विनियम करते हैं, लेखक, कवि या वक्ता रूप में अपने अनुभवों एवं भावों को व्यक्त करते हैं तथा अपने वैयक्तिव और सामाजिक व्यक्तित्व तथा अस्मिता (Identity) संबंध में जाने-अनजाने जानकारी देते है।[7] या फिर कहा जा सकता है कि 'भाषा स्वेच्छागत वाक् प्रतीकों की एक ऐसी पद्धति है, जिसके माध्यम से सामाजिक प्राणी परस्पर सहयोग करते है। मानव मस्तिष्क में वस्तुतः ऐसे ध्वन्यात्मक संकेत होते रहते हैं, जिनसे भाषिक संरचना में विशिष्ट व्यवस्था बनी रहती है। ध्वनि शब्द, पद, वाक्य आदि में भाषागत क्रम रहता है। प्रत्येक भाषा में ध्वनि संबंधी रूप परिवर्तन संबंधी नियम होते हैं'।[8]

भाषा का सृजन पूर्णतः एक सामाजिक प्रक्रिया है। ध्वनि संकेतों के विकसित होने पर वह भाषा बनकर विचार एवं अभिव्यक्ति के साधन बन जाते हैं।

"A language is a system of arbituary vocal symbols by which member of social group co-operate and interact".[9]

निष्कर्ष यह है कि समृद्ध और समर्थ भाषा वही होती है, जो समाज से जुड़ी हुई हो अर्थात साधारण जन की भाषा हो।

भाषा विचार को संबोधिक रूप प्रदान करती है। यह अभी भी तर्क का विषय है कि पहले भाषा आई या विचार, परन्तु संभवतः विचारों का अस्तित्व भाषा से कहीं प्राचीन रहा है।

"Words and language, whether written or spoken, do not seem to play any part in my thought process. The psychological entities that serve as building blocks for my thought processes are certain signs or images move or less clear that I can reproduce at will."

(Albert Einstein, Quoted in dehaene at al 1999, 970)[10]

इससे यह निष्कर्ष निकाला जा सकता है कि भाषा की उत्पति संभवतः हाव-भाव के द्वारा संप्रेषण करने से हुई, और मनोवैज्ञानिक स्तर पर भाषा की उत्पति कहीं बहुत पहले ही हो चुकी थी।

भाषा वह साधन है, जिसके माध्यम से हम सोचते हैं तथा अपने विचारों को व्यक्त करते हैं।[11] अर्थात विचारों के उत्पन्न होने की और उनको व्यक्त करने की भाषा एक ही होती है। निष्कर्षतः ध्वनि संकेतों के विकसित होने के पश्चात् वह ध्वनि संकेत विकसित रूप में भाषा बनकर विचार एवं अभिव्यक्ति का साधन बनते हैं। भाषा संप्रेषण का माध्यम ही नहीं, अपितु हमारे भावबोध का साधन भी है। हम सोचते हैं तो भाषा के सहारे और किसी बात को समझते-समझाते हैं तो भी भाषा के सहारे। हमारे स्मृति कोष और चिंतन-प्रक्रिया का आधार भाषा ही है। मानव-मन की सृजनात्मक शाक्ति की अनुपम देन के रूप में यह भाषा ही बाह्म जगत और हमारे भाव-बोध के बीच सेतु का काम करती है।[12] किन्तु विचार-विनियम और भावों की अभिव्यक्ति का केवल एक मात्र साधन भाषा नहीं है। ऐसे अनगिनत साधन हैं, जिनसे वह भावों की अभिव्यक्ति और विचारों का आदान-प्रदान करता है। मुस्कुराकर या तटस्थ किसी के आगमन का स्वागत मुख पर खिंच रही विभिन्न रेखाओं से ही स्पष्ट हो जाता है। अंग-प्रत्यंगों के प्रयोग के द्वारा भी भाव की अभिव्यक्ति और विचारों का आदान-प्रदान हो सकता है।

मुख मुद्रा संकेत एवं अंग भंगिमा ऐसे भाव-अभिव्यंजक हैं, जो शब्द के बिना के बिना भी संप्रेषण में सहायक हैं। संप्रेषण का विकास बहुमुखी

है, शब्द, अर्थ के अतिरिक्त भी ऐसे बहुत से हैं जो संप्रेषण साध्य तो हैं परन्तु भाषा नहीं। अंग भंगिमा के द्वारा संप्रेषण मानवेतर जीवों में भी देखा जा सकता है यही कारण है कि इन अंग-भंगिमाओं को भाषा नहीं कहा जा सकता, परन्तु इनकी अवहेलना भी नहीं की जा सकती। निष्कर्षतः इनको भाषा का अंग मानते हुए इनका विवेचन करना होगा।

परन्तु इससे पहले यह निर्णय आवश्यक है कि यह अंग-भंगिमाएँ भी भाषा-विज्ञान के अध्ययन के क्षेत्र में आती हैं।

किसी भी विषय की सीमा का निर्धारण दो बातो पर निर्भर करता है। पहले, उस विषय के अध्ययन का उद्देश्य और दूसरा, उसके अध्ययन की पद्धति। भाषा-विज्ञान की दृष्टि से भाषा के अध्ययन का उद्देश्य उसकी आन्तरिक संरचना का विवेचन-विश्लेषण और उसकी जानकारी प्राप्त करना है, जिसके द्वारा वह क्रमबद्ध रूप में विचारों को अभिव्यक्ति प्रदान करता है। भाषा के अध्ययन के लिए वैज्ञानिक पद्धति का अनुसरण किया जाता है। सुनिश्चित उद्देश्य एवं सुनिश्चित अध्ययन-पद्धति के कारण भाषा की दो सीमाएँ निर्धारित की गयी हैं। पहली-मानवीयता और दूसरी-कथ्यता। पहली सीमा के कारण भाषा-विज्ञान में केवल मानव-भाषा का ही अध्ययन होता है, और दूसरी सीमा के कारण विचार-विनियम एवं भावों की अभिव्यक्ति के केवल उस साधन को ही भाषा माना जाता है, जिसमें कथन की क्रिया हो।[13] और मनुष्य की भाषा का भाषा-विज्ञान के अध्ययन की विषय-वस्तु होने का प्रमुख कारण है, उसका सामाजिक होना।

किसी भी व्यवस्था को समझने के लिए उसकी संरचना के विभिन्न पक्षों से अभिज्ञ होना आवश्यक है। संरचना ऐसी प्रक्रिया होती है, जो उसके मौलिक आधार एवं ढाँचे के विकसित होने के पश्चात् पूर्ण होती है। जहाँ तक भाषा की संरचना का प्रश्न है उसको समझने के लिए हमें वाक् और भाषा के बीच अंतर्निविष्ट अंतर का विश्लेषण करना होगा।

वाक् स्थूल और भौतिक वस्तु है, भाषा सूक्ष्म और भावनीत वस्तु है। हम जो बोलते हैं या सुनते हैं, वह वस्तुतः वाक् होती है। उसे सुनते-सुनते

हम जो सीख लेते हैं, वह भाषा होती है। भाषा सीख लेने पर हम जो बोलते हैं, वह वाक् ही होती है। भाषा कूट है, वाक् उसका माध्यम है।[14]

तब प्रश्न यह यठता है कि भाषा किन संदर्भों में संप्रेषण से भिन्न है? क्या स्वनों के समूह अथवा शब्द मात्र से ही भाषा अपने अस्तित्व को प्राप्त कर लेती है, इसका तार्किक उत्तर यही है कि स्वनों की स्थूलता जब अनुभूति की सूक्ष्मता को प्राप्त कर लेती है तब भाषा के अस्तित्व का बोध होता है। स्वन या शब्द तब तक भाषा का रूप प्राप्त नहीं कर सकते जब तक वह अभिव्यक्ति का माध्यम ना बन जाँए या अर्थ का पूर्णतः संवाहन न कर दें। भाषा के अभाव में संप्रेषण तो सम्भाव्य है परन्तु उपर्युक्त विवेचन से यह तो स्वतः सुस्पष्ट है। संप्रेषण एवं भाषा के इस व्यतिरेक को समझने के लिए भाषा के पक्षों का सैद्धान्तिक अनुशीलन करना आवश्यक है।

भाषा स्वनों की व्यवस्था है। स्वनों की अनुभूति ज्ञान-इन्द्रियों द्वारा होती है, इसलिए स्वनों को स्थूल की संज्ञा दी जाती है। स्वनों से, अभिव्यक्त अर्थ बौद्धिक अनुभूति का विषय है। ज्ञान-इन्द्रियों से अर्थ का ज्ञान नहीं हो सकता, इसलिए इसे सूक्ष्म कहेंगें। स्थूल स्वन भाषा को भौतिकता प्रदान करते हैं। अतः स्वन भाषा का भौतिक पक्ष हैं। पर यहाँ भाषा का अस्तित्व नहीं। चूंकि सूक्ष्म भाव भाषा को बौद्धिकता प्रदान करते हैं, इसलिए भाव अथवा अर्थ को भाषा का बौद्धिकता पक्ष कहा जायेगा, अर्थात भाषा के दो पक्ष हैं-भौतिक पक्ष और बौद्धिक अथवा मानसिक पक्ष।[15]

परन्तु यह स्वन प्रत्यक्षतः अनुभूति के विकास बिन्दु को प्राप्त नहीं कर लेते अपितु इन्हें एक पूर्व-निर्धारित व्याकरणिक ढाँचे में परिधि में बंधना पड़ता है। अर्थात अभिव्यक्ति पक्ष में कई यौगिक तत्व समाहित हैं स्वन रचना एवं व्याकरणिक संरचना। स्वनों अथवा शब्दों एवं व्याकरण का समन्वयशील संबंध ही भाषा को व्यवस्थित रूप प्रदान करता है। व्याकरण मूलतः शब्दों से वाक्य अभिरचना (पैटर्न) निर्मित करने हेतु व्यवस्थपरक नियमों को निश्चित करने और उनके प्रयोग का

निरूपण है। हर भाषा में यह व्यवस्थापरक नियम भिन्न होते है। इन्हीं व्यवस्थापरक नियमों के आधार पर ही वाक्यसृजन होता है। आदर्श व्याकरणिक ढाँचा निश्चित रूप से वह होता है, जिसके व्यवस्थापरक नियम असीम सृजनात्मक क्षमता रखते हों एवं नवीन अभिरचना की संभावना के आधार पर नवीन वाक्यों की अपरिमित रचना करने की विलक्षणता हो।

भाषा अपनी प्रकृति में कितनी भी खुली और व्यापक क्यों न हो, पर उसके व्यवस्थापरक नियम और उन नियमों के आधार पर बननेवाले वाक्यों की अभिरचना अपनी संख्या में सीमित होती है। व्यक्ति इन सीमित नियमों और अभिरचना के आधार पर ही भाषा की अगाध सम्भावना को साधता है, संख्यातीत वाक्यों को समझने की शक्ति रखता है और नए-नए वाक्यों को बोलने में समर्थ होता है।[16]

निष्कर्षतः भाषा शब्द एवं अभिव्यक्त का अत्यंत संश्लिष्ट रूप है। परन्तु भाषा की संरचना एवं व्यवस्थापरक नियमों में सर्वदा परिवर्तन होते रहे हैं। यह परिवर्तन आकस्मिक न होकर मन्दगामी एवं क्रमशः थे। और यह प्रक्रिया इतनी दीर्घकालीन रही कि भाषा की उत्पत्ति के विषय में सदैव संशय ही बना रहा और इस विषय में कोई स्थायी निष्कर्ष नहीं निकल सका है। इसका प्रमुख कारण यह है कि 'भाषा की उत्पत्ति का प्रश्न मनुष्य की भाषिक क्षमता के उत्थान से जुड़ा हुआ है। नरवानरों की किसी अन्य जाति में भाषिक क्षमता का इतना विकास नहीं हो सका है। मनुष्य में भाषिक क्षमता का विकास जैविक परिवर्तनों-शारीरिक और तन्त्रिकीय परिवर्तनों-का परिणाम था जिन्हें समझने के लिए जीवविज्ञान, शरीरविज्ञान, तन्त्रिकाविज्ञान, नृतत्वविज्ञान और मनोविज्ञान का आश्रय लेना आवश्यक है।[17]

किसी भी वस्तु को स्वयं को जीवित रखने के लिए अपने अंदर निरंतर गुर विकसित करने होते हैं। भाषा भी इसमें अपवाद नहीं है। जो भाषा अपने अंदर गुण विकसित नहीं करती वह मृत हो जाती है एवं कुछ समय पश्चात् उसका अस्तित्व समाप्त हो जाता है।

भाषा में तीन गुणों का होना अत्यंत आवश्यक है या यह कहना अतिशयोक्ति न होगा कि संप्रेषण के सभी माध्यमों में इन गुणों का होना अतिआवश्यक है।

सर्वप्रथम भाषा में सृजनात्मकता होना अतिआवश्यक है। जिससे आवश्यकतानुसार नवीन विचारों और नये अनुभवों को व्यक्त करने में वह भाषा समर्थ हो। कारण यह है कि नवीन विचारों एवं नवीन अनुभवों को व्यक्त करने के लिए सुविधानुसार एकदम भिन्न एवं नये वाक्यों की रचना करना पड़ती है। इसलिए भाषा में सृजनात्मकता का आभाव निश्चित ही भाषा के लिए एक बड़ी क्षति है।

संप्रेषण-व्यापार के संदर्भ में यह देखा जा सकता है कि इसके एक छोर पर 'सम्बोधक' होता है जो किसी को संदेश भेजता है और दूसरे छोर पर 'सम्बोधित' होता है जो इस संदेश को ग्रहण करता है।[18] इस प्रकार का संप्रेषण या भाव व्यक्त करने के लिए भाषा में अतिविनिमयता का होना भी आवश्यक है तब ही यह क्रम वार्तालाप के पश्चात् निरन्तर चल सकता है। विनिमयता का शाब्दिक अर्थ है 'एक वस्तु के बदले में दूसरी वस्तु देना। परिवर्तन।[19]

भाषा के सम्प्रेषण-व्यापार के सहारे ही व्यक्ति अपने भाषायी समुदाय के अन्य सदस्यों के साथ संबंध स्थापित करता है, और एक दूसरे का सहयोग प्राप्त करता है।[20]

तीसरा महत्त्वपूर्ण गुण है विस्थापन इस गुण के अभाव में हम भूतकाल एवं भविष्यकाल में हुई घटना का उल्लेख नहीं कर सकते। इस अभिलक्षण का ही परिणाम कि हम भाषा में 'भूतकाल' और 'भविष्यकाल' की संरचनाएं पाले हैं। यह मानव भाषा का ही सामर्थ्य है कि वह एक ओर विगत घटनाओं पर विचार कर सकती है और दूसरी ओर संभावित घटनाओं की कल्पना भी।[21]

भूतकाल एवं भविष्यकाल में अतंर उत्पन्न करने के लिए इस गुण की आवश्यकता होती है। इसके द्वारा ही हम भूतकालिक एवं वर्तमानकालिक घटनाओं में अंतर उत्पन्न करके उन्हें सफलतापूर्वक संप्रेषित कर सकते हैं।

भाषा के अंग

1. **संकेतः** संकेत भाषा का एक अत्यंत आवश्यक अंग है। वह लोग जो अनपढ़ और गूँगे होने की वजह से भाषा का प्रयोग करने में असमर्थ हैं। वह संकेतों के माध्यम से ही बहुत सी बातें व्यक्त कर देते हैं। इस प्रकार का संप्रेषण कई बार हमें दो भिन्न-भाषियों में भी देखने को मिलता है।

2. **व्यक्त भाव या मुख विकृतिः** एक और ऐसा अंग है जिसपर भाषा ग्रहण प्रक्रिया पूर्णतः निर्भर करती है। कई बार तो केवल मुख पर भाव लाना ही विचारों को संप्रेषित कर देता है। और बिना भाषा का प्रयोग किये ही उपेक्षित भाव संप्रेषित हो जाता है जैसे कि प्रेम, क्रोध, भय, घृणा और वात्सल्य।

3. **प्रस्तुतिः** बातों को प्रस्तुत करने अथवा कहने का ढंग भी भाषा का महत्तवपूर्ण अंग है। उदाहरणार्थ जैसे ज्यादा कड़े स्वर के प्रयोग में लाने से गुस्से के भाव को संप्रेषित करता है। एवं विचारों में घृणा को दर्शाता है। एवं भर्राया गला दुखी होने का भाव संप्रेषित करता है।

4. **उच्चारण का वेगः** उच्चारण वेग भी भाषा में अत्यंत महत्व रखता है। और इसकी भूमिका की उपेक्षा नहीं जी जा सकती। जैसे किसी शब्द को जोर देकर बोला जाये और उसका उच्चारण बलपूर्वक किया जाये या फिर किसी शब्द को दीर्घतापूर्वक बोला जाये तो अधिकतर इस शब्द के अर्थ बदलकर नये भाव को संप्रेषित कर जाते हैं।

भाषा के रूप

समाज के निर्माण एवं विवर्तन में भावों की भूमिका महत्तवपूर्ण होती है, और भाव अभिव्यक्ति का सबसे सशक्त माध्यम भाषा है, यही कारण है कि सामाजिकता बनाए रखने में भाषा सेतु की भूमिका निभाती है। परन्तु विचित्र तर्क यह है कि प्रत्येक व्यक्ति भिन्न-भिन्न अवसरों पर, भिन्न-भिन्न समय पर, भिन्न-भिन्न भाषा रूपों का प्रयोग करता हुआ दिखाई देना है। कार्य-क्षेत्र में प्रयुक्त शब्दावली, घर में उपयोग होनेवाली भाषा से सर्वथा भिन्न होती है, चिकित्सा की शब्दावली विधि की भाषा से भिन्न होती है, जो कि व्यापार की बोल-चाल से बिलकुल इतर होती है अर्थात परिस्थियों के अनुसार भाषा के रूप बदलते रहते हैं। कुछ विद्धानों का मत है कि भाषा के उतने रूप संभव हैं जितने उसको बोलनेवाले व्यक्ति हैं। साहित्यिक भाषा की भी यही स्थिति है,

हर लेखक की अपनी अलग भाषा शैली है। जहाँ प्रेमचन्द साधारण जनमानस की भाषा का प्रयोग करते है, वहीं जयशंकर प्रसाद की भाषा संस्कृतनिष्ठ होती है।

हर व्यक्ति के अलग भाषा-प्रयोग करने के कई कारण होते हैं, जैसे उसकी शिक्षा, उसकी संस्कृति, उसका व्यवसाय और वह पर्यावरण जहाँ उसका निवास हो। इन कारणों का वर्गीकरण शारीरिक, सामाजिक, संस्कृतिक, ऐतिहासिक एवं भौगोलिक की श्रेणी के अंतर्गत किया जा सकता है। भाषा-रूप के आधार पर इन भाषाओं को मानक भाषा, राजभाषा, राष्ट्रभाषा, विश्वभाषा, अन्तर्राष्ट्रीय भाषाबद्ध, कृत्रिम भाषा, कूट भाषा, विशिष्ट भाषा, उपभाषा, बोली, पिजिन, क्रिओल, इत्यादि में बाँटा जा सकता है।

मानक भाषाः कब किसी भाषा-रूप का प्रभुत्व सीमा क्षेत्र के बंधन से मुक्त होकर स्वातंत्र्य की प्राप्ति कर लेता है, तब उस भाषा रूप को मानक भाषा कहा जाता है।

किसी भाषा के जिस रूप का व्यवहार एक विस्तृत क्षेत्र में शिक्षा, शासन और साहित्य रचना के लिए होता है, तह उस भाषा का मानक रूप कहलाता है।[22]

यही कारण है कि वह भाषा-रूप शिक्षा-क्षेत्र में पाठशाला से लेकर विश्व-विद्यालय, आकाशवाणी में और पत्र-पत्रिकाओं में बहुलतापूर्वक प्रयुक्त होती है। यही भाषा-रूप सरकारी पत्राचार का भी माध्यम होता है। और इसकी लिपि भी वृहता प्रयोग में लाई जाती है।

आधुनिक राज्य की एक मानक-भाषा होती है जो सरकारी कामकाज, चर्च, स्कूल तथा लिखित रूप में प्रयुक्त होती है।[23]

उदाहरणार्थ हिन्दी में खड़ी बोली पहले सामाजिक, धार्मिक, एवं राजनीतिक परिस्थितियों के प्रभाव में अधिक प्रयोग में लाई जाने लगी और बाद में अधिकांश समाज द्वारा प्रयोग में लाई गई। इसके साथ-साथ इसका प्रयोग शिक्षा, साहित्य, व्यवसाय एवं शासन के कार्यों में भी होने लगा।

मानक भाषा रूप वह परिष्कृत और आरोपित रूप है, जो एक भाषा भाषी को दूसरे भाषा भाषियों से संपर्क करने में समर्थ बनाता है।[24]

किसी भी मूल भाषा का परिमार्जन होकर भाषा रूप प्राप्त हो सकता है परन्तु वह प्रयोग होते-होते व्यवस्था एवं प्रकार्य में स्वतंत्रता प्राप्त करके अपना एक नवीन रूप धारण कर लेता है। उदाहरणार्थ मानक हिन्दी का मूल रूप भले ही खड़ी बोली है परन्तु आज यह खड़ी बोली से बिलकुल पृथक् शिल्प एवं व्यवस्था रखती है। मूल भाषा और मानक भाषा में मुख्य अंतर स्वाभाविकता का होता है।

भाषा विज्ञान को परिनिष्ठ भाषा तब कहते हैं, जब उसमें साहित्यिक एवं सांस्कृतिक चेतना आ जाती है तभी विभाषा परिनिष्ठ भाषा के नाम से अभिहित की जाती है।[25]

मनक भाषा आरोपित भाषा-रूप होते हुए भी ऐतिहासिकता और विकास में स्वाभाविकता लिए हुए होती है। उसमें जीवंतता होती है कि समाज का एक समुदाय मात्र भाषावत् उसका प्रयोग करता है। अतः मानक भाषा में स्वायत्तता, ऐतिहासिकता और जीवंतता नामक चारों अभिलक्षण निहित रहते हैं।[26]

मनक-भाषा से तात्पर्य किसी आरोपित भाषा में व्यापकता एवं एकरूपता लाना है। यह भाषा-रूप के स्तर पर अनेकता में एकता लाने का प्रयास है। परन्तु प्रश्न है कि मानकीकरण क्या है?

भाषा के लिए कोई व्याकरणिक और कोषगत ऐसी कोडबद्ध नियमावली है या नहीं जिसे उस भाषा के प्रयोगकर्ता औपचारिक स्तर पर स्वीकार करते और भाषा सीखते समय व्यवहार ले लाते हों।[27]

मानकीकरण से अर्थ है कि किसी भाषा में अनुशासन लाना। अनुशासन से यहाँ तात्पर्य है कि अनुशासन कोषगत एवं व्याकरणिक स्तर का अनुशासन होना चाहिये। 'भाषाओं की स्वभाविक विकास प्रक्रिया के कारण उनका मानकीकरण कभी-कभी स्वतः भी हो जाता है अन्यथा मानकीकरण भाषा नियोजन की एक प्रक्रिया है।'[28]

मानकीकरण एक निरंतर एवं अविच्छिन्न रूप से चलते रहनेवाली प्रक्रिया है। इसमें भाषा के प्रोन्नत प्रयोग का बहुत योगदान होता है। यह अभिवृद्धि प्रत्येक क्षेत्र में अवधारणीय होनी चाहिये, चाहे वह शैक्षणिक क्षेत्र हो या शासन-संबंधी क्षेत्र। यह मानकीकरण भाषा को क्रमोन्नत करता है और उसे समकालीन तकनीक एवं संस्कृति के अनुसार स्वयं म परिवर्तन करते हए स्वयं को उसके अनुकूल बनाती है। यदि हिन्दी को भी इस काल में प्रासंगिक बनाए रखना है, तो उसके अंदर भी इस प्रक्रिया को जीवंत रखना होगा।

यदि भाषा विषयक कठोर नियम बना दिए जाए तो उन नियमों के कारण भाषा की स्वीकार्यता संदेहास्पद बन जाती है, साथ ही भाषा के स्वाभाविक विकास का अवरूद्ध होना भी निश्चित हो जाता है, परिणामरूवरूप भाषा की गतिशीलता और जीवंतता भी नहीं रह पाती। इसलिए यह आवश्यक है कि भाषा के विकास के लिए उसका मानकीकरणय वर्तनी और उच्चारण दोनों संदर्भों में हो।[29]

यह सर्वविदित है कि मानक हिन्दी एवं अन्य प्रमुख भारतीय भाषाओं के मानक रूपों को आधुनिक संस्कृति और विकसित समाज के अनुकूल बनाने के लिए उनका सर्वतोमुखी विकास, प्रचार-प्रसार, पाठ्य-पुस्तक-

निर्माण और कार्यालयीन स्वरूप इत्यादि पर संबंधिक भाषा-विशेषज्ञों द्वारा किया जानेवाला कार्य आज जोरों पर है।[30]

राजभाषाः जैसा कि नाम से ज्ञात होता है कि राजभाषा का सीधा प्रयोजन है राज या शासक की भाषा। इससे यह निष्कर्ष निकाला जा सकता है कि राज भाषा से अभिप्राय राज, शासन या सरकारी कामों और पत्राचार माध्यमों के प्रयोग ले लाई जानेवाली भाषा है।

राजभाषा का सामान्य अर्थ है- राजा या शासक की भाषा वस्तुतः राजभाषा का अभिप्राय राजकीय पत्राचार की भाषा से है।[31]

इसके लिए भाषा का एक विशेष रूप चुना जाता है। ऐसा प्रयोजनीय नहीं कि जो हमारी राष्ट्र भाषा है वो ही हमारी राजभाषा भी हो, कोई और भाषा भी किसी देश की राजभाषा बन सकती है। उदाहरणार्थ हम भारत को ही ले सकते हैं जहाँ पर आज भी केन्द्रीय सरकार अधिकतर सरकारी कार्यों में अंग्रेज़ी को प्रयोग में लाती है, और हिन्दी और अंग्रेज़ी का प्रयोग लगभग बराबर होता है। इसलिए अगर राजभाषा का प्रश्न आये तो भारत की राजभाषा हिन्दी के साथ-साथ अंग्रेज़ी भी है।

परिनिष्ठ भाषा का प्रयोग अधिकांशतः होने लगता है तब सरकारी आदेश एवं आज्ञायें भी राज्य के कार्यों में सर्वाधिक रूप से 'राजभाषा' के रूप में प्रयुक्त होने लगती है।[32]

इस तरह कई प्रांतीय प्रदेशों में सरकारी काम-काज उनकी प्रांतीय भाषाओं में होता है, तो उन राज्यों की राजभाषा वही कही जायेगी, इसका भी सर्वश्रेष्ठ उदाहरण भारत हो सकता है। जैसे कि उत्तर प्रदेश में राजभाषा के तौर पर हिन्दी का प्रयोग होता है, महाराष्ट्र में मराठी, पंजाब में पंजाबी, परन्तु सिद्धांततः भारत की राजभाषा हिन्दी ही मानी जायेगी चाहे अंग्रेज़ी का प्रयोग भी सरकारी कामों में क्यो न होता हो।

में अंग्रेज़ी को प्रयोग में लाती है, और हिन्दी और अंग्रेज़ी का प्रयोग लगभग बराबर होता है। इसलिए अगर राजभाषा का प्रश्न आये तो भारत की राजभाषा हिन्दी के साथ-साथ अंग्रेज़ी भी है।

परिनिष्ठ भाषा का प्रयोग अधिकांशतः होने लगता है तब सरकारी आदेश एवं आज्ञायें भी राज्य के कायां में सर्वाधिक रूप से 'राजभाषा' के रूप में प्रयुक्त होने लगती है।[32]

इस तरह कई प्रांतीय प्रेदेशों में सरकारी काम-काज उनकी प्रांतीय भाषाओं में होता है, तो उन राज्यों की राजभाषा वही कही जायेगी, इसका भी सर्वश्रेष्ठ उदाहरण भारत हो सकता है। जैसे कि उत्तर प्रदेश में राजभाषा के तौर पर हिन्दी का प्रयोग होता है, महाराष्ट्र में मराठी, पंजाब में पंजाबी, परन्तु सिद्धांततः भारत की राजभाषा हिन्दी ही मानी जायेगी चाहे अंग्रेज़ी का प्रयोग भी सरकारी कामों में क्यो न होता हो।

राष्ट्रभाषाः व्युत्पत्ति की दृष्टि से 'राष्ट्र' शब्द 'सर्वधातुभ्यःष्ट्रन' उणादि प्रत्यय के संयोग से 'रासृशब्दे' अथवा 'राज.शेभने' धातु से बना है। इसके अनुसार राष्ट्र शब्द का अर्थ 'रासन्ते चारूशब्द कुर्वन्ते जनाः यस्मिन् प्रदेश विशेष पद् राष्ट्रम्' अर्थात जिस प्रदेश के लोग विशिष्ट भाषा द्वारा विचार विनियम करत है वह स्थान विशेष राष्ट्र है।[33]

निष्कर्षतः राष्ट्रभाषा से ऊपर होती है, यह वह भाषा है जिसका प्रभाव पूरे राष्ट्र पर होता है और यह सर्वमान्य एवं बहुमत के साथ सभी प्रांतीय भाषाओं से आगे होती है। आदर्श या परिनिष्ठ भाषा जब उन्नति प्राप्त करके पूरे देश पर प्रभाव बना लेती है, तो वह राष्ट्रभाषा बन जाती है।

जब कोई भी राजभाषा राष्ट्र के भिन्न-भिन्न भाषा भाषियों के पारस्परिक विचार विनिमय का साधन बन जाती है, तब वह राजभाषा न रहकर राष्ट्रभाषा हो जाया करती है।[34]

आदर्श भाषा तो केवल उसी क्षेत्र में रहती है, जिसकी वह बोली होती है, जैसे हिन्दी खड़ी बोली राजस्थान, उत्तर प्रदेश तथा बिहार आदि की परिनिष्ठ या आदर्श भाषा है। किन्तु जब कोई बोली आदर्श भाषा बनने के बाद भी उन्नत होकर और भी महॅवपूर्ण बन जाती है तथा पूरे राष्ट्र या देश में अन्य भाषा-क्षेत्र तथा अन्य भाषा परिवार क्षेत्र में भी उसका प्रयोग सार्वजनिक कामें आदि में होने लगता है, तो वह राष्ट्रभाषा का पद पा जाती है। जैसे हिन्दी में खड़ी बोली उत्तर प्रदेश, राजस्थान, के कुछ भागों में और बिहार आदि में परिनिष्ठ भाषा के रूप में प्रयोग में लाई जाती है, परन्तु यह परिनिष्ठ भाषा से आगे बढ गयी और ज़्यादा महवपूर्ण बन गयी है और अन्य क्षेत्रों की अपितु पूरे सार्वजनिक कार्यों में होने लगा और अपने भाषा-वर्ष में इसे महवपूर्ण स्थान प्राप्त हो गया। धीरे-धीरे इतनी प्रांतीय भाषाओं की उपस्थिति में भी यह राष्ट्रभाषा के रूप में उभरी।

अन्तर्राष्ट्रीय भाषा

राष्ट्रीयता की भावना जगाने में जितना योगदान धर्म एवं संस्कृति का होता है, उससे कहीं अधिक सशक्त माध्यम भाषा है। भाषा से ही परस्पर आत्मीयता की भावना का विकास होता है। इसी कारण इस भूमण्डलीकरण के युग में इस तरह की भाषा नितांत आवश्यक होती गयी, इसी अवधारणा के चलते अन्तर्राष्ट्रीय भाषा का जन्म हुआ।

जो भाषा अपने राष्ट्र के साथ-साथ विश्व के अन्य राष्ट्रों में भी प्रचलित होने लगती है उसे अन्तर्राष्ट्रीय भाषा या विश्वभाषा कहा जाता है।[35]

अंग्रेज़ी निरंतर अन्तर्राष्ट्रीय भाषा बनने के पद पर अग्रसर है। यह कई देशों के सरकारी कार्यों एवं व्यावहारिक संबंधों की मुख्य भाषा बनकर उभर रही है। कई देशों में इसका प्रयोग उपभाषा के रूप में होते-होते वहाँ की मुख्य भाषा के अस्तित्व को चुनौती देता प्रतीत होता है। संयुक्त राष्ट्र में अंग्रेज़ी भाषा को ही स्वीकृत किया है। सबसे महत्वपूर्ण बात यह है कि हर देश के राजदूत को इसका ज्ञान होना अनिवार्य है। तथा सभी अंतराष्ट्रीय सम्मेलनों एवं समारोहों में संपर्क एवं मुख्य भाषा के रूप में अंग्रेज़ी का ही प्रयोग किया जाता है।

जब किसी देश का शासन दूसरे देश पर होता है, तो शासक अपनी राष्ट्रभाषा शासित देश राष्ट्र की सीमा में पहुँचती है तो अन्तर्राष्ट्रीय भाषा का नाम धारण कर लेती है। निश्चय ही क्षेत्रीय दबाव के कारण इसकी सम्पन्नता बढ़ जाती है। कभी-कभी शासन-सत्ता का सहारा न पाकर भी एक सम्पन्न भाषा संसार के अन्य क्षेत्रों में पहुँच जाती है। इसका कारण धर्म, संस्कृति और सभ्यता का प्रचार-प्रसार होता है। पर इसका अन्तर्राष्ट्रीय रूप तभी मान्य होगा, जब दूसरी जाति, धर्म के लोग इसका प्रयोग करें।[36]

कृत्रिम भाषाः भाषा का यह स्वभाविक रूप पा लेने के बाद आवश्यकता पड़ी एंसी भाषा की जिसमें सीधे बात न कहकर सांकेतिक रूप में या गुप्त रूप में कही जाए ऐसी भाषा का प्रयोग या तो हास्य, विनोद एवं व्यंग्य को उत्पन्न करने के प्रयोजन से किया जाता है, या किसी सरकार की सेना, गुप्तचर आदि अपनी बात को छुपाने के उद्देश्य से करते हैं।

कृत्रिम भाषा को सिद्धांतः दो प्रकार में विभक्त किया जा सकता है।

1. गुप्त भाषा/कूट भाषा

2. सामान्य भाषा

1. **गुप्त भाषा/कूट भाषाः** जैसा कनाम से ज्ञात ही है गुप्त भाषा का प्रयोग किसी देश के गुप्तचरों, सेना एवं खुफिया विभाग द्वारा किया जाता है, जिससे कि उनकी महवपूर्ण जानकारियाँ किसी ऐसे आदमी या संस्था के हाथ न लग जाएँ, जो उन्हें या देश को नुकसान पहुँचा सकें।

   गुप्त भाषा का प्रयोग प्रायः सेना गुप्तचर विभाग, चोरों, डाकुओं, क्रांतिकारियों तथा लड़ाकों आदि में होता है। इसका प्रमुख उद्देश्य अपनी बात को अनपेक्षित लोगों को न मालूम होने देना है।37

   इस तरह की भाषा का प्रयोग अक्सर लड़कों द्वारा विनोद के एवं इसलिए भी किया जाता है ताकि लोग उनकी बात ना समझें। परन्तु यह भाषा कभी मुख्य धारा में नहीं आती एवं इसका प्रयोग एक खास वर्ग तक ही सीमित रहता है।

2. **सामान्य भाषाः** कुछ सामान्य भाषा को भी कृत्रिम भाषा की श्रेणी में रखा जा सकता है, परन्तु यह गुप्त भाषा से परस्पर भिन्न होती है। इसी भिन्नता को दिखाते हुए डा॰ भोलानाथ तिवारी कहते हैं-सामान्य कृत्रिम भाषा और 'गुप्त कृत्रिम भाषा' में अन्तर यह है कि गुप्त भाषा बातचीत के कहते हैं-सामान्य कृत्रिम भाषा आधिकारिक दूरी रखी जाती है। ताकि कोई समझ न सके। किन्तु सामान्य भाषा में यह बात नहीं रहती। वह प्रचलित भाषा से मिलती जुलती है और ऐसी बनाई जाती है कि यथाशीघ्र लोग उसे समझ कर उसका प्रयोग कर सकें।38

इससे यह निष्कर्ष निकलता है कि कृत्रिम सामान्य भाषा का निर्माण भी स्वभाविक रूप से विकास न करके मनुष्य द्वारा होता है। और यह जीवित एवं स्वाभाविक विकासशील भाषा नहीं होती इन भाषाओं के सर्वश्रेष्ठ उदाहरण है डा॰ जमेनहाफ (Dr. Zomemhof) द्वारा बनाई गयी

भाषा ऐसपेरेंतो इस भाषा द्वारा विश्व की सभी भाषाओं को एक सूत्र में पिरोने का प्रयास किया गया जो कि काफी हद तक प्रभावी भी रहा।

Esperanto is the mosy widely spoken constructed international auxiliary language its name drives from Doktoro Esperanto (Esperanto translates as 'one who hopes')[39]

परन्तु स्वाभाविक विकास की कमी और जीवित भाषा न होने के कारण यह सफल नहीं हो सकी।

कृत्रिम भाषा में मानकीकरण और स्वायत्तता के लक्षण तो रहते हैं। किन्तु न तो वह परम्परा से अर्जित होती है और न एक भाषी समुदाय के लोग उसे दैनंदिन विचार विनियम के माध्यम के रूप में अपनाते हैं अर्थात उसमें ऐतिहासिकता और जीवंतता का अभाव होता है।[40]

विशिष्ट एवं व्यवसायिक भाषा

जिस तरह मनुष्य भिन्न-भिन्न आर्थिक स्थिति के होते हैं उसी तरह उनके कार्य भी भिन्न-भिन्न प्रकार के होते हैं। और हर कार्य की अपनी अलग पारिभाषिक शब्दावली होती है। और कई बार भाषा सुनकर ही ज्ञात हो जाता है कि व्यक्ति किस व्यवसाय से सम्बन्धित है। जैसा कनाम से बोध होता है कि विशिष्ट भाषा से तात्पर्य उस भाषा से है जिसका प्रयोग विशिष्ट समाज के लोग किन्हीं विशिष्ट स्थितियों में करते हों। उदाहरणार्थ अधिवक्ता की अपनी शब्दावली होती है वह उसी विशिष्ट का प्रयोग शब्दावली का प्रयोग करते हैं, वह चिकित्सकों द्वारा प्रयोग में लाई जाने वाली शब्दावली का प्रयोग अपने व्यवसाय में नहीं कर सकते। व्यवसायिक भाषा का प्रभाव किसी भी व्यक्ति के व्यक्तित्व पर स्पष्ट दिखाई देता हैं, यह प्रमाणित है कि हम साहित्यिक क्षेत्र में अगर देखें तो कबीर की रचनाओं मं कई ऐसे शब्द पाये जाते हैं जिनसे उनका जुलाहा होना प्रगणित होने के साथ और उभर कर सामने आता है।

विषय-सापेक्षता पारिभाषिक शब्दों का एक अन्यतम गुण है। हर पारिभाषिक शब्द किसी न किसी विषय क्षेत्र, शास्त्र, विज्ञान, व्यवहार-क्षेत्र से अनिवार्य रूप से जुड़ा होता है और उस विषय-क्षेत्र के संदर्भ में ही उस शब्द का अभीष्ट अर्थ समझा जा सकता है। पारिभाषिक शब्दों की बाह्य संरचना से जो प्रकट अर्थ व्यक्त होते हैं उनसे कहीं अधिकय तकनीकी, अर्थ उनके गर्भों में निहित होते हैं जो उन शब्दों की शास्त्रसम्मत परिभाषाओं के आलोक में ही उद्घाटित होते हैं।[41]

स्पष्ट है कि संस्कृति, व्यवसाय एवं परिवेश की छाप भाषा में भी साफ देखने को मिलती है। और इसके चलते भाषा के कई भिन्न-भिन्न रूप जन्म लेते हैं। और शब्दावली में बदलाव आते रहते हैं।

अपभाषाः अपभाषा भी समाज से ही निकलती है परन्तु यह भाषा समाज की सभ्य भाषा न होकर उसका भ्रष्ट रूप है परन्तु इसका प्रयोग अधिकतर हर वर्ग के लोग करते हैं।

अपभाषा भाषा का वह रूप है, जिसे परिनिष्ठ एवं शिष्ट भाषा की तुलना में विकृत या अपभ्रष्ट समझा जाता है।[42]

भाषा की प्रकृतिगत विशेषताऐं

भाषा आनुवांशिक हैंः पहले कुछ लोगों को यह धारणा थी कि भाषा आनुवांशिक होती है और जिस प्रकार पिता के और गुण संतान में आते हैं उसी प्रकार भाषा भी अनायास ही संतान सीख जाती है। परन्तु यह पूर्णतः गलत है। इसका उदाहरण ऐसे दिया जा सकता है कि किसी नवजात बालक को जन्म के तुरन्त बाद उसके परिवार से दूर करके एक ऐसे परिवार में छोड़ दिया जाए जो कि दूसरी भाषा बोलते हैं तो वह बालक उसी परिवार की भाषा का अनुसरण करेगा जहाँ उसका पालन-पोषण हुआ है न कि उस परिवार की भाषा का जहाँ उसका जन्म हुआ था। उस उदाहरण से यह बात पूर्णतः सिद्ध होती है कि भाषा आनुवांशिक गुण नहीं है इस संदर्भ में भोलानाथ तिवारी जी कहते

हैं कि-भाषा आद्यंत सामाजिक वस्तु है-वह समाज द्वारा निर्मित हुई हैय समाज से उसका अर्जन होता है और समाज में ही वह प्रयुक्त होती है।[43]

इस कथन एवं उदाहरण से यह पूर्णतः प्रमाणित हो जाता है भाषा समाज से सीखी जाती है और यह कोई जन्मजात गुण नहीं है।

भाषा अर्जित की जाती है

हम पहले ही जान चुके हैं कि भाषा जन्मजात गुण नहीं है और यह समाज से सीखी जाती है। और अगर किसी एक देश में नवजात बालक को जन्म देने के तुरन्त बाद किसी दूसरे देश में भेज दिया जाये तो वह उस देश की भाषा अर्जित करेगा जहाँ उसका पालन पोषण हुआ है। इससे यह दोनों तथ्य स्थापित हो जाते हैं कि भाषा न तो आनुवांशिक है अपितु यह समाज से अर्जित की जाती है और इसका अर्जन अनुसरण के पश्चात् किया जाता है।

भाषा पूर्णतः सामाजिक वस्तु है

हम पहले ही पढ़ चुके हैं कि भाषा आनुवांशिक नहीं है तो इसके बाद प्रश्न उठता है कि भाषा का अर्जन कहाँ से किया जाता है या भाषा कहाँ से अर्जित होती है? इसका सीधा एवं एकमात्र उत्तर है समाज से। यहाँ तक कि यह अर्जन इतना प्रभावशाली होता है कि हमारी सोच भी हमारे मस्तिष्क में अधिकतर उसी भाषा में आती है जिसमें हम संप्रेषण करते हैं। और यह अर्जन पूर्णतः उस समाज से होता है जहाँ हमारा पालन पोषण होता है ऐसा असंभव है कि किसी दूसरे भाषी समाज का रहने वाला कोई और भाषा बोलने लगे बिना शिक्षा प्राप्त किये और वह भी जन्म होते ही।

एक वक्ता अपने साथियों की भाषण-प्रवृति को ग्रहण करता रहता है। किसी भी क्षण उसकी भाषा विभिन्न लोगों से प्राप्त की गई भाषण प्रवृत्तियों का विचित्र भिक्षण है।[44]

भाषा एक परम्परा है

भाषा एकाएक उत्पन्न नहीं होती और न हो सकती है इसका निर्माण परम्परागत होता है यह एक चलते रहनेवाली प्रक्रिया होती है। कुछ सांकेति और गुप्त भाषाओं को छोड़ कर सभी सामाजिक भाषाऐं सदैव ही इसी प्रक्रिया से अपना मानक रूप प्राप्त करती है।

भाषा परिवर्तनशील है

भाषा हमेशा बदलती रहती है चाहे वह भौगोलिक कारणों से आनेवाला परिवर्तन हो या फिर समय के काल के साथ आनेवाला परिवर्तत। मुख्यतः इसका प्रमुख कारण होता है अनुकरण का गलत होना। हालांकि मनुष्य अनुकरण करने की प्रवृति रखता है परन्तु अनुकारण में पूरी सावधानी एवं निपुणता के अभाव में सामान्यतः वह ही भाषा में परिवर्तन का कारण बनता है। और लिखित भाषा में यह परिवर्तन स्वतः उत्पन्न होते हैं क्योंकि वह हमेशा मौखिक भाषा के पीछे उसी के पदचिह्नों पर चलती है।

प्रत्येक भाषा धीरे धीरे किन्तु अनवरत रूप से भाषाई परिवर्तन की प्रक्रिया चलती रहती है। इस परिवर्तन का प्रत्यक्ष प्रमाण हमें उन समुदायों से मिलता है जिनके पास उनके पूर्व भाषा लेखों के लिखित आलेख हैं।[45]

इसका प्रमुख कारण यह भी हो सकता है कि अनुकरण करनेवाले और जिसका अनुकरण किया जा रहा है उसके मानसिक एवं शारीरिक स्तर में अंतर हो यह अंतर भाषा में वैभिन्य को जन्म देता है। और इस तरह दो समुदायों की भाषा में भिन्नता उत्पन्न हो जाती है।

स्थूलता से सूक्ष्मता की ओर

भाषा सदैव ही संयोग की स्थिति से वियोग की ओर जाती है और सरल रूप धारण करती है। भावों की सूक्ष्मता को दर्शाने में प्रयासरत रहने के

कारण इसका सरलीकरण होता है। यही कारण है कि इसके सृजन की प्रक्रिया अविच्छिन्न रूप से चलती रहती है।

संरचना में भिन्नता

प्रत्येक भाषा संरचना के स्तर पर एक दूसरे से भिन्न होती है। यह भिन्नता व्याकरण, ढाँचा, शब्द, अर्थ, वाक्य, किसी भी स्तर पर पाया जा सकता है।

ऐतिहासिक एवं भौगोलिक कारण

भाषा कुछ और नहीं बल्कि हमारे मन में उठते भावों को प्रगट करने का एक ऐसा माध्यम है, जो युगों से चला आ रहा है और जिसके शब्द-विन्यास को समाज ने शताब्दियों से मान्यता दे रखी है। प्रश्न उठता है कि यदि ऐसा है तो पूरे विश्व की भाषा एक क्यों नहीं है क्योंकि मानव भी एक जैसा है और उसके मन में उठनेवाली भाव-लहरी भी समान रूप से बह रही है। इस विभिन्नता के सबसे बड़े कारण हैं भौगोलिक परिस्थितियों तथा संस्कृतिक चेतना।[46]

हर भाषा की अपनी एंतिहासिक एवं भौगोलिक सीमा होती है। जैसे कि आदिकाल में प्राकृत, पैंगलम, अपभ्रंश सभी एक निश्चित काल तक रहते के बाद खत्म हो गयी उसी प्रकार हर भाषा के विकास एवं व्यवहार में लाये जाने की एक काल सीमा होती है। इसी तरह कोई एक भाषा किसी एक भौगोलिक सीमा पर ही बोली जाती है। उस सीमा के बाद उस भाषा में थोड़ा या बहुत अंतर आ जाता है यानि वह भाषा वह न रहकर कोई और नयी भाषा का रूप ले लेती है।

भाषा कभी मृत नहीं होती

किसी भी वस्तु का एक अंतिम समय निर्धारित होता है, उसके बाद वह वस्तु खत्म हो जाती है परन्तु वह एक रूप से दूसरा रूप प्राप्त करत हुए निरन्तर जीवित रहती है और भाषा में होनेवाल परिवर्तत ही उसके जीवित होने का कारण हैं। इतिहास गवाह है कि जो भाषाएँ

समय के साथ परिवर्तित नहीं हुई वह मृत हो गयीं। संस्कृत भाषा इस तथ्य का सर्वश्रेष्ठ उदाहरण है। इसलिए परिवर्तनशील भाषा कभी मृत नहीं होती।

भाषा परिवर्तन

परिवर्तन विकास का सूचक है और भाषा भी इसमें अपवाद नहीं है। यही उसका स्वभाविक विकास है। इस विकास प्रक्रिया में कोई भी भाषा अपनी तात्कालिक भाषिक परम्परा से कई भाषिक तत्व विलुप्त करती एवं कई तत्वों को ग्रहण करती दिखाई देती है। यह प्रक्रिया भाषा को सरलीकरण की ओर ले जाती है।

भाषा में परिवर्तन-प्रक्रिया अनवरत रूप से चलती रहती है, परन्तु पल-प्रतिपल हुए परिवर्तन का अनुभव कर सकना संभव नहीं है। सैकड़ों वर्षों में जब परिवर्तन राशीभूत हो जाता है, तभी यह अनुभवगम्य होता है। जिस प्रकार नदी की धारा अविच्छिन्न होने पर भी अग्रसर होने के साथ-साथ परिवर्तित होती जाती है, उसी प्रकार भाषा की परंपरा एक रहने पर भी शनैः शनैः अप्रत्यक्षतः बदलती रहती है।[47]

यह परिवर्तन अकस्मात् ही नहीं होते, बल्कि मन्द गति से होते हैं। इस संदर्भ में अगर हिन्दी भाषा को ही देखे तो यह निष्कर्ष निकाल सकते हैं कि वर्तमान कालीन हिन्दी आज अपने इस रूप को विकास के विभिन्न सोपानों से गुज़रती हुई पहुँची है।

परिवर्तन का ही परिणाम है कि वैदिक भाषा से लौकिक संस्कृत, संस्कृत से पालि, पालि से प्राकृत, प्राकृत से अपभ्रंश और अपभ्रंश भाषाओं से आधुनिक आर्यभाषाएँ विकसित हुई हैं।[48]

यह स्थिति केवल हिन्दी के साथ ही नहीं है अपितु विश्व की हर भाषा ने समय के साथ-साथ परिवर्तन की इस प्रक्रिया को अनुभव किया है।

चासर और शेक्सपियर की अंग्रेज़ी में पर्याप्त अंतर है। इसके साथ ही शेक्सपियर की और आज की अंग्रेज़ी में भी प्रर्याप्त अन्तर है। आज

के इग्लैंड की अंग्रेज़ी और अमेरिका तथा भारत की अंग्रेज़ी में अन्तर है। देशी-विदेशी हिन्दी में अंतर है। अतः परिवर्तनशीलता भाषा की शाश्वत विशेषता है।[49]

भाषा में परिवर्तन का आशय केवल शब्द, अर्थ या वाक्यों में परिवर्तन भी नहीं है बल्कि व्याकरणिक संरचना में भी परिवर्तन होते हैं। निश्चय ही यह परिवेश एवं प्रयोक्ताओं की सृजन शक्ति ही होती है जो निरंतर भाषा को नवीनता प्रदान करते हुए उसे अधिक सक्षम बनाती है।

भाषा के तीन अंग है- स्वप्न, पद और वाक्य चैथा उसकी आत्मा है अर्थ भाषा परिवर्तन का तात्पर्य है इन चारों अंगों में परिवर्तन। स्वन परिवर्तन उच्चारण प्रयत्न, उच्चारण स्थान आदि मं परिवर्तन के कारण होता है। जिन स्वन-अनुबंधों के उच्चारण में कठिनाई होती है उसमें कुछ स्वनों को छोड़ना या कुछ को सम्मिलित करने की छूट लोक प्रयोक्ताओं द्वारा स्वतः ले ली जाती है। दो भाषा जातियों के मिलने ने नये स्वनों का प्रभावित भाषा में समावेश हो जाता है।[50]

भाषा परिवर्तन की प्रक्रिया कई प्रकार की होती है इसका मुख्य कारण दो भिन्न भाषिक समाजों का परस्पर संवाद है। यह संवाद तीव्र गति से भाषा में परिवर्तन लाता है परन्तु भाषा में सरलीकरण एवं अधिक अभिव्यंजकता की खोज भी भाषा में परिवर्तन लाता है यह प्रक्रिया तुलनात्मक रूप से धीमी परन्तु अविच्छन्न होती है।

Language change, usually very slowly, sometime very rapidly. There are many reasons a language might change. One obvious reason is interaction with other languages. If one tribe of peoples trades with another they will pick up specific words and phrases for trade objects…. The slower mechanism of change seems to include the "battle" between simplicity and expressiveness. We want our languages to communicate as much as information as possible and yet do so economically. We want our languages rich yet concise.[51]

परिवर्तन की इस प्रक्रिया में सामाजिक, ऐतिहासिक, वैज्ञानिक आदि प्रभाव के अलावा मनुष्य की शारीरिक संरचना एवं उसकी प्रवृत्तियां भी कारण होती हैं। भाषा परिवर्तन के कारण निम्नलिखित हैं।

भाषा के परिवर्तन के कारणों को मुख्यतः दो वर्ग में रखकर विश्लेषित किया जा सकता है।

1. बाह्य वर्ग/कारण

   i. भौगोलिक प्रभाव
   ii. सांस्कृतिक प्रभाव
   iii. ऐतिहासिक एवं राजनीतिक प्रभाव
   iv. वैज्ञानिक प्रभाव
   v. साहित्यिक प्रभाव
   vi. आर्थिक प्रभाव
   vii. धार्मिक प्रभाव

2. आभ्यन्तर वर्ग/कारण

   i. शारीरिक भिन्नता
   ii. अनुकरण की अपूर्णता
   iii. मुख-सुख/प्रयत्न लाघव
   iv. भावातिरेक
   v. आर्थिक सादृश्य
   vi. बलाघात

1. **बाह्य वर्ग/कारणः** स्वयं भाषा में नहीं, अपितु उसके परिवेश अथवा पर्यावरण में निहित रहते हैं। इसके अंतर्गत भौगोलिक, ऐतिहासिक, सांस्कृतिक, साहित्यिक और सामाजिक प्रभावों की गणना की जाती है।[52]

   i. **पद्ध भौगोलिक प्रभावः** वातावरण, जलवायु एवं परिवेश जहाँ मनुष्य के चरित्र एवं उच्चारण पर प्रभाव डालते हैं, वहीं उनके उच्चारण अव्यव की भिन्नता का कारण भी बनते हैं।

भौगोलिक प्रभाव को भाषा परिवर्तन का मुख्य कारण तो नहीं माना जा सकता परंतु वह भाषा परिवर्तन का गौण कारण अवश्य ही है। शोधों से यह तथ्य प्रमाणित हो चुका है। कुछ भाषा वैज्ञानिकों जैसे हाइनरिख, मेयर बेन्फी एवं कोलिन्स ने भाषा परिवर्तन पर भौगोलिक प्रभाव को महत्व दिया है। उनका विचार है कि जलवायु का प्रभाव शारीरिक गठन पर पड़ता है जिससे उच्चारण प्रभावित होता है। जेस्पर्सन ने इस सिद्धांत का खंडन किया है। कहते हैं कि ठंडी जलवायु में रहने वाले लोगों के अंगों में संकोचन रहता है जिससे उनकी ध्वनियाँ मुखरित कम होती हैं, गर्म प्रदेशों में मुखरित अधिक होगी है।[53]

परन्तु विचारणीय तथ्य यह है कि मनुष्य जिन ध्वनियों को उच्चारित करने का अभ्यस्त होता है उनसे इतर ध्वनियों का उच्चारण करने में समस्या होती है। यह एक ऐसा तथ्य है जो कि भौगोलिक प्रभाव वाले मत को तर्क संगत नहीं बैठने देते।

ii. **पपद्ध भौगोलिक प्रभावः** वातावरण, जलवायु एवं परिवेश जहाँ मनुष्य के चरित्र एवं उच्चारण पर प्रभाव डालते हैं, वहीं उनके उच्चारण अव्यव की भिन्नता का कारण भी बनते हैं। भौगोलिक प्रभाव को भाषा परिवर्तन का मुख्य कारण तो नहीं माना जा सकता परंतु वह भाषा परिवर्तन का गौण कारण अवश्य ही है। शोधों से यह तथ्य प्रमाणित हो चुका है। कुछ भाषा वैज्ञानिकों जैसे हाइनरिख, मेयर बेन्फी एवं कोलिन्स ने भाषा परिवर्तन पर भौगोलिक प्रभाव को महत्व दिया है। उनका विचार है कि जलवायु का प्रभाव शारीरिक गठन पर पड़ता है जिससे उच्चारण प्रभावित होता है। जेस्पर्सन ने इस सिद्धांत का खंडन किया है। कहते हैं कि ठंडी जलवायु में रहने वाले लोगों के अंगों में संकोचन रहता है जिससे उनकी

ध्वनियाँ मुखरित कम होती हैं, गर्म प्रदेशों में मुखरित अधिक होगी है।[53]

परन्तु विचारणीय तथ्य यह है कि मनुष्य जिन ध्वनियों को उच्चारित करने का अभ्यस्त होता है उनसे इतर ध्वनियों का उच्चारण करने में समस्या होती है। यह एक ऐसा तथ्य है जो कि भौगोलिक प्रभाव वाले मत को तर्क संगत नहीं बैठने देते।

iii. **सांस्कृतिक प्रभावः** भाषा में नवीन शब्दों का आगमन एवं भिन्न-भिन्न ध्वनियों का समावेश विभिन्न भाषिक समाजों एवं संस्कृतियों से संप्रेषण द्वारा ही संभव है। भाषा सामाजिक एवं सांस्कृतिक मूल्यों के विनियम में सेतु का कार्य करती है।

भाषा परिवर्तत पर सांस्कृतिक आन्दोलनों का भी प्रभाव पड़ता है। संस्कृतिक नवजागरण के परिणामस्वरूप अनेक देशों, अनेक जातियों ने रूढ़ियों एवं पुरातनताओं को छोड़कर नवीनता को अपनाया। भाषा इससे अछूती नहीं रही। स्वदेशी आन्दोलन ने स्वभाषा प्रेम को जागृत किया, महत्ता को प्रतिष्ठापित किया और उसका संस्कार किया। इस संस्कार के परिणामस्वरूप भाषा में आवश्यकतानुसार दूसरी भाषाओं के अनेक शब्दों एंव अनेक ध्वनियों का आगमन हो जाता है।[54]

परंतु अगर इस कारण को प्रधान माना जाए तो विश्लेषण करने के पश्चात् सरलतापूर्वक यह निष्कर्ष निकाला जा सकता है कि भाषा-परिवर्तन में सांस्कृतिक प्रभाव से होने वाले परिवर्तन नगण्य ही हैं। अर्थात् यह कारण गौण कारण के रूप में ही उभरकर सामने आता है।

iv. **ऐतिहासिक एवं राजनीतिक प्रभावः** किसी भी देश का इतिहास एवं उसकी राजनीतिक परिस्थितियाँ वहाँ के विभिन्न क्षेत्रों पर अपनी अमिट छाप छोड़ जाते हैं। भाषा भी इस प्रभाव से बची

नहीं रहती। इतिहास एवं राजनीतिक दृष्टिकोण से एक भाषिक समाज समय-समय पर एक भिन्न भाषिक समाज के संपर्क में आता रहता है। इसके भिन्न-भिन्न कारण हो सकते हैं जैसे विदेशी आक्रमण, व्यापारिक कारण एवं राजनीतिक बिपल्व आदि। यह कारण की शब्दों के आगमन, नवीन शब्दों के सृजन एवं व्याकरणिक ढाँचे तक को प्रभावित कर सकता है।

यह परिवर्तन शब्दों की रचना ही नहीं वाक्य एवं शब्दों के बहुवचन निर्माण की पद्धति को भी प्रभावित करता है।[55]

v. **वैज्ञानिक प्रभावः** प्रतिदिन प्रस्फुटित होते नवीन एवं अकल्पनीय अविष्कारों ने जहाँ मनुष्य को नूतन शब्दावली के सृजन हेतु बाध्य किया है वहीं भाषा में भिन्न-भिन्न भाषिक समाजों से शब्दों के समावेश की संभावना को भी बढ़ावा दिया है। कारण यह है कि संपूर्ण विश्व एक ही वैज्ञानिक ज्ञान विधा का अनुसरण करता है। यही वजह है कि भाष्कि विविधताओं से इतर वैज्ञानिक शब्दावली सभी भाषाओं में समान है।

विज्ञान की पुस्तकों का क्षेत्रीय भाषानुवाद भी पर्याप्त भाषा में हो रहा है। विज्ञान आज विश्व की भाषाओं को संपन्न कर रहा है। विज्ञान ने मानव और भाषा दोनों को एक साथ रूपान्तरित कर दिया है। सामान्य रूप से जितने शब्द शताब्दियों में नहीं बन पाते, उतने वर्षों में बन गए हैं। विज्ञान ने ज्ञान की सभी शाखाओं को प्रभावित किया है। इसकी नई-नई खोजें नई-नई शब्दावली दे रही हैं। वैज्ञानिक शब्दावली का विकास जो हो रहा है- वह भाषा के लिए बहुमूल्य देन है। इधर कम्प्यूटर के प्रादुर्भाव के साथ उक्त कार्य में तो और भी गति आ गई है।[56]

vi. **साहित्यिक प्रभावः** क्षेत्रीय बोलियों की सरिताएँ ही साहित्य के प्रभाव से भाषा रूपी सागर में फलीभूत होती हैं। यह साहित्य के द्वारा होनेवाले प्रचार-प्रसार का उत्कृष्ट उदाहरण

है। साहित्यिक भाषा बन जाने के पश्चात ही किसी बोली का चतुर्दिक विकास होता है और वह एक समृद्ध भाषा के रूप में उभर कर सामने आती है। जिस भाषा का साहित्य जितना सम्पन्न होगा, उसकी शब्दावली एवं अभिव्यंजन-शक्ति भी उतनी ही समृद्ध होगी।[57]

vii. **आर्थिक प्रभावः** किसी भी राष्ट्र के समाज, व्यवसाय एवं भाषिक उन्नति में अर्थ का बहुत महत्व होता है। विभिन्न भाषिक समाजों से संप्रेषण व्यवसायों का विदेशीकरण एवं भाषा का प्रचार प्रसार अपनी भाषा को किसी दूसरे देश में भी मान्यता दिला सकता है। भारत की स्थिति पर विचार करें तो निष्कर्ष निकलेगा कि अंग्रेज़ी को यहाँ हिन्दी के बराबर ही मान्यता मिली हुई है। वह यहाँ की रोज़गार की भाषा भी है। यह अंग्रेज़ी भाषा के प्रचार-प्रसार का ही परिणाम है। प्रचार-प्रसार के लिए अर्थ की आवश्यकता होती है।

viii. **धार्मिक प्रभावः** कहा जाता है कि धर्म में तर्क-वितर्क नहीं किये जाते यही कारण है कि वह भाषाएं जिनमें धार्मिक ग्रंथ हैं ज्यों की त्यों ग्रहण कर ली जाती है। निष्ठा भाषिक अंतरों का भेद मिटा देती है। चाहे वह धार्मिक ग्रंथ हों या धार्मिक आंदोलन, यह दोनों ही भाषा परिवर्तन का कारण बनते हैं।

जागृत धर्म की भाषा जीवन्नता पा जाती है। संस्कृत इस देश की धर्म भाषा होने के कारण ही विशेष रूप से बनी हुई है। अरबी की भी यही दशा है। जिस भाषा में समाज के धार्मिक ग्रंथ होते हैं-उसको लोग अवश्य पढ़ते, सीखते और बोलते हैं जैसे-संस्कृत, हिब्रू, अरबी, अवेस्ता, पालि, प्राकृत आदि।[58]

2. **आभ्यन्तर कारणः** स्वयं भाषा में निहित रहते हैं। इन्हें भाषा की प्रकृति या स्वभाव से संबंधित कहा जा सकता है। इन कारणों में प्रयत्न-लाघव, बलाघात, भावातिरेक, अपूर्ण अनुकिरण, सादृश्य इत्यादि प्रमुख हैं।[59]

इन कारणों में मुख्यतः मानव की शारीरिक संरचना में भिन्नता के द्वारा आए भाषा परिवर्तन एवं अनुकरण में उत्पन्न परिवर्तनों के कारणों पर विचार किया जाता है।

i. **शारीरिक भिन्नताः** अंग-प्रत्यंग व इन्द्रियों में भिन्नता भाषा परिवर्तन के शारीरिक भिन्नता द्वारा होने वाले कारणों के अंतर्गत आती है इसके दो भेद होते हैं।

(क) **ध्वनियन्त्र में भिन्नताः** वैज्ञानिकों के अनुसार हर व्यक्ति का ध्वनियन्त्र एक दूसरे की तुलना में कुछ न कुछ भिन्नता लिए हुए होता है। इसी का प्रभाव उच्चरित ध्वनियों अथवा भाषा पर पड़ता है। बाद में इन्हीं के अनुकरण होने पर भाषा में परिवर्तन की प्रक्रिया शुरू हो जाती है।

बालक, युवा तथा वृद्ध के उच्चारण की भिन्नता का यही कारण है। पुरुष और नारी की उच्चारण भिन्नता भी इसका अच्छा उदाहरण है। किसी का राग सुरीला होता है, तो किसी का मोटा।[60]

(ख) **श्रवणेन्द्रियों की भिन्नताः** संप्रेषण की प्रक्रिया में ध्वनि को वक्ता के ध्वनियंत्र से श्रोता की श्रवणेन्द्रियों तक की यात्रा करनी होती है। परन्तु इस प्रक्रिया में कभी श्रोता को उच्चरित ध्वनि कुछ भिन्न सुनाई पड़े अथवा उच्चारण में ही त्रुटि उत्पन्न हो जाए तो यह भी भाषा परिवर्तन का कारण बन जाता है।

वक्ता के मुख से उच्चरित ध्वनियाँ श्रोता को कुछ भिन्न-भिन्न सुनाई पड़ती हैं। वाक्यंत्र की भिन्नता का भी प्रभाव पड़ता है कठिन शब्दों के लिए विशेष भ्रम हो जाता है। जो लोग कुछ कम सुनते हैं-वे और अधिक परिवर्तन कर देते हैं।[61]

3. **अनुकरण की अपूर्णताः** उच्चारण-अवयव की भिन्नता का पूर्ण रूप से ध्वनि को उच्चरित करने में असमर्थ होना भी भाषा में परिवर्तन का कारण बनता है। यह स्थिति मानसिक संघटन एवं शारीरिक संघटन में भिन्नता के कारण उत्पन्न होती है। कई बार सीमित ज्ञान एवं अज्ञानता भी अनुकरण की अपूर्णता का कारण बनती है।

उपर्युक्त विवेचन से स्पष्ट है कि विभिन्न आंगिक एवं मानसिक संघटन तथा अज्ञान के कारण ध्वनियों का सम्यक् अनुकरण नहीं हो पाता, जिसके चलते भाषा में परिवर्तन हुआ करता है। वस्तुतः अपूर्ण उच्चारण के लिए वक्ता और श्रोता दोनों उत्तरदायी होते हैं।[62]

4. **मुख सुख/प्रयत्नलाघवः** मनुष्य हर कार्य को कठिनता से सरलता की ओर ले जाने का प्रयासरत रहता है। यही स्थिति उच्चारण में होती है। अपने मुख को कठिन परिश्रम से बचाने के लिस वह कठिन ध्वनियों को लुप्त कर उनके स्थान पर सरल ध्वनियों को उच्चरित करने लगता है, या फिर उनको शब्द से निकाल ही देता है। भाषा का यह सरलीकरण उसे तीव्रता से परिवर्तित करता है। इस प्रवृत्ति को बनाए रखने के लिए वह भाषा में हर परिवर्तन करता है। चाहे वह लोप हो, आगम विषर्यय, समीकरण या विषमीकरण हर प्रकार से भाषिक संरचना में नवीनता एवं सरलता लाता है।

मुख-सुख या प्रयत्न लाघव से कुछ ध्वनियों का लोप जैसे स्थल-थल कुछ ध्वनियों का आगम जैसे मर्म-मरम, स्तुति-अस्तुति, कुछ का विपर्यय जैसे डूबना-बूडना, पिशाच-पिचास, कुछ का समीकरण जैसे पुत्र-पृत कुछ का विषमीकरण जैसे कंकन-कंगन हो जाता है।[63]

मुख-सुख द्वारा परिणामस्वरूप परिवर्तनों को निम्नलिखित रूपों में विवेचित किया जा सकता है।

(i) आगम   (ii) लोप   (iii) विकार   (iv) विपर्यय

(v) विषमीकरण   (vi) समीकरण   (vii) स्वर भक्ति आदि।

i. **आगमः** शब्द के आरंभ एवं अंत मं कोई ऐसा अक्षर आ जाए जिसका उच्चारण कठिन हो तो उसके किसी और स्वर या व्यंजन के साथ संयुक्त करके उसका उच्चारण सरल बना लिया जाता है। उच्चारण की सरलता हेतु लायी गयी ध्वनियों की इस प्रवृति को आगम कहते हैं।

आरम्भ, मध्य एवं अंत में लाई गई इन ध्वनियों के स्थान के अनुसार तीन भेद हैं।

   (i) आदि   (ii) मध्य   (iii) अन्त्य

'अस्तुति' करत जोरि कर सावधान मति धीर-रामचरितमानस, बालगण्ड उपर्युक्त उदाहरण में स्वरागम शब्द के आदि में हुआ है इसलिए इसको आदि स्वरागम कहते हैं। कहीं-कहीं स्वर शब्द के मध्य में भी आ जाता है उसे मध्य स्वरागम कहते हैं। जैसे-मर्म>मरम; धर्म>धरम; कर्म>करम; पूर्व>पूरब। व्यंजन का आगम भी होता है। जैसे-शाप<सराप; मंझि (मुखिया) < मपंझि (मुखियों); पण<प्रण आदि। अत्यंत स्वरागम के उदाहरण भी मिलते हैं।[64]

आगम स्वर एवं व्यंजन दोनों प्रकार के हो सकते हैं।

i. **लोपः** उच्चारण में सरल करने की दृष्टि से कुछ अक्षरों का लोप कर दिया जाता है अर्थात् उन ध्वनियों को शब्द के उच्चारण से निकाल दिया जाता है या उसके स्थान पर कोई और सरल ध्वनि लायी जाती है इस प्रकृति को लोप कहते हैं।

स्वर लोपः अनाज = नाज, अहाता = हाता, शिला = सिल, राम-राम, सत्य = सत्

व्यंजन लोपः तरबूज = तर्बूज, कृपया = कृप्या, स्थाली = थाली, स्कन्ध = कंध, स्थल = थल

दुग्ध = दूध, श्मशान = मसाना, Knife = Nife, Do not = don't

अक्षर लोपः अवरेशम = रेशम, टेलीफोन = फोन। शहतुत = तूत, भण्डागार = भंडारा।[65]

ii. **विकारः** उच्चारण की सरलता के हेतु एक ध्वनि को पूर्णतः किसी दूसरी ध्वनि में परिवर्तित कर देना विकार कहलाता है।

जैसे-कृष्ण > कान्ह; यहाँ पर ष का ह, ण का न हो गया है, मेध > मेहय शाक > साग; गम्भीर > गहिर; स्तन > थन; हस्त > हाथ आदि।[66]

iii. **विपर्ययः** विपर्यय का शाब्दिक अर्थ है, "'उलट पुलट, इधर का उधर, भूल, गलती, गड़बड़ी, अवयवस्था।[67]

प्रयत्नलाघव की इस प्रवृति में शब्दों का वर्णक्रम अव्यस्थित या उल्टा हो जाता है परिवर्तन की इस प्रक्रिया को विपर्यय कहा जाता है।

विपर्यय होता क्यों है? इस प्रश्न पर भी विचार कर लेना आवश्यक है। मनुष्य सोचने और बोलने की क्रिया साथ-साथ करता है। बोलने की उपेक्षा उसकी सोचने की क्रिया अधिक तीव्र होती है। और कभी-कभी क्रम को विस्मृत कर वागेनिद्रयाँ मन द्वारा सोची दूसरी ध्वनि का उच्चारण कर देती हैं। एक स्थिति और है। पहली बार सुना गया शब्द कभी-कभी अधूरे रूप में ही मन में बैठ जाता है और भविष्य मं वह उसी रूप मं उच्चरित होता है।[68]

iv. **विषमीकरणः** जब शब्दगत दो समान ध्वनियों में से एक ध्वनि उच्चारण की सुकरता के निमित्त अन्य ध्वनि में परिवर्तित हो जाती है उस प्रक्रिया को विषमीकरण कहते हैं।[69]

v. **समीकरणः** इस व्यवस्था में एक ध्वनि दूसरी ध्वनि को अपने जैसा बना लेती है।70

समीकरण का शाब्दिक अर्थ है किसी चीज़ को समान या बराबर करना अपने नाम के अनुसार की यह किसी शब्द में आयी ध्वनि को उसकी निकटतम ध्वनि के समान कर देता है। अर्थात् दो भिन्न ध्वनियाँ पास रहने के सम हो जाती हैं और भाषा परिवर्तन का कारण बनती हैं। समीकरण के दो भेद होते हैं।

vi. **पुरोगामी समीकरणः** जब पूर्ववर्ती ध्वनि परवर्ती ध्वनि के सम हो जाती है उसे पुरोगामी समीकरण कहते हैं। जैसे-वार्ता झ बात

vii. **पश्चगामी समीकरणः** जब परवर्ती ध्वनि पूर्ववर्ती ध्वनि के सम हो जाती है उसे पश्चगामी समीकरण कहते हैं। जैसे-पुत्र झ पूत

viii. **स्वर ध्वनिः** स्वर भक्ति से यहाँ तात्पर्य है स्वरों द्वारा अलग कर देना या बाँट देना। इस प्रकार के प्रयत्नलाघव में उच्चारण में होने वाली दुविधा को दूर करने के लिए दो व्यंजनों के मध्य एक स्वर लाकर उनको सरल बना लिया जाता है जैसे-मर्म झ मरम, गर्म झ गरम आदि। स्वर के आ जाने से व्यंजनों का संयोग मिट जाता है और उच्चारण सुविधाजनक हो जाता है। स्वर भक्ति मूलतः एक प्रकार का स्वरागम ही है जिसका स्थान शब्द के बीच में हुआ करता है।[71]

ix. **भावातिरेकः** मनुष्य भावनामय होकर ध्वनियों के उच्चारण को परिवर्तित कर देता है। भावनात्मक मानसिक स्थिति के परिणामस्वरूप शब्दों में परिवर्तन लाए जाते हैं।

वक्ता के मानसिक स्तर में परिवर्तन आने से शब्दों के रूप भी विकृत हो जाते हैं। भावातिरेक के समय बहुधा शब्दों का रूप बदल जाता हैय जैसे बेटी का बिटिया, अनीता का अन्नु इत्यादि। प्रेम, क्रोध, ह्रास, जुगुप्सा इत्यादि भावों के अतिरेक के समय वाक्यगत शब्दों का उच्चारण परिवर्तित रूप में हुआ करता है।[72]

x. **साद्दश्यः** अज्ञानता या अपनी अनुकरणशील प्रवृति के कारण मनुष्य किसी शब्द के आधार पर उसके समान ही कोई अन्य

शब्द गढ़ लेता है इसे सादृश्य कहते हैं। यह अनुकरण केवल शाब्दिक सरंचना के आधार पर ही होता है, इसका शब्द के मूल से कोई संबंध नहीं होता।

मिली-जुली ध्वनियों का संक्रमण हो जाया करता है। द्वादश के समान एकादश, दुःख = दुक्ख, सुख = सुक्खा।[73]

xi. **बलाघातः** भाषा परिवर्तन की इस प्रवृति में किसी विशेष ध्वनि उच्चारण पर अन्य ध्वनियों की तुलना में अधिक जोर डाला जाता है जिस परिणामस्वरूप उसकी निकटतम ध्वनि समय के साथ-साथ विलुप्त हो जाती है। इस प्रकार यह शब्द में बदलाव लाते हुए भाषा परिवर्तन का कारण बनता है।

वक्ता किसी प्रयोजन से बोलते समय किसी ध्वनि या शब्द या शब्दांश पर बल देता है। फलतः अन्य ध्वनियाँ निर्बल पड़कर समाप्त हो जाती हैं। 'उपाध्याय' में 'ध्या' पर अधिक बल बल देने के कारण ही उक्त ध्वनि 'झा' के रूप में बदल गयी है तथा शेष ध्वनियों का लोप हो गया है।[74]

यह भाषा परिवर्तन के कुछ प्रमुख कारण हैं परन्तु भाषा परिवर्तन एक धीमी एवं निरंतर चलते रहने वाली प्रक्रिया है यही कारण है कि सूक्ष्म अध्ययन के पश्चात् ही भाषा में आने वाले परिवर्तनों को समझा जा सकता है।

संदर्भ

1. भाषा और समाज-राम विलास शर्मा-पृष्ठ 62-पांचवां संस्कारण-2002-आवृति 2011 से उद्धत

2. Mario pei-invitation to linguistics-a basic introduction to the science of language-page-157-edition 1965, Double day.

3. http://en.wikipedia.org/wiki/language... 2/5/2012 11:40 am

4. संक्षिप्त हिन्दी शब्द सागर-पृष्ठ सं॰ 755-नगरी प्रचारिणी सभा काशी त्रयोदश संस्करण-2004

5. देवी शंकर द्विवेदी-भाषा और भाषिकी-पृष्ठ सं॰ 24 राधाकृष्ण प्रकाशन प्राइवेट लिमिटेड, नई दिल्ली-प्रथम राधाकृष्ण संस्करण-1993

6. भोलानाथ तिवारी-भाषा विज्ञान-पृष्ठ सं॰ 5, किताब महल, इलाहाबाद

7. वही

8. डा॰ नारायण दास समाधिया-भाषा विज्ञान और हिन्दी भाषा-पृष्ठ 25-दया प्रिंटिंग प्रेस, खुरजा

9. Sturtvant; an introduction to linguistic science-page 2

10. Sverker Johansson, origin of language constraints on hypothesis, page no. 144 से उद्धत

11. भोलानाथ तिवारी-भाषा विज्ञान-पृष्ठ 1, किताब महल इलाहाबाद, 17वाँ संस्करण

12. रवीन्द्र नाथ श्रीवास्तव-हिन्दी भाषाः संरचना के विविध आयाम-पृष्ठ सं॰ 18-पहला संस्करण, दूसरी आवृति-2010, राधा कृष्ण प्रा.लिमि., नई दिल्ली।

13. डा॰ राज मणि शर्मा-आधुनिक भाषा विज्ञान-पृष्ठ सं॰ 15-वाणी प्रकाशन नई दिल्ली तृतीय संस्करण-आवृति 2009

14. देवीशंकर द्विवेदी-भाषा और भाषिकी-पृष्ठ सं॰ 33 - राधाकृष्ण प्रकाशन प्राइवेट लिमिटेड-नई दिल्ली- प्रथम राधाकृष्ण संस्करण-1993

15. डा॰ राजमषि शर्मा-आधुनिक भाषा विज्ञान-पृष्ठ-17-वाणी प्रकाशन नई दिल्ली तृतीय संस्करण-आवृति-2009

16. रवीन्द्र नाथ श्रीवास्तव-भाषाः हिन्दी भाषा संरचना के विविध आयाम-पृष्ठ 23-पहला संस्करण-दूसरी आवृति-2010 राधाकृष्ण प्रकाशन-नई दिल्ली

17. हेमचन्द्र पांडे-भाषा, मस्तिष्क और चेतना, पृष्ठ 4-संस्करण 1990-स्वाति पब्लिकेशन, दिल्ली

18. रवीन्द्रनाथ श्रीवास्तव-भाषाः हिन्दी भाषा संरचना के विविध आयाम-पृष्ठ 17-पहला संस्करण-दूसरी आवृति-2010 राधाकृष्ण प्रकाशन-नई दिल्ली

19. संक्षिप्त हिन्दी शब्दसागर-पृष्ठ 898-त्रयोदश संस्करण

20. रवीनद्रनाथ श्रीवास्तव-भाषाः हिन्दी भाषा संरचना के विविध आयाम-पृष्ठ 17

21. डा॰ रवीनद्रनाथ श्रीवास्तव-भाषा शिक्षण-पृष्ठ 24-द्वितीय संस्करण-1992

22. डा॰ केशवदत्त रूवाली-हिन्दी भाषा और नागरी लिपि-पृष्ठ 24

23. ब्लूमफील्ड-भाषा-अनुवादकः डा॰ विश्वनाथ प्रसाद-पृष्ठ सं॰ 581- प्रथम संस्करण-1968

24. भोलानाथ तिवारी-हिन्दी भाषा और नागरी लिपि-पृष्ठ 24

25. डा॰ नारायण दास समाघिया-भाषा विज्ञान और हिन्दी भाषा-पृष्ठ 31-परिचय, कला सदन, खुरजा

26. डा॰ केशवदत्त रूवाली-हिन्दी भाषा और नागरी लिपि-पृष्ठ सं॰ 24

27. कैलाश चन्द्र भाटिया/मोती लाल चतुर्वेदी-हिन्दी भाषाः स्वरूप और विकास-पृष्ठ सं॰ 77-प्रथम संस्करण

28. डा॰ रामबख्श मिश्र-भाषा (पत्रिका)-भाषा का मानकीकरण-पृष्ठ सं॰ 13-दिसंबर 1985-संपादक-जगदीश चतुर्वेदी

29. डा॰ सुरेन्द्र कुमार शर्मा-राजभाषा भारती (पत्रिका)-हिन्दी का मानकीकरण रूप एवं कार्यालयी हिन्दी-पृष्ठ सं॰ 6-अंक अप्रेल- जून 2009-संपादक-विजय चंद्र मंडल

30. डा॰ रमेश चन्द्र मेहरोत्रा-भाषा (पत्रिका)-भारत में भाषा विज्ञान- संबंधी शोध की वर्तमान प्रवृतियाँ-मार्च 1987-संपादक-जगदीश चतुर्वेदी

31. डा॰ केशवदत्त रूवाली-हिन्दी भाषा और नागरी लिपि-पृष्ठ सं॰ 26

32. डा॰ नारायण दास समाधिया-भाषा विज्ञान और हिन्दी भाषा-पृष्ठ सं॰ 31-परिचय, खुरजा

33. डा॰ आरिफ़ नज़ीर-राष्ट्रीयता और भारतेन्दु हरिशचन्द्र-पृष्ठ सं॰ 1-प्रथम संस्करण-1993

34. डा॰ नारायण दास समाधिया-भाषा विज्ञान और हिन्दी भाषा-पृष्ठ 32-परिचय, खुरजा

35. भोलानाथ तिवारी-हिन्दी भाषा और नागरी लिपि-पृष्ठ सं॰ 27

36. डा॰ राज मणि शर्मा-आधुनिक भाषा-विज्ञान-पृष्ठ सं॰ 68-तृतीय संस्करण-आवृति 2009 वाणी प्रकाशन-नई दिल्ली

37. भोलानाथ तिवारी-भाषा विज्ञान-पृष्ठ सं॰-सत्रहवाँ संस्करण

38. भाषा विज्ञान

39. Wikipedia

40. डा॰ भोलानाथ तिवारी-हिन्दी भाषा और नगरी लिपि-पृष्ठ सं॰ 33

41. प्रो॰ सूरजभान सिंह-हिन्दी भाषाः संदर्भ संरचना-पृष्ठ सं॰ 52-प्रथम संस्करण 1991-साहित्य सहकार, दिल्ली

42. डा॰ भोलानाथ तिवारी-भाषा विज्ञान-पृष्ठ-सत्रहवाँ संस्करण

43. डा॰ भोलानाथ तिवारी-हिन्दी भाषा एवं नगरी लिपि-पृष्ठ सं॰ 35

44. ब्लूमफील्ड-भाषा-पृष्ठ सं॰ 573-प्रथम संस्करण 1968

45. वही-पृष्ठ सं॰ 338

46. डा॰ कु॰ संतोष अग्रवाल-राजभाषा और उसका स्वरूप-राजभाषा भारती (पत्रिका)-पृष्ठ सं॰ 13-अंक जुलाई-सितंबर 2010-संपादक रमेशबाबू अणियेरी- राजभाषा विभाग, नई दिल्ली

47. डा॰ केशव दत्त रूवाली-हिन्दी भाषा और नागरी लिपि, पृष्ठ 39, संस्करण 1998, ग्रन्थायन, अलीगढ़

48. डा॰ भनुज्ञ पताप सिंह-भाषा विज्ञान, पृष्ठ 98, प्रथम संस्करण 2005, रमन प्रकाशन, नई दिल्ली

49. वही

50. रामकिशोर शर्मा-आधुनिक भाषा विज्ञान के सिद्धांत, पृष्ठ 37, पंचम संस्करण 2009, लोकभारती प्रकाशन, इलाहाबाद

51. Webspace.ship.edu/sg boger/lange vol. html (Dr. C. George Boerec- Language Change and evolution - 2003)

52. डा॰ केशव दत्त रूवाली-हिन्दी भाषा और नागरी लिपि, पृष्ठ 42, संस्करण 1999, ग्रन्थायन, अलीगढ़

53. रामकिशोर शर्मा-आधुनिक भाषा विज्ञान के सिद्धांत, पृष्ठ 38, पंचम संस्करण 2009, लोकभारती प्रकाशन, इलाहाबाद

54. डा॰ राजमणि शर्मा-आधुनिक भाषा विज्ञान, पृष्ठ 41, आवृति 2009 वाणी प्रकाशन, नई दिल्ली

55. वही

56. डा॰ अनुज प्रताप सिंह-भाषा विज्ञान, पृष्ठ 124, प्रथम संस्करण 2005, नमन प्रकाशन, नई दिल्ली

57. डा॰ केशव दत्त रूवाली-हिन्दी भाषा और नागरी लिपि, पृष्ठ 44, संस्करण 1999, ग्रन्थायन, अलीगढ़

58. डा॰ अनुज प्रताप सिंह-भाषा विज्ञान, पृष्ठ 123, प्रथम संस्करण 2005, नमन प्रकाशन, नई दिल्ली

59. डा॰ केशव दत्त रूवाली-हिन्दी भाषा और नागरी लिपि, पृष्ठ 39, संस्करण 1999, ग्रन्थायन, अलीगढ़

60. डा॰ अनुज प्रताप सिंह-भाषा विज्ञान, पृष्ठ 128, प्रथम संस्करण 2005, नमन प्रकाशन, नई दिल्ली

61. डा॰ अनुज प्रताप सिंह-भाषा विज्ञान, पृष्ठ 128, प्रथम संस्करण 2005, नमन प्रकाशन, नई दिल्ली

62. डा॰ राजमणि शर्मा-आधुनिक भाषा विज्ञान, पृष्ठ 42, आवृति 2009, वाणी प्रकाशन, नई दिल्ली

63. रामकिशोर शर्मा-आधुनिक भाषा विज्ञान के सिद्धांत, पृष्ठ 39, पंचम संस्करण 2009, लोकभारती प्रकाशन, इलाहाबाद

64. डा॰ राजमणि शर्मा-आधुनिक भाषा विज्ञान, पृष्ठ 43, आवृति 2009, वाणी प्रकाशन, नई दिल्ली

65. डा॰ अनुज प्रताप सिंह-भाषा विज्ञान, पृष्ठ 126, प्रथम संस्करण 2005, नमन प्रकाशन, नई दिल्ली

66. डा॰ राजमणि शर्मा-आधुनिक भाषा विज्ञान, पृष्ठ 43, आवृति 2009, वाणी प्रकाशन, नई दिल्ली

67. संक्षिप्त हिन्दी शब्दसागर-नागरी प्रचारिणी सभा काशी (संपादक-रामचंद्र वर्मा) त्रयोदश संस्करण-संवत् 2061 वि.

68. डा॰ राजमणि शर्मा-आधुनिक भाषा विज्ञान, पृष्ठ 43, आवृति 2009, वाणी प्रकाशन, नई दिल्ली

69. डा॰ केशव दत्त रूवाली-हिन्दी भाषा और नागरी लिपि, पृष्ठ 41, संस्करण 1999, ग्रन्थायन, अलीगढ़

70. डा॰ अनुज प्रताप सिंह-भाषा विज्ञान, पृष्ठ 126, प्रथम संस्करण 2005, नमन प्रकाशन, नई दिल्ली

71. डा॰ राजमणि शर्मा-आधुनिक भाषा विज्ञान, पृष्ठ 44, आवृति 2009, वाणी प्रकाशन, नई दिल्ली

72. डा॰ केशव दत्त रूवाली-हिन्दी भाषा और नागरी लिपि, पृष्ठ 41, संस्करण 1999, ग्रन्थायन, अलीगढ़

73. डा॰ अनुज प्रताप सिंह-भाषा विज्ञान, पृष्ठ 130, प्रथम संस्करण 2005, नमन प्रकाशन, नई दिल्ली

74. वही, पृष्ठ 130

द्वितीय अध्याय

हिंदी भाषा का विकास

2.1 हिंदी और उसके अर्थ

भाषा परिवर्तनशील है यह तथ्य समस्त भाषा-विज्ञानियों द्वारा प्रमाणित है एवं शब्द भाषा की इकाई है। शब्द-संयोजन के माध्यम से ही वाक्य-संरचना होती है, यही भाषा का मूल आधार है। इसी कारण यह भी स्वतः प्रमाणित है कि शब्द भी परिवर्तनशील है। यह परिवर्तन विभिन्न स्तर पर परिलक्षित होते हैं, कभी संरचनात्मक स्तर पर, तो कभी अर्थ के स्तर पर। कभी एक ही शब्द के पृथक् रूप भिन्न-भिन्न भाषाओं में देखने को मिलते हैं। संस्कृत का 'मातृ' एवं अंग्रेज़ी का 'मदर' केवल उच्चारण में अंतर के कारण दो अलग-अलग भाषाओं के शब्द बन गये' जबकि दोनों समानार्थी हैं।

हिंदी भाषा भी इसमें अपवाद नहीं है, आज जिस भाषा ने हिंदी भाषा की पदवी पायी है, वह आर्य भाषाओं के आधुनिक रूप में से एक है।

भाषाविदों के अनुसार आर्य भाषा का प्राचीन रूप वैदिक संस्कृत है, प्राचीन भाषाओं से जन्मे होने के कारण अन्य भाषाओं में हिंदी के शद बहुलता से प्रचलित हुए। स्वयं हिंदी शब्द का प्रयोग कई अर्थों में हुआ। विश्लेषण करने पर ज्ञात होता है कि हिंदी शब्द से ही अंग्रज़ी को 'इण्डिया' शब्द प्राप्त हुआ। 'हिंदी' शब्द एवं इसके विभिन्न रूपों की विस्तार से चर्चा करते हैं।

हिंदी भाषा के लिए इस शब्द का प्राचीनतम प्रयोग शरफुद्दीन यज्दी के 'जफरनामा' (1424 ई.) में मिलता है।

जैसे-जैसे समय व्यतीत हुआ हिंदी शब्द का अर्थ विस्तीर्ण होता गया। वर्तमान में हिंदी शब्द का प्रयोग तीन अर्थों में हो रहा है, जो मिम्न प्रकार हैं:

(1) गुजरते समय के साथ-साथ हिंदी शब्द का सभी क्षेत्रीय भाषाओं का सूचक बन गया जिनकी कुल संख्या 17 है। और यथेष्ठ अर्थ में हिन्द शब्द संपूर्ण भारत का प्रतिनिधित्व करता है।

(2) भाषा विज्ञान को आधार माना जाये तो हिंदी केवल दो ही तरह की होती है:

(क) पश्चिमी हिंदी

(ख) पूर्वी हिंदी

ग्रियर्सन ने इन दोनों हिंदी के अलावा हिंदी की तीन और उपभाषाएँ बताईं जो निम्नलिखित हैं:

1. बिहारी   2. राजस्थानी   3. पहाड़ी

ग्रियर्सन के अम्बाला (पंजाब) से लेकर बनारस तक और नैनीताल की तलहटी से लेकर बालघाट (मध्यप्रदेश) तक बोलियों को हिंदी कहा है। आज हिंदी प्रदेश की सीमा अधिक विस्तृत हो गयी है। इसके अन्तर्गत पश्चिम में अम्बाला, बीकानेर और जैसलमेर, दक्षिण में ताप्ती नदी, बालाघाट, दुर्ग, पूर्व में रायगढ़, धनबाद और भागलपुर और उत्तर में नेपाल की सीमा को छूते हुए ग्रगोत्री और जमनोत्री का 1690 कि0मी0ल0 और 164 किमी0 कर चैड़ा भू-भाग है।

पश्चिमी एवं पूर्वी हिंदी का विभाजन उन्होंने इस प्रकार किया। पश्चिमी हिंदी का पाँच भागों में विभाजित किया:

1. हरियाणवी 2. कौरवी 3. ब्रजभाषा 4. बंदेली 5. कन्नौजी

एवं पूर्वी हिंदी के ती भेद किये:

1. अवधी 2. बघेली 3. छत्तीसगढ़ी

निष्कर्षतः भाषिक अर्थ में पश्चिमी हिंदी की पाँच एवं पूर्वी हिंदी की तीन बोलियों के समूह अथवा मंडल को हिंदी कहा गया है।

(3) हिंदी का प्रयोग हमें संकुचित अर्थ में भी देखने को मिलता है। जहाँ खड़ी बोली, साहित्यिक हिंदी जो कि हिंदी प्रदेशों में सरकारी भाषा के रूप में प्रयोग होती है, अथवा जिसका प्रयोग जनसंचार माध्यमों जैसे समाचार पत्र एवं फिल्मों आदि में होता है और हिंदी प्रदेशों की शिक्षा भी इसी माध्यम में दी जाती है। इस हिंदी को 'परिनिष्ठ' हिंदी' के रूप में भी माना जाता है।

वस्तुतः 'हिंदी' शब्द का अर्थ छठी सदी विस्तीर्ण होने लगा था इस उपरांत अरबी और फारसी साहित्य में हिंदी में बोली जाने वाली जुबानों के लिए (जो कि संस्कृत, पालि, प्राकृत एवं अपभ्रंश थे) व्यवहार में 'जुबान-ए-हिंदी शब्द प्रयोग में लाया जाने लगा।

भारत में मुसलमानों के पश्चात् यह 'जुबन-ए-हिंदी शब्द 'हिंदी जुबान' अथवा 'हिंदी' में परिवर्तित हो गया। जो कि मुख्ततः दिल्ली-आगरा के समीपवर्ती बोले जाने वाली भाषा के लिए प्रयुक्त हुआ। यह अनुमान लगाना कठिन है कि पूरी तरह हिंदी शब्द प्रस्फुटित कब हुआ, क्योंकि प्राचीन कवि जैसे कबीर, सूर, तुलसी, बिहारी आदि तो इसके स्थान पर 'भाषा' अथवा 'भाखा' शब्द का प्रयोग करते थे।

वर्तमान में सामान्यतः 'हिंदी' शब्द का प्रयोग हिंदी और उर्दू दोनों के लिए होता है, इसका कारण यह है कि शाब्दिक एवं व्याकरणिक स्तर पर दोनों भाषाएं बिलकुल एक सी हैं या यह कहना अतिश्योकतपूर्ण न होगा कि दोनों एक ही भाषा रूप के दो अलग-अलग शैलियां हैं।

तज़किरा मखज़न-उलग रायब में आया 'दर ज़बाने हिंदी मुराद उर्दू अस्त'। यहाँ हिंदी उर्दू का समानार्थी है तो दूसरी तरफ हिंदी के सूफी कवि नूर मुहम्मद ने कहा 'हिन्दू मग पर पाँव न राख्यौ का बहुत है जो हिंदी भाख्यौ।' यहाँ इस शब्द का प्रयोग हिंदी के लिए है। मुल्ला वज़ही, सौदा, मीर आदि ने अपने शेरों को हिंदी शेर कहा है। ग़ालिब ने

भी अपने पत्रों में कई स्थानों पर हिंदी-उर्दू को समानार्थी रूप में प्रयुक्त किया है।

निष्कर्षतः यही अनुमान लगाया जा सकता है कि हिंदी और उर्दू में भेद संभवतः अंग्रेज़ों की भाषा-नीति के कारण उत्पन्न किया गया। सिसके परिणामस्वरूप हिंदी को हिन्दुओं एवं उर्दू को मुसलमानों की भाषा माना जाने लगा। परंतु कुछ बिन्दू विचार करने योग्य हैं जैसा कि डा. महेन्द्र नाथ दूबे कहते हैं:

1. 'सिन्धु' और 'हिन्धु तट के निवासी'-दोनों के लिए हिन्दू शब्द का प्रयोग संभव है कि साथ ही साथ आरंभ कर दिया गया हो। परंतु अचरज है कि बाद में 'हिन्धु' नदी का नाम तो विदेश में भी ज्यों का त्यासें हिन्धु रूप में ही लेने लगे। यहाँ तक कि उसकी घाटी का जो 'सिन्ध' प्रदेश है उसे तो अभी आज तक सभी 'सिन्ध' ही कहते चले आ रहे हैं। 'सिन्ध' को 'हिन्द' क्यों नहीं मानते।

2. इसी सिन्धु उपत्यका में एक बड़ी ही प्रचलित भाषा है 'हिन्धी' वह अपने जन्म काल से आज तक खास फज़रसी लोगों द्वारा ही 'सिन्धी' नदी के तटवासियों की ही भाषा है।

इस प्रकार के बिन्दु आज भी भाषाविदों के लिए अन्वेषण एवं चिंतन का विषय बने हुए हैं। परंतु हिंदी के नामकरण की समस्या के उत्तर के रूप में सिंधु घाटी से हाना इसकी प्रमाणिक व्युत्पत्ति की ओर संकेत मात्र तो करता है परंतु साथ ही साथ अनेक संशय एवं प्रश्नों को भी जन्म देता है।

2.2 आदिकाल में हिंदी

किसी भी भाषा का विकास अपनी पूर्ववर्ती भाषा से ही प्रारंभ होता है। यही कारण है कि हर भाषा ऐसी प्रवृत्तियां एवं शब्द समाहित किये होती है जिससे सरलतापूर्वक निष्कर्ष निकाला जा सकता है कवह किस भाषा से विकसित होकर अपने वर्तमान स्वरूप तक पहुँची है। स्पष्ट है कि भाषा विकास एक श्रृखलाबद्ध प्रक्रिया है। यही स्थिति हिंदी भाषा की भी

है। अपभ्रंश युग के पश्चात् हिंदी भाषा विकास के अनेक सोपानों को पार करते हुए अपने वर्तमान रूप को प्राप्त हुई है। परिवर्तन की इस भाषा पर युगानुसार एक संक्षिप्त दृष्टिपात करते हैं।

पाणिनि काल से अद्यतन भाषिक परिवर्तनों पर यदि दृष्टिपात किया जाए तो सर्वाधिक परिवर्तन हिंदी भाषा में दिखाई देते हैं।

इसलिए हिंदी भाषा का विकास दीर्घकालीन अवधि में हुआ। संस्कृत एवं अपभ्रंश के रूप में बोया हुआ बीज 1000 ई. तक हिंदी के रूप में प्रस्फुटित होने लगा। भाषिक प्रवृत्तियों की दृष्टि से हिंदी में संस्कृत एवं अपभ्रंश का प्रभाव दृष्टव्य होता है। परंतु भाषा वैज्ञानिकों ने यह निष्कर्ष निकाला कि हिंदी पर इन भाषाओं का अल्पकालिक प्रभाव तो रहा परंतु कुछ समय पश्चात् हिंदी एक स्वतंत्र भाषा के रूप में विकसित हुई।

कुछ समय पूर्व तक संस्कृत को हिंदी भाषा की जननी के रूप में स्वीकारा जाता था और इसी कारण संस्कृत व्याकरण के अनुसरण पर हिंदी भाषा का व्याकरण बनाया गया, किन्तु भाषा विज्ञान ने स भ्रग का निवारण कर दिया है कि दोनों भाषाओं में सहोदर का संबंध ही मान्य है, जननी-जन्य का नहीं। हिंदी प्रयाप्त समृद्ध भाषा है, जिसकी प्रकृति संस्कृत से बहुत कुछ अंशों में अलग है।

विचार किया जाए तो 10वीं सदी के लगभग मध्ययुगीन भारतीय आर्य भाषाएं अपने अवसान को प्राप्त हो रही थीं। उसी समय से आधुनिक आर्य भाषाओं का स्फुरण माना जाता है। परंतु समय निश्चित इस कारण नहीं किया जा सकता क्योंकि आधुनिक आर्य भाषाओं के प्रस्फुटन चिह्न दो-तीन इस समय से शताब्दी पूर्व से ही मिलने लगते हैं। परंतु अगर इस विकास का चिह्न अपभ्रंश का ह्रास एवं आधुनिक आर्य भाषाओं का विकास माना जाए तो यह वह समय था जहाँ इस परिवर्तन को स्पष्टतः परिलक्षित किया जा सकता है। हिंदी भाषा के विकास को कालानुसार तीन कालों में विभाजित किया गया।

1. आदिकाल (ई. 1000 से 1500 ई.)
2. मध्यकाल (ई. 1500 से 1850 ई.)
3. आधुनिक काल (ई. 1850 से अब तक)

इन तीनों कालों में हिंदी भाषा में अनेक परिवर्तन हुए इसलिए हिंदी के भाषिक परिवर्तन एवं विकास को समझने के लिए इन तीनों कालों को हिंदी भाषा का क्रमशः विश्लेषण करना होगा। जिसके अंतर्गत ध्वानियों में परिवर्तन, व्याकरणिक परिवर्तन, शब्द भंडार एवं साहित्यिक भाषा पर दृष्टिपात करना होगा। हालांकि हिंदी में अनेक सहभाषाएं भी हैं, जिनका विकास भिन्न आयामों पर हुआ परंतु हम यहां केवल हिंदी भाषा के विकास् की चर्चा करेंगे।

1.) असउिकसन (1000 ई. से 1500 ई.)

भाषा का विकास सामाजिक, सांस्कृतिक राजनीतिक एवं साहित्यिक विकास की संश्लिष्ट प्रक्रिया है। भाषिक विकास के लिए आवश्यक है कि यह सभी क्षेत्र परिपूर्ण स्थिति में हों आदिकाल राजनैतिक दृष्टि से अत्यन्त अस्थायी युग था। राजनैतिक परिवर्तनों एवं सामाजिक उथल-पुथल को दृष्टि में रखते हुए स्थितियाँ भाषिक विकास के लिए अनुकूल नहीं थीं।

साहित्य के संदर्भ में जब हम भाषा के बदलाव के बदलाव की बात करते हैं, तो हमें भूलना नहीं चाहिये कि हम सामाजिक सच्चाइयों और लेखकीय विचार-विमर्श में घटित परिवर्तन की ओर भी संकेत करते हैं। अतः भाषा में ऐतिहासिक विकास का मतलब होता है, सामाजिक क्षेत्र में बदलाव। भाषा के अर्थ-स्तरों पर हम जितनी ही गहराई में जायेंगे, हमारे सामने उन सामाजिक अंर्विरोधों तथा राजनीतिक संबंधों के रूप में भी स्पष्ट होते चलेंगे, जिनकी वजह से भाषा के आंतरिक गठन पर तो फर्क पड़ता है, इसका बाह्य तंत्र भी बदलता है।

यही कारण है कइस काल में कई भाषा रूप प्राप्त होते हैं, जहाँ नाथ, सिद्ध और जैन अपभ्रंशाभास हिंदी में अपने धार्मि साहित्य का सृजन कर

रहे थे, वहीं वीरगाथात्मक काव्य राजस्थानी एवं अपभ्रंश का मिश्रण। अगर हम रासो ग्रंथों को देखें तो यह डिंगल भाषा अपने अंदर राजस्थानी और अपभ्रंशा स्पष्टतः समाहित करे हुई दृष्टिगत होते हैं। परंतु जहाँ तक साहित्यिक भाषा का प्रश्न है, तो वह स्पष्टतः समाहित करे हुई दृष्टिगत होते हैं। परंतु जहाँ तक साहित्यिक भाषा का प्रश्न है, तो वह स्पष्टतः मुख्य रूप से पिंगल भाषा ही थी। इसके अलावा भी कुछ नए भाषा रूप दिखाई देते हैं जो कि निश्चित ही उस समय क रानैतिक एवं ऐतिहासिक गतिविधियों का परिणाम था।

पहला-अरबी फ़ज़रसी की प्रधानता से युक्त रूप, जिसे पुरानी हिंदी या हिंदवी कहा जाता है। दूसरा रूप है- पूर्व में विकसित पुरानी मैथिली, जो विद्यापति की रचनाओं की भाषा है। हिंदी की प्रारंभिक अवस्था होने के कारण इस काल में विभिन्न बोलियों एवं उप-भाषाओं का अंतर स्पष्ट परिलक्षित नहीं होता है। प्रत्येक भाषा-रूप में अन्य रूपों का मिश्रण दिखाई पड़ता है।

निष्कर्षतः हिंदी के व्याकरणिक रूप पालि में ही मिलने शुरू हो गये थे, परंतु आदिकालीन हिंदी अपभ्रंश के अत्यंत करीब था। व्याकरणिक स्तर पर अपभंरश एवं आदिकालीन हिंदी समान थी।

आदिकालीन हिंदी की ध्वनियाँ

आदिकालीन हिंदी में मुख्यतः उन्हीं ध्वनियों (स्वर-व्यंजनों) का प्रयोग मिलता है जो अपभ्रंश में प्रयुक्त होती थीं। मुख्य अंतर ये है:

1. अपभंरश में केवल आठ स्वर थे-अ, आ, इ, ई, उ, ऊ, ए, ओ। ये आठों ही स्वर मूल स्वर थे। आदिकालीन हिंदी में दो नए स्वर ऐ, औ विकसित हो गए, जो संयुक्त स्वर थे तथा जिनका उच्चारण क्रमशः अए, अओ जैसा था।

2. च, छ, ज, झ संस्कृत, पालि, प्राकृत, अपभंरश में स्पर्श व्यंजन थे, किंतु आदिकालीन हिंदी में वे स्पर्श-संघर्षी हो गए और तब से अब तक स्पर्श संघर्षी ही हैं।

3. न, र, ल, स व्यंजन संस्कृत, पालि, प्राकृत, अपभ्रंश में दंत्य ध्वनि थे। आदिकाल में ये वत्सर्य हो गए।

4. अपभ्रंश में ड़, ढ़ व्यंजन नहीं थे। आदिकाल की हिंदी में इनका विकास हुआ।

5. न्ह, म्ह, ल्ह पहले संयुक्त व्यंजन थे, अब वे क्रमशः न, म, ल के महाप्राण रूप हो गएए अर्थात् संयुक्त व्यंजन न रहकर मूल व्यंजन हो गए।

6. संस्कृत तथा फ़ारसी आद कुछ नये शब्दों के आ जाने के कारण कुछ संयुक्त व्यंजन हिंदी में ऐसे आ गए होंगे, जो अपभंरश में थे। कुछ अपभंरश शब्दों के लोप के कारण कुछ ऐसे संयुक्त व्यंजनों, स्वारानुक्रमों (vovel sequences) तथा व्यंजनानुक्रमों (Consonant sequences) आदि के लोप की संभावना हो सकती है, जो अपभंरशों में रहे होंगे।

व्याकरण - आदिकालीन हिंदी व्याकरणिक दृष्टि से अपभंरश के अत्यंत निकट थी, परंतु जैसे-जैसे हिंदी भाषा अपना भाषिक विकास करती गई वह अपना स्वयं का व्याकरणिक रूप विकसित करती गई। यह प्रक्रिया अपभंरश के व्याकरणिक रूपों के कम होने से शुरू हुई और 1500 ई. तक हिंदी अपना व्याकरणिक रूप पूर्णतः विकसित कर चुकी थी। आदिकालीन हिंदी एवं अपभ्रंश के व्याकरण की भिन्नताएं निम्नलिखित हैं:

1. अपभंरश काफी हद तक संयोगात्मक भाषा थी क्रिया तथा कारकीय रूप संयोगात्मक होते थे, किंतु आदिकालीन हिंदी में वियोगात्मक रूपों का प्राधन्य हो चला। सहायक क्रियाओं तथा परसर्गं (कारक चिह्नों) का प्रयोग काफी होने लगा और धीरे-धीरे संयोगात्मक रूप कम होते गये और उनका स्थान वियोगात्मक रूप लेते गये।

2. नपुसंक लिंग एक सीमा तक अपभंरा में था यद्यषि संस्कृत, प्राकृत की तुलना में उसकी स्थिति अस्पष्ट सी होती जा रही है। आदिकालीन हिंदी प्रयोगों में नपुंसकलिंग का प्रयोग प्रायः पूर्णतः

समाप्त हो गया। गोरखनाथ की रचनाओं में प्रयुक्त प्रयोगों को कुछ लोगों ने नपुंसकलिंग का माना है, किंतु वह मान्यतः पूर्णतः असंदिग्ध नहं कही जा सकती।

3. हिंदी वाक्य रचना में शब्दक्रम धीरे-धीरे निश्चित होने लगा था।

शब्द भण्डार

टादिकालीन हिंदी भाषा के विकास के समय दो प्रमुख घटनाएं सामने आती हैं। एक तो भक्ति आंदोलन का उदय हो रहा था, दूसरा मुसलमान आक्रमणकारी एवं व्यापारी अपने साथ अपनी संस्कृति भी लेकर आ रहे थे। इन दोनों ही घटनाओं का प्रभाव यहाँ की भाषा एवं शब्द-भण्डार पर स्पष्ट दिखाई देते थे। जहाँ भक्ति आंदोलन के प्रभाव से यहाँ पर तत्सम शब्दों का प्रचलन भाषा में बढ़ गया था वहीं मुसलमानों के आगमन के कारण पश्तो, तुर्की, अरबी एवं फ़ारसी के शब्द भी यहाँ प्रचलित होने लगे थे।

टादिकालीन हिंदी का शब्द-भण्डार अपने प्रारम्भिक चरण में अपभंरश का ही था, किन्तु धीरे-धीरे कुछ परिवर्तन आते गए, जिनमें उल्लेख्य दो तीन हैं:

1. भक्ति-आंदोलन का प्रारंभ हो गया था, अतः तत्सम शब्दावली आदिकालीन हिंदी में अपभ्रंश की तुलना में कुछ बढ़ने लगी थी।

2. मुसलमानों के आगमन से कुछ पश्तो, फ़ारसी, अरबी, तुर्की शब्द हिंदी में आए उदाहरणार्थः गोरखबानी में अकलि, नूर, गूँगा, अलह, काजी; पृथ्वीराजरासो में अब्बीर, नजर, जीन, सोर, गाजी, समसेर;चन्दायन में खून, तुरसी, सुरमा, मीर आदि।

3. भक्ति-आंदोलन तथा मुसलमानी शासन का प्रभाव समाज पर भी पड़ा जिसके परिणाम-स्वरूप इस बात की भी संभावना हो सकती है कि कुछ ऐसे पुराने शब्द जो अपभ्रंश में प्रचलित थे, इस काल में अनावश्यक अथवा अल्पावश्यक होने के कारण या तो हिंदी शब्द-भण्डार से निकल गए या फिर उनका प्रयोग बहुत कम हो गया।

साहित्यिक भाषा

निष्कर्षतः इस काल का साहित्य अपभ्रंशात्मक हिंदी मिश्रित एवं हिंदी के उपबोलियों के प्रारम्भि रूप में मिलता है, जिनमें ब्रज, अवधी, मैथिली एवं खड़ी बोली प्रमुख हैं।

इस काल में साहित्य में प्रमुखतः डिंगल, मैथिली, दक्खिनी, अवधी, ब्रज तथा मिश्रित भाषा का प्रयोग मिलता है। इस काल के प्रमुख हिंदी साहित्यकार गोरखनाथ, विघापति, नरपति नाल्ह, चन्दरबरदाई, कबीर, ख्वाजा बंदा नवाज आदि थे।

निष्कर्षतः सामाजिक एवं राजनैतिक दृष्टि से यह काल अस्थापित था। इधर भाषा के तीन रूप (i) अपभ्रंशाभास (ii) डिंगल (iii) पिंगल प्रचलित थे एवं तीनों ही भाषा रूपों में सहित्य सृजन हो रहा था।

भारत के इतिहास में यह वह समय था कि मुसलमानों के हमले उत्तर-पश्चिम की ओर से लगातार होते रहते थे। इनके धक्के अधिकतर भारत के पश्चिमी प्रांत के निवासियों को सहने पड़े थे, जहाँ हिन्दुओं के बड़े-बड़े राज्य प्रतिष्ठित थे। गुप्त साम्राज्य के ध्वस्त होने पर हर्षवर्धन (मृत्यु संवत् 704) के उपरांत भारत का पश्चिमी भाग ही भारतीय सभ्यता और बलवैभव का केंद्र हो रहा था। कन्नौज, अजमेर, अहिलवाड़ा आदि बड़ी-बड़ी राजधानियाँ उधर ही प्रतिष्ठित थीं। उधर की भाषा ही शिष्ट भाषा मानी जाती थी और कवि-चारण् टादि उसी भाषा में रचना करते थे। प्रारंभिक काल का जो साहित्य हमें उपलब्ध है उसका अविर्भाव उसी भू-भाग में हुआ।

मुसलमान अपने इन्हीं आक्रमणों के साथ अपनी भाषा भी अपने साथ लाये जो कि हिंदी में संश्लिष्ट हो गई। यही कारण है कि आदिकाल की रचनाओं में उर्दू, फारसी एवं अरबी के शब्द दृष्टिगत होने लगे थे। यह प्रक्रिया हिंदी भाषा को अपने पूर्ण रूप में विकसित होने के लिए एक रूकावट भी थी। संभवतः यही कारण है कि हिंदी के किसी पक्ष की अनुभूति होने के कारण अगला आनेवाला काल भक्तिकाल रहा जिसमें

हिंदी भाषा के विकास पर विशेष बल दिया गया एवं हिंदी भाषा के विकास की दृष्टि से यह काल अत्यंत समृद्ध एवं उल्लेखनीय सिद्ध हुआ।

2.3 मध्यकाल में हिंदी

निरंतर हो रहे मुसलमानों के आक्रमणों के परिणामस्वरूप देश में मुसलमानों का राज हो गया। इधर ब्रजयानी सिद्ध एवं कापालिक आदे दशि के पूरब में और नाथपंती योगी पश्चिम में अपने मतों का प्रचार कर रहे थे। राजनैतिक एवं धार्मिक रूप से हिन्दू धर्म के लिए यह सब हताशा का बड़ा कारण था। अपने अस्तित्व को पुनः अभिज्ञेय बनाने हेतु हिन्दु जाति को अपनी संस्कृति एवं अपने संस्कारों को पुनः जीवित करना था, जिसके लिए उनको अपनी भाषा जो कि हिंदी थी। उसको समृद्ध बनाना था एवं उसमें ऐसा ज्वलंत साहित्य रचना था, जिससे हिन्दु जाति का आत्मगौरव जागृत हो सके इस संदेर्भ में आचार्य रामचंद्र शुक्ल का मत भी विचारणीय है।

देश में मुसलमानों का राज्य प्रतिष्ठित हो जाने पर हिन्दू जनता के हृदय में गौरव, गर्व और उत्साह के लिए अवकाश न रह गया। उसके सामने ही देव मंदिर गिरायें जाते थे। देवमूर्तियां तोड़ी जाती थीं और पूज्य पुरुषों का अपमान होता था और वह कुछ भी नहीं कर सकते थो। ऐसी दशा में अपनी वीरता के गीत न तो वह गा ही सकते थे और न बिना लज्जित हुए सुन ही सकते थे। आगे चलकर जब मुस्लिम सामाज्य दूर तक स्थापित हो गया तब परस्पर लड़ने वाले स्वतंत्र राज्य भी नहीं रह गये। इतनी भारी राजनीतिक उलट फेर के पीछे हिन्दू जनसमुदाय पर बहुत दिनों तक उदासी-सी छायी रही अतिरिक्त दूसरा मार्ग ही क्या था।

निष्कर्षतः युगीन राजनीतिक, सामाजिक एवं धार्मिक परिस्थितियां हिंदी भाषा के विकास के लिए अत्यंत अनुकूल थी। हिन्दू जाति के दमित एवं शोषित होने ने उनके अन्दर साहित्य सृजन, अपनी भाषा के प्रसार एवं धार्मिक प्रवृत्तियों की ओर प्रवृत होने के लिए ऊर्जा का संचार किया। इसी ऊर्जा का परिणाम है कि हिंदी साहित्य के इतिहास में भक्तिकाल भाषा की दृष्टि से सबसे उत्कृष्ट काल प्रतीत होता है। परंतु उच्चवर्ग

की भाषा फ़ारसी ही थ्ज़ी। भक्ति साहित्य का सृजन होने के कारण इस काल में तत्सम शब्दों का अनुपात अधिक हो गया। राजकीय कार्य की भाषा फ़ारसी होने के कारण फ़ारसी शब्दवाली भी मध्यकालीन हिंदी का अंग बन गई।

परंतु जैसा शुक्ल् जी का मत था कि मुसलमानों द्वारा हिन्दुओं के शोषण के कारण भक्ति आंदोलन का उदय हुआ है यह कुछ तर्क संगत नहीं जान पड़ता इस मत का खंडन करते हुए आचार्य हजारी प्रसाद द्विवेदी कहते हैं।

यह भी बताया गया है जब मुसलमान हिन्दुओं पर अत्याचार करने लगे तो निराश होकर हिन्दू लोग भगवान का भजन करने लगे। यह बात अत्यंत उपहासास्पद है कि जब मुसलमान लोग उत्तर भारत में मंदिर तोड़ रहे थे, तो उसी समय उपेक्षाकृत निरापद दक्षिण में भक्त लोगों ने भगवान की शरणगति की प्रार्थना की। मुसलमानों के अत्याचार के कारण यदि भक्ति की भावधारा को उमड़ता था तो पहले उसे सिंध में और फिर उत्तर भारत में प्रकट होना चाहिए था, पर हुई वह दक्षिण में।

संभवतः संघर्ष जिसने भक्ति आंदोलन को जन्म दिया, वह हिन्दू-मुसलमान के बीच न होकर शोषक एवं शोषितों के मध्य का संघर्ष जातिवाद एवं वर्ण व्यवस्था के विरोध में था। यह संघर्ष शास्त्रों में मनुष्य को दिये गये अधिकारों एवं लोक में उनके साथ हो रहे व्यवहार के बीच था। जातिवाद से उत्पीड़ित दलित एवं निम्नवर्ग ने भक्ति का मार्ग चुना एवं स्वयं को निर्बल पाकर भगवान की शरण में चले गये। यही कारण है किइस प्रक्रिया में विभिन्न प्रकार की धाराएं निकालीं जैसे सगुण भक्ति, निर्गुण भक्ति, ज्ञानमार्गी, प्रेममार्गी। इस काल में हिंदी भाषा के विकास के लिए परिस्थितियां अनुकूल थीं।

हिंदी विकास का मध्यकाल, मुगलों का शासकाल था। उस समय देश में उपेक्षाकृत शान्ति का वातावरण था, फलस्वरूप देशी भाषाओं को विकसित होने का अवसर मिला। इस काल में पद्यात्मक साहित्य की रचना अधिक हुई। काव्य ग्रंथों की टीकाओं में यत्र-तत्र गद्य की झलक

मिलती है। इस काल में भाषा कके दो मुख्य रूप विकसित हुए-ब्रज एवं अवधी।

परंतु मुस्लिम शासन होने के कारण हिंदी में आगम शब्दों का उर्दू का विकास हुआ। इन दो रूपों के साथ खड़ी बोली पर आधारित दक्खिनी का रूप भी विकसित हुआ जो 18 वीं

शती के आसपास उत्तर भारत में 'उर्दू' के नाम से विकसित हुई। इस काल के शासकों की दरबारी भाषा फ़ारसी होने के कारण फारसी का प्रचार-प्रसार बढ़ा। फलस्वरूप अनेक फारसी, अरबी, तुर्की शब्दों तथा फ़ारसी अरबी प्रभावित क्, ख़, ग़, ज़, फ़ जैसी ध्वनियों का हिंदी में समावेश हो गया।

इस काल की भाषिक प्रवृत्तियों पर संक्षिप्त दृष्टिपात निम्नलिखित है।उ

मध्यकालीन हिंदी की ध्वनियां

ध्वनि के क्षेत्र में तीन बातें उल्लेख्य हैं:

1. शब्दान्त में 'अ' कम से कम मूल व्यंजन के बाद आने पर लुप्त हो गया। अर्थात् 'राम' का उच्चारण 'राम्' होने लगा। मानस के अनेक छंद दोषपूर्ण हो जाएगें यदि उनमें 'राम्' न पढ़कर 'राम' पढ़ा जाए। जैसे राम् राम् कहि राम् राम्। किन्तु'भक्त' जैसे शब्दोंमें जहाँअ के पूर्वसंयुक्त व्यंजनथा, 'अ' बना रहा। कुछ स्थितियों में अक्षरान्त 'अ' का भी लोप हाने लगा था। फ़ज़रसी की शिक्षा की कुछ व्यवस्था तथा दरबार में फारसी भाषा का प्रयोग होने से उच्च वर्ग में तथा नौकरी-पेशा लोगों में फ़ज़रसी का प्रचार हुआ, जिसके कारण उच्च वर्ग के लोगों की हिंदी में तुर्की-करबी-फारसी के काफी शब्द प्रचलित हो गए और उन शब्दों के माध्यम से क्, ख़, ग़, ज़, फ़ यह पाँच नए व्यंजन हिंदी में आ गए।

2. ह के पहले का अ कुछ स्थितियों में एँ जैसा उच्चारित होने लगा था। पांडुलिपियों में ऐसे 'अ' के स्थान पर 'ए' के प्रयोग से इस बात का अनुमान लगता है।

व्याकारण - व्याकरण के क्षेत्र में भी मुख्यतः तीन ही बातें उल्लेख्य हैं।

i. इस काल में हिंदी के क्षेत्र में पूरी तरह अपने पैरों पर खड़ी हो गयी। अपभ्रंश के रूप प्रायः हिंदी से निकल गये जो कुछ बचे थे, वह ऐसे थे, जिन्हें हिंदी ने आत्मसात् कर लिया था।

ii. भाषा आदिकालीन भाषा की तुलना में और भी वियोगात्मक हो गयी। संयोगात्मक रूप और भी कम हो गये। परसर्गों तथा सहायक क्रियोंओं का प्रयोग और भी बढ़ गया।

iii. उच्च वर्ग में फ़ारसी का प्रचार होने के कारण हिंदी वाक्य रचना फ़ारसी से प्रभावित होने लगी थी।

जिस प्रकार आदिकालीन हिंदी से कुछ भाषाओं का समावेश और कुछ भाषिक प्रवृत्तियों को विलुप्त करती हुई मध्यकालीन हिंदी का प्रस्फुटन हुआ उसी प्रकार मध्यकालीन हिंदी भी अपने काल में परिवर्तित हो रही थी एवं आधुनिक हिंदी का निरूपण धीरे-धीरे लगा था। जिसके अंतर्गत आदिकालीन हिंदी की कुछ प्रवृत्तियां ही आगे चलकर और सदृढ़ हो गईं। व्याकरणिक प्रवृत्तियां शब्द-भण्डार एवं ध्वनियों की गति से नहीं परिवर्तित होती इनकी परिवर्तन-प्रक्रिया धीमी, अविछन्न एवं श्रृंखलाबद्ध होती है।

मध्यकालीन हिंदी का शब्द-भण्डार

यह काल हिंदी भाषा के अंतर्गत विदेशी शब्दों को समावेश करने का उन्हें ज्यों का त्यों अपनाने का काल रहा। जहाँ फारसी, अरबी और तुर्की के शब्द पहले से हिंदी भाषा में अपना स्थान बना चुके थे वहीं अब पुर्तगाली, स्पेनी, फ्रांसीसी तथा अंग्रेजी शब्द भी हिंदी में आ गए एवं भक्ति साहित्य का सृजन होने के कारण तत्सम शब्दों की संख्या भी अधिक हो गई।

शब्द भण्डार की दृष्टि से ये बातें प्रमुख हैं

1. इस काल में आते-आते काफी (लगभग 3500), अरबी (लगभग 2500), पश्तो (लगभग 50) तथा तुर्की (लगभग 125) से हिंदी में आ गए और इन आगत विदेशी शब्दों की संख्या लगभग 6000 से ऊपर हो गई। फ़ारसी से कुछ मुहावरे और लोकोक्तियां भी आईं।

2. भक्ति-आंदोलन के चरम-बिंदु पहुँचने के कारण तत्सम शब्दों का अनुपात भाषा में और भी बढ़ गया।

3. यूरोप से संपर्क होने के कारण कुछ पुर्तगाली, स्पेनी, फ्रांसीसी तथा अंग्रेजी शब्द भी हिंदी में आ गए।

साहित्यिक भाषा -भक्ति साहित्य सृजन एवं धार्मिक प्रवृत्ति का उदय अपने चरम बिन्दु पर था। यही कारण है कि राम के जन्म स्थल की

भाषा अवधी एवं कृष्ण के जन्म स्थल की भाषा ब्रज मुख्य साहित्यिक भाषाओं के पद पर असीन थीं। अधिकांशतः साहित्य सृजन इन्हीं भाषाओं के अंतर्गत हो रहा था। परंतु दक्खिनी, डिंगल, मैथिली और खड़ी बोली में भी इस काल में उत्कृष्ट साहित्य रचा जा रहा था। परंतु तुलनात्मक एवं प्रवृत्तिगत रूप से अवधी एवं ब्रज ही मुख्य भाषाएं कहीं जाएंगी। प्रमुख साहित्यकारों में जायसी, सूर, मीरा, तुलसी, केशव, बिहारी, भूषण, देव, बुरहानुद्दीन, कुली-कुतुबशाह, मुल्ला वजही की रचनाएँ उल्लेखनीय रहीं।

2.4 आधुनिक काल में हिंदी

नवीन अभिरूचियों एवं संवेदनाओं का विकास ही आधुनिकता का सूचक है। ब्रिटिश राज का आगमन हो चुका था देश के सामाजिक ढाँचे में परिवर्तन होना प्रारंभ हो गया था। प्रत्येक क्षेत्र में नवीन दृष्टिकोण का आविर्भाव होने लगा। मध्यकाल में रचा साहित्य जनता को एकरस लगने लगा। उस काल के साहित्य की भक्ति एवं श्रृंगारिकता आधुनिक काल में आए परिवर्तनों से तालमेल नहीं बैठा पा रही थी। धीरे-धीरे उसकी प्रासंगिकता कम होने लगी थी। इसका मुख्य कारण लोगों की चिंतन शैली में आए परिवर्तन थे। समाज बादल रहा था, मुद्दे बदल रहे थे इसी कारण लोगों की चिंतन शैली में आए परिवर्तन थे। समाज बादल रहा था, मुद्दे बदल रहे थे इसी कारण लोगों की अभिरूचियां भी बदल रही थीं। पुरानी अभिव्यक्तियां नवीन संवेदनाओं से सर्वथा भिन्न थीं। जीवन चेतना भक्ति एवं श्रृंगारिकता से पलायन करके संघर्ष एवं विद्रोह पर आ रूकी थीं। सामाजिक कुरीतियों को भक्ति के सहारे नहीं छोड़ा जा सकता था। इसलिए आवश्यकता थी ऐसे साहित्य की जो तत्कालीन विडंबनाओं एवं विषमताओं को आधार बनाकर लिखा जलाए, जिसके माध्यम से समाज को जागृत किया जा सके। शास्त्रों के तर्क-वितर्क से निकलकर ज्ञान-विज्ञान की बात करने की आवश्यकता महसूस होने लगी थी। साहित्य एवं भाषा के स्तर पर ऐसे रचनात्मक कार्यों की आवश्यकता थी, जो सीधे जन साधारण से जुड़ सके। और जन साधारण की भाषा में रचा गया हो। हिन्दू एवं मुसलमानों की शिक्षा-पद्धातियों पर टिप्पणी करते हुए

ओ-मैले का कथन है- "इनमें बहुत-कुछ समानता थी। वह उस भाषा में शिक्षा देते थे, जो जनता की भाषा नहीं थी। उनकी शिक्षा का मूल स्रोत धर्म था और उसकी आप्तता अपरिवर्तनीय थी। वे नये अभिनिवेश और परिवर्तन के विरूद्ध थे।

परंतु आधुनिक शिक्षा को ग्रहण करने हेतु भाषा में परिवर्तन करना अनिवार्य था। यही कारण है कि पुरानी भाषाएं रूढ़िगत होने के कारण नकार दी जाती हैं, उनके स्थान पर नवीन एवं समय की माँगों को पूरा करने वाली भाषाएँ स्वयं मानकीरकरण की प्रक्रिया पूर्ण करके मानक हो जाती है।

भाषाओं की स्वभाविक विकास प्रक्रिया के कारण उनका मानकीकरण कभी-कभी स्वतः भी हो जाता है अन्यथा मानकीकरण भाषा नियोजन की एक प्रक्रिया है।

भक्तिकालीन साहित्य में प्रयुक्त हिंदी भाषा से इतर आधिनिक हिंदी भाषा का उदय हो रहा था। इस आधिनिककालीन हिंदी के जन्म का कारण दो भिन्न संस्कृतियों का साक्षात्कार रहा, वहीं परिवर्तित होती आर्थिक स्थितियों ने भी नवीन जीवन संदर्भों की चुनौती स्वीकार करने हेतु आधुनिक भाषा की आवश्यकता की अनुभूति कराई। नवीन संवेदनाओं को व्यक्त करने हेतु नवीन शब्दों एवं व्याकरणिक मापदण्डों का सृजन करना था। यह सृजन पूर्णतः नवीन न होकर कुछ विदेशी मुख्यतः अंग्रजी शब्द हिंदी भाषा में आते जा रहे थे। साहित्यिक भाषा पंडिताऊ या बुद्धिजीवी वर्ग की भाषा न होकर आम जन मानस की भाषा होने लगी थी एवं साहित्य का केन्द्र बिंदु पहले की उपेक्षा वीरता के प्रसंगों एवं भक्ति के भावों से परे आमजन मानस की समस्याओं पर आ टिका था। तत्कालीन समाज के संघर्ष, विषमताएं एवं कुरीतियों से विद्रोह साहित्य के विषय-वस्तु के रूप में परिलक्षित होने लगे थे। शिक्षा प्रणाली का ढाँचा व्यवस्थित हो चला था। भाषा के प्रचार-प्रसार का लाभ आधुनिककालीन हिंदी के साथ-साथ अंग्रजी को भी मिल रहा था। कारण यह था कि शिक्षा प्रणाली में अंग्रजों का प्रभाव रहा साथ ही साथ जनसंचार माध्यमों

के द्वारा भी वह अपनी भाषा का प्रचार कर रहे थे। मिशनरी भी इस कार्य में अपना पूर्ण सहयोग दे रही थीं। इन्हीं सामाजिक एवं राजनैतिक स्थितियों के चलते आधुनिक हिंदी का विकास हुआ। आधुनिक हिंदी की कुछ भाषिक प्रवृत्तियां निम्नलिखित हैं।

आधुनिक काल: (1800 से अब तक)

आधुनिक कालीन हिंदी की ध्वनियां

आधुनिक कालीन हिंदी में ध्वनि के क्षेत्र में चार पाँच बातें उल्लेख्य हैं:

i. आधुनिक काल में शिक्षा के व्यवस्थित प्रचार के कारण तथा प्रारंभ में हिंदी प्रदेश में अनेक क्षेत्रों में कचहरियों की भाषा उर्दू होने के कारण क़, ख़, ग़, ज़, फ़ जो मध्यकाल में उच्च वर्गों के या फ़ारसी पढ़े लिखे लोगों तक प्रचलित थे, इस काल में प्रायः 1947 तक शिक्षित लोगों में खूब प्रचलित हो गए, किन्तु स्वतंत्रता के बाद स्थिति बदली है और अंग्रजी में प्रयुक्त होने के कारण ज़, फ़ तो एक सीमा तक अब भी प्रयोग में हैं, किन्तु क़, ख़, ग़ के ठीक प्रयोग में कमी आई है। नई पीढ़ी कुछ अपवादों को छोड़कर इनके स्थानों पर प्रायः क, ख, ग बोलने लगी है। हाँ, हिंदी की उर्दू शैली में इन पाँचों का ठीक उच्चारण होता है।

ii. अंग्रेजी शिक्षा के प्रचार के कारण कुछ बहुशिक्षित लोगों में आ (कालेज, डाक्टर, आफ़िस, काफ़ी आदि में) ध्वनि भी हिंदी में प्रयुक्त हो रही है। यों सामान्य लोग इसके स्थान पर आ का ही प्रयोग करते हैं।

iii. अंग्रजी शब्दों के प्रचार के कारण कुछ नये संयुक्त व्यंजन (जैसे ड्र) हिंदी में प्रयुक्त होने लगे हैं (ड्राम, ड्रिल, ड्रिस, ड्रामा)

iv. स्वरों में ऐ, औ हिंदी में आदिकाल में आए थे। उस समय इसका उच्चारण अ, अओ था, अर्थात् वे संयुक्त स्वर थे। आधुनिक काल में, मुख्यतः 1940 के बाद ऐ और औ की स्थिति कुछ भिन्न हो गई है। इस संबंध में तीन बातें उल्लेख्य हैं।

(क) पश्चिमी हिंदी क्षेत्र में अब ये मूल स्वर हो गए हैं।

(ख) पूर्वी क्षेत्र में अए, अओ रूप में संयुक्त स्वर ही हैं।

(ग) नैया, वैयाकरण, कौआ जैसे शब्दों में पश्चिमी तथा पूर्वी दोनों ही हिंदी क्षेत्रों में ऐ, औ का उच्चारण क्रमशः संयुक्त स्वर अइ, अड रूप में अर्थात् संस्कृत उच्चारण के समान होता है।

v. मध्यकाल में अ का लोप शब्दांत में तथा कुछ स्थितियों में अक्षरांत में होना प्रारंभ हुआ था। आधुनिक काल तक आते-आते यह प्रक्रिया पूरी हो गई। अब हिंदी में उच्चारण में कोई भी शब्द अकारांत नहीं है।

vi. 'व' ध्वनि आदि तथा मध्यकाल में कुछ अपवादों को छोड़कर प्रायः द्वयोष्ठ्य रूप में उच्चरित होती जा रही है। संभावना यह है कि द्वयोष्ठ्य 'वी' का प्रयोग धीरे-धीरे बहुत ही कम रह जाएगा या यह उच्चारण समाप्त हो जायेगा।

निष्कर्षतः आधुनिककालीन ध्वनियों में कुछ अंग्रेजी ध्वनियों का समावेश हो गया एवं मूल ध्वनियां वही रहीं परंतु उच्चारण का तरीका बदल गया जिसके कारण ध्वनियां परिवर्तित होकर संयुक्त स्वर की प्रवृत्ति छोड़कर मूल स्वर बन गए। उच्चारण के इस परिवर्तन का मूल कारण शिक्षा प्रणाली में परिवर्तन रहा। नवीन एवं विदेशी शब्दों के आगमन एवं शैक्षिक स्थिति बदलने से उच्चारण में अंतर आ गया एवं विदेशी व्याकरण भी हिंदी व्याकरण पर प्रभाव डाल रहा था, जिसके कारण व्याकरणिक परिवर्तन भी हो रहे थे। कुछ व्याकरणिक परिवर्तन निम्नलिखित हैं।

व्याकरण

व्याकरण की दृष्टि से अधोलिखित बातें कही जा सकती हैं।

i. आदिकाल में हिंदी की विभिन्न बोलियों के व्याकरणिक अस्तित्व का प्रारंभ हो गया था। किंतु काफ़ी व्याकरणिक रूप ऐसे थे, जो

आसपास के क्षेत्रों में समान थे। मध्यकाल में उनमें इस प्रकार के मिश्रण में काफ़ी कमी हो गयी थी। सूर, बिहारी, देव की ब्रजभाषा तथा जायसी, तुलसी आदि की अवधी इस बात का प्रमाण है। आधुनिक काल तक आते-आते ब्रज, अवधी, भेजपुरी, मैथिली आदि कई बोलियों का व्याकरणिक अस्तित्व इतना स्वतंत्र हो गया है कि उन्हें बड़ी सरलता से भाषा की संज्ञा दी जा सकती है।

ii. हिंदी प्रायः पूर्णतः एक वियोगात्मक भाषा हो गयी है।

iii. प्रेस, रेडियो, शिक्षा तथा व्याकरणिक विश्लेषण आदि के प्रभाव से हिंदी व्याकरण का रूप काफ़ी स्थिर हो गया है। कुछ अपवादों को छोड़कर हिंदी व्याकरण का मानकक रूप सुनिश्चित हो चुका है। व्याकरण के स्थितिकरण में आचार्य महावीर प्रसाद द्विवेदी का मुख्य हाथ रहा।

iv. कहा जा चुका है कि मध्यकाल में हिंदी वाक्य रचना एक सीमा तक फ़ारसी से प्रभावित हुई थी। आधुनिक काल में अंग्रेजी शिक्षा का प्रचार फ़ारसी की तुलना में कहीं अधिक हुआ है। साथ ही समाचार पत्रों, रेडियों तथा सरकारी कार्यों में प्रयोग के कारण भी अंग्रेजी हमारे अधिक निकट आयी है। इसका परिणाम यह हुआ कि हिंदी भाषा वाक्यरचना, मुहावरों तथा लोकोक्ति आदि क्षेत्र में अंग्रेज़ी से बहुत अधिक प्रभावित हुई है। उदाहरण के लिए 'मै। सोने जा रहा हूँ' 'आई ऐम गोइंग टु स्लीप' का अनुवाद है, तो 'वह आदमी जो कल बीमार पड़ा था, आज मर गया' 'द मैन टू फेल इन येस्टरडे, एक्सपायरड टुडे' का। इसी तरह 'प्रकाश डालना' मुहावरा 'टु थ्रो लाइट ऑन' का अनुवाद है, तो 'आवश्यकता अविष्कार की जननी है' लोकोक्ति 'नेसेसिरी इज द मदर ऑफ़ इन्वेन्शन' का। अंग्रेजी ने विराम चिह्नों के माध्यम से भी हिंदी वाक्य रचना को प्रभावित किया है।

v. इधर कुछ वर्षों से 'कीजिए' के लिए 'करिए', 'मुझे' के लिए 'मेरे को', 'मुझको' के लिए 'मेरे से', 'तुझ में' के लिए 'तेरे में', नहीं जाता है के स्थान पर 'नहीं जाता' 'नहीं जा रहा है' के स्थान पर 'नहीं जा रहा' जैसे नये रूपों तथा नयी वाक्य रचना का प्रचार

कुछ क्षेत्रों में बढ़ता जा रहा है। अर्थात् हिंदी भाषा की रूप रचना तथा वाक्य रचना में परिवर्तन हो रहा है।

निष्कर्षतः जहाँ भक्तिकाल में वाक्य रचना एवं व्याकरणिक प्रवृत्तियां परिपाटी पर चलते हुए संस्कृतमयी हो गयी थी, अथवा कुछ स्थानों पर उनमें फ़ारसी का प्रभाव दृष्टव्य होता है, आधुनिक कालीन हंदी इन बन्धनों को तोड़ती प्रतीत होने लगी। आध्निककालीन हिंदी पर अंग्रेज़ी व्याकरण का प्रभाव तो पड़ा, किंतु वाक्य रचना हो या लोकोक्तियां हिंदी अंग्रेजी से ग्रहण प्रवृत्तियों को अपने मूल स्वरूप में ढ़ालकर ही ग्रहण कर रही थी अर्थात् अपनी मौलिकता को बनाए रखकर ही परिवर्तित हो रही थ्ज़ी। शब्द भण्डार निरंतर बढ़ रहा था। इस आधार पर 1800 ई. से अब तक कई उपकालों में विभाजित किया गया है। 1800 से 1850 ई. तक तो हिंदी के शब्द-भण्डार में कोई उल्लेखि परिवर्तन द्रष्टव्य नहीं होता। इसका कारण यही है फिइस काल तक न तो मध्यकाल पूर्णतः समाप्त हुआ था और न ही आधुनिक काल पूर्णतः प्रारंभ इसके पश्चात

शब्द भण्डार में अंग्रजों के उपनिवेश बनाए जाने के प्रभाव से अंग्रेज़ी शब्द तीव्र गति से अपने लगे। 1850 ई. से 1900 ई. तक आर्य समाज हिंदी के प्रचार प्रसार में सक्रिय रही जिसके कारण अंग्रेजी शब्दों के साथ-साथ तत्सम शब्दों का प्रयोग अधिक देखने को मिला। द्विवेदी काल तथा छायावाद काल में इस प्रवृत्ति को बल मिला और तद्भव शब्दों का प्रयोग काफी हद तक कम हो गया। परंतु 1938 से प्रगतिकाल एवं प्रयोगकाल के प्रारंभ होने के पश्चात् तद्भव शब्दों के प्रयोग में पुनः वृद्धि हुई एवं तत्सम शब्द पुनः अल्पप्रयोग में अपने लगे। उसके प्शचात् स्वतंत्रता प्राप्त हुई और हिंदी भाषा के लिए नवीन नीतियाँ बनी जिन्होंने उसके विकास को अकल्पनीय गति से किया, परंतु स्वतंत्रता तक हिंदी उपर्युक्त विश्लेषित यथास्थिति में ही रही।

शब्द भण्डार

i. अनेक पुराने शब्द नये अर्थों में प्रचलित हो गये हैं। उदाहरण के लिए 'सदन' राज्य सभी और लोक सभा के लिए (दोनों सदनों में) प्रयुक्त हो रहा है।

ii. नयी आवश्यकता की पूर्ति के लिए क्षणिक, फ़िल्माना, घुसपैठिया जैसे बहुत से नये शब्द हिंदी में आ गये हैं।

iii. साहित्य में नाटक, उपन्यास, कहानी, कविता की भाषा बोलचाल के बहुत निकट हैं, उसमें अरबी, फ़ारसी तथा अंग्रेजी के जन-प्रचलित शब्दों का काफ़ी प्रयोग हो रहा है, किंतु आलोचना की भाषा अब भी एक सीमा तक तत्सम शब्दों से काफी लदी हुई है।

iv. इधर हिंदी के पारिभाषिक शब्दों की बहुत आवश्यकता पड़ी है, क्योंकि हिंदी अब विज्ञान, वाणिज्य, विधि आदि की भी भाषा है। उसकी पूर्ति के लिए अनेक शब्द अंग्रजी, संस्कृत, आदि से लिये गये हैं। स्वतंत्रता के पूर्व हिंदी में मुश्किल से पाँच-छह हजार पारिभाषिक शब्द थे किंतु अब उनकी संख्या लगभग एक लाख से ऊपर है और दिनोंदिन उसमें वृद्धि होती जा रही है। हिन्दी शब्द-भंडार अनेक प्रभावों को ग्रहण करते हुए तथा नए शब्दों से समृद्ध होते हुए दिनोंदिन अधिक समृद्ध होता जा रहा

है, जिसके परिणामस्वरूप हिंदी अपनी अभिव्यंजना में अधिक सटीक, निश्चित, गहरी तथा समर्थ होती जा रही है।

जैसे-जैसे हिंदी का प्रचार क्षेत्र बढ़ रहा है, एवं उसको प्रयोग करने वालों की संख्या बढ़ रही है, वैसे-वैसे उसमें नवीन एवं विदेशी शब्दों का समावेश होता जा रहा है और यह एक सकारात्मक पहलू है, क्योंकि जितना शब्द-भंडार में वृद्धि होगी हिंदी उतनी ही समृद्ध भाषा के रूप में सामने आयेगी एवं नवीन अनुभूतियों अथवा सूक्ष्म भावों को अभिव्यंजित करने में सक्षम होगी।

2.5 हिंदी के विकास का प्रयोजनमूलक पक्ष

किसी भी भाषा समाज का आधुनिकीकरण अन्य भाषा समाजों से परस्पर विन्मिय की स्थिति में ही संभव है। जो कि भाषा को तत्कालीन युग की भाषिक एवं माँगों के अनुरूप ढालने के लिए भिन्न-भिन्न देशों, समाजों, संस्कृतियों एवं भाषाओं की शब्दावलियों को आयात करता है एवं उन निर्यात शब्दों से तारतम्यता बैठाकर भाषा को युगानुकूल परिष्कृत बनाता है।

किसी भी भाषा का विकास ही प्रकारांतर से आधुनिकीकरण की प्रक्रिया है। भाषा ही मनव जीवन की प्रत्येक अभिव्यक्ति की पूर्ति के लिए काम में आती है, जब कोई भाषा युग कमे अनुरूप समाज की माँगों के अनुसार अपने उत्तरदायित्व का पालन करना चाहती है।, उसे भाषा का विकास उसकी उन माँगों के अनुरूप होने लगता है। इसी प्रक्रिया को 'आध्निकीकरण' की संज्ञा दी जाती है।

राष्ट्रभाषा एवं राजभाषा के पद पर आसीन होने के पश्चात् किसी भी भाषा के समक्ष स्वयं को विकसित करने के लिए साहित्य से इतर शब्दावली के निर्माण का दायित्व भी आत है, जो कि उसके प्रयोजनीय पक्ष के विकास का कारण बनता है। इस निर्माण प्रक्रिण के परिणामस्वरूप विशिष्ट शब्दों का सर्जन होता है, जो कि न्यायालय, जनसंचार, पत्रकारिता, विज्ञान, वाणिज्य एवं तकनीक में प्रयुक्त प्रक्रम

को अभिव्यक्त करने में सक्षम होते हैं। पृथक-पृथक कार्य-क्षेत्रों हेतु गढ़ी गयी, यह विशिष्ट शब्दावली ही पारिभाषिक शब्दावली कहलाती है।

तात्पर्य यह है कि जब कोई शब्द-विशेष अर्थ के सामान्य अर्थ के विपरीत किसी विशेष संदेर्भ में या ज्ञान-विज्ञान की किसी खास शाखा में अपने विभिन्न अर्थों में से किसी एक अर्थ के लिए रूढ़ हो जाता है, तो उसे 'पारिभाषिक शब्द' की से अभिहित किया जाता है।

पारिभाषिक शब्दावली या परिभाषा कोश 'ग्लासरी' (Glossary) का प्रतिशब्द है। 'ग्लासरी' मूलतः Glossa शब्द से बना है। 'ग्लास' ग्रीक भाषा का Glossa है जिसका प्रारंभिक अर्थ 'वाणी' था। बाद में यह 'भाषा' या 'बोली' का वाचक हो गया। आगे चलकर इसमें अर्थ परिवर्तन हुए और इसका प्रयोग किसी भी प्रकार के शब्द (पारिभाषिक, समान्य, क्षेत्रीय, प्राचीन, क्षेत्रीय, प्राचीन, अप्रचलित आदि) के लिए होने लगा। ऐसे शब्दों का संग्रह ही 'ग्लासरी' या 'परिभाषा कोश' है।

अर्थात् अर्थ एवं प्रयोग की दृष्टि से यह शब्द पूर्व परिभाषित होते हैं और इनका एक विशिष्ट एवं स्पष्ट अर्थ होता है, यह ऐसे शब्द हैं जिनकी परिभाषा दी जा सकती है। किसी शास्त्र, विशिष्ट विषय अथवा सिद्धांत की व्याख्या करने से बचने के लिए उस वस्तु के हेतु जो एक शब्द गढ़ा जाता है, वही पारिभाषिक शब्द कहलाते हैं। यह स्थिति तब उत्पन्न होती जब कोई समाज स्वयं ज्ञान का सृजन न करके किसी अन्य भाषा-समाज से तकनीक का ज्ञान ग्रहण करता है और यह तकनीकी ज्ञान अपने साथ नवीन शब्दवली भी लेकर आता है, इस स्थिति में या तो उस शब्दवाली को ज्यों का त्यों ग्रहण कर लिया जाता है, या फिर अपनी भाषा में उनके प्यायवाची शब्दों का सृजन किया जाता है। ऐसी स्थिति में प्याय निर्धारण के उपरांत उसे प्रयोगसिद्ध बनाने के लिए मानक रूप में प्रयोगकर्ताओं के समक्ष प्रस्तुत करना होता है।

भारत में प्राचीनतम शब्दावली निघंटु रूप में मिलती है। संस्कृत भाषा में विकास के कारण जब वैदिक संस्कृत लोगों के लिए दुरूह सिद्ध होने लगी तो वैदिक शब्दों के संग्रह किये गए, जिन्हें 'निघंटु' (निघण्टति

शोभते इति) की संज्ञा दी गई। आज जो निघंटु उपलब्ध हैं वह यास्काचार्य का है, किन्तु ऐसे विश्वास के प्र्याप्त प्रमाण हैं कि यास्क के समय में ऐसे 4-5 और भी निघंटु थे। यास्क का समय **8वीं** सदी ई.पू. माना गया है। इसका आशय यह हुआ कि पश्चिमी विद्वान फिलटस की जिस शब्दावली (Glossary) को प्राचीनतम मानते हैं, वह भारतीय निघंटुओं से कम से कम 4-5 सौ वर्ष बाद की है।

परंतु यह पारिभाषिक शब्दावली वर्तमान एवं भविष्यकालीन विज्ञान की नवीन उपलब्धियों से साक्षात्कार करने में सक्षम नहीं थी। इसके लिए आवश्यकता थी, इस पारिभाषिक शब्दावली से इतर जाकर प्रयास करने की एवं इसका विशिष्टीकरण करने की। विशिष्टीकरण की इस यात्रा में कई सोपान पार करती हुई पारिभाषिक शब्दावली इस रूप में पहुँची।

यद्यपि भरत में शब्दकोश निर्माण की परंपरा सन् 1707 में शिवाजी महाराज की प्रेरण से रघुनाथ पंत द्वारा लिये गए 'रोजकोश' से प्राप्त होती है। किन्तु उन्नीसवीं शदी की उत्तरार्ध से हिंदी पारिभाषिक शब्दावली के निर्माण की दिशा में सुनिश्चत प्रयास होने लगे थे। सन् 1898 में नागरी प्रचारिणी सभा काशी ने 'हिंदी साइंटिफिक ग्रॉसरी' नामक पारिभाषिक कोश तैयार करवाना प्रारंभ किया जो सन् 1901 में पूर्ण हुआ। तत्पश्चात् सन् 1940 में सुखसंपति राम भंडारी अजमेर का कोश 'ट्वेंटिएथ सेंचुरी इंग्लिश-हिंदी डिक्शनरी' तथा सन् 1951 में डा. रघुवीर का प्रकाशित 'अ कप्रिहेंसिव इंलिश हिंदी डिक्शनरी' आदि उल्लेखनीय कोशों का निर्माण किया गया। इससे पूर्व सन् 1809 में इंगलैंड में 'ट्रांसलेशन सोसायटी' के द्वारा प्रयत्न किये गए। देश की स्वतंत्रता से जन्मी नई परिस्थितियों, नई आशा-आकांक्षांओं, नई समस्याओं तथा नई आवश्यताओं ने पारिभाषिक शब्दावली की आवश्यकता को ग्रभीरता से उपस्थित किया।

किसी भी भाषा के पारिभाषिक शब्दावली के निर्माण प्रक्रिया में चार महत्त्वपूर्ण चरण होते हैं।

(i) ग्रहण   (ii) संचयन   (iii) अनुकूलन   (iv) शब्द-संग्रह

i. ग्रहण -पारिभाषिक शब्द बनाते समय यह भी स्मरण रखा गया कि यदि तत्सम, तद्भव, देशज, विदेशी शब्द पहले से किसी धारणा को व्यक्त करने में सक्षम हों तो नया शब्द गढ़ने के स्थान पर उस शब्द को ही स्वीकार कर लिया जाए।

ii. संचयन -संचयन से आशय उस प्रक्रिया से है, जिसके अन्तर्गत भारतीय भाषाओं उपभाषाओं तथा बोलियों के उपयुक्त शब्दों का संचय पारिभाषिक शब्द के रूप में किया जाता है। इसमें चयन, निश्चयन तथा प्रयोग द्वारा संकलन की प्रक्रिया अपेक्षित है।

iii. अनुकूलन -पारिभाषिक शब्द निर्माण में ग्रहण, संचयन के साथ-साथ अनुकूलन भी अत्यंत महत्वपूर्ण है। अनुकूलन से आशय है, पूर्व प्रचलित शब्दों का पारिभाषिक शब्दों के रूप में अनुकूलन, नये क्लिश्ट, संस्कृतनिष्ठ शब्दों के स्थान पर पूर्व प्रचलित शब्द को पारिभाषिक शब्द के रूप में शब्दानुकूलन भी महत्वपूर्ण प्रक्रिया है।

iv. शब्द-संग्रह -पारिभाषिक शब्द निर्माण में शब्द-संग्रह भी महत्त्वपूर्ण है। नए शब्द बनाने में अनावश्यक धन, श्रम और समय नष्ट करने के स्थान पर जन सामान्य के बीच में प्रचलित शब्दों का संग्रह किया जाना भी महत्त्वपूर्ण है।

अगर हिंदी के संदर्भ में बात की जाए तो हिंदी में पारिभाषिक शब्दावली का सृजन इसके राजभाषा बनने के बाद तीव्र गति से हो रहा है, जो कि निरंतर जारी है। इतिहास पर दृष्टिपात किया जाए, तो हिंदी में फ़ारसी एवं अंग्रजी के प्रभाव को नकारा नहीं जा सकता एवं विज्ञान हो या अन्य क्षेत्रों की भाषा इन दोनों भाषाओं के पारिभाषिक शब्द इतने रूढ़ हो चुके थे, कि जनसाधारण में सामान्य वही प्रयोग में लए जाते थे, इसलिए इन शब्दों के हिंदी रूपांतरण को अस्तित्व में लाना एक बड़ी चुनौती थी, इस दिशा में राहु सांकृत्यायन आदि ने अने प्रयास किये, परंतु प्रशासनिक स्तर पर भी अनेकों प्रयास किये गये।

आंग्ल भारतीय प्रशासन शब्दकोश डा. रघुवीर तथा जी.एस.गुप्ता (1949) द्वारा प्रस्तुत हुआ। सरकारी प्रयासों में मध्य प्रदेश सरकार ने

सर्वप्रथम पहल की। डा. रघुवीर की देखरेख में 1953 में मध्य प्रदेश शासन का 'प्रशासन शब्दकोश्' सामने आया। बिहार, उत्तर प्रदेश, हरियाण तथा राजस्थान सरकारों ने ऐसे शब्दकोश तैयार किए। इसके बहुत पहले 1898 में नागरी प्रचारिणी सभा काशी में पारिभाषिक शब्दावली बनाने के लिए एक समिति गठित की थी।

इस दिशा में केन्द्रीय सरकार भी पीछे नहीं रही। प्रशासन, विधि, शिक्षा, तकनीकी आदि के उपयुक्त पारिभाषिक शब्द निर्माण का दायित्व केन्द्रीय सरकार ने शिक्षा मंत्रालय के वैज्ञानिक एवं तकनीकी शब्दावली आयोग को सौंपा और इस आयोग ने 15 जनवरी, 1965 को हिंदी की मुख्य प्रशासनिक का पहला प्रारूप 1968 में समेकित प्रशासनिक शब्दावली के नाम से इसका संशोधित और परिवर्धित संस्करण छापा। बाद में इसका पुनः संशोधन करके 1974 में प्रकाशित किया गया। अब तक इसके कई संस्करण हो चुके हैं।

इस तरह की शब्दावली सृजन में मुख्यतः एक रूपता, सरलता, सहजता, एक भाषिकता एवं हिंदी के ही प्रत्यय एवं उपसर्गों से मिलाकर तैयार किया जाना चाहिए। इन सभी बिंदुओं पर केन्द्रीभूत होकर इस पारिभाषिक शब्दावली का निर्माण किया गया।

इस शब्दावली की मुख्य विशेषता यह है, कि जहाँ हिंदी क्षेत्र प्रादेशिक सरकारों ने प्रायः अपने क्षेत्र में प्रयोग के लिए शब्दों का निर्धारण किया था, वहीं इस शब्दावली का चयन पूरे भारत को ध्यान में रखकर किया गया। पूरे देश में एक रूप को मान्यता देना इस शब्दावली का लक्ष्य है। इस शब्दावली की निर्मिति में डा. एस.एम. कोठारी, डा. बाबू राम सक्सेना, डा. विश्वनाथ प्रसाद, श्री रामधारी, डा. सिंह दिनकर, डा. एस.एम. कत्रे, हरिवंश राय बच्चन, डा. सुनिति कुमार चटर्जी, काका कालेलकर, डा. ताराचंद, के. रामकृष्णैया, सेतु पिल्लै जैसे प्रभृति विद्वानों, भाषाविदों, साहित्यकारों के अतिरिक्त विषय से सम्बंध अंतरराष्ट्रीय ख्यातिप्राप्त विद्वानों का सहयोग रहा।

परंतु जहाँ तक विज्ञान, तकनीक एवं प्रौद्योगिकी के विकास पर दृष्टिपात किया जाए तो यह प्रक्रिया अविच्छिन्न रूप से चलती रहती है, एवं पारिभाषिक शब्दावली इसे अपनी परिधि में बाँध लेने में असक्षम प्रतीत होने लगी। तब आवश्यकता पड़ी एक विशिष्ट वैज्ञानिक एवं तकनीकी शब्दावली की जो तकनीकी एवं वैज्ञानिक प्रगति के द्वारा स्थापनाओं की गईं स्थापनाओं को शब्दों में बाँध सके एवं समस्त प्रक्रियाओं को व्यक्त करने में समर्थ हो। ऐसे शब्दों की आवश्यकता थी जो कि नवीन संकल्पनाओं के लिए विशिष्टतः प्रयोग किये जा सकें। हिंदी का यह प्रयोजनीय पक्ष भाषा के विकास एवं तकनीकीकरण में अत्यत महत्त्वपूर्ण सिद्ध हुआ।

हिंदी में तकनीकी शब्दावली

नवीन अनुभूतियाँ, वर्तमान कालिक तकनीक एवं संकल्पित विचारों को अभिव्यंजित करने हेतु नव सृजित एवं विशिष्ट शब्दावली की आवश्यकता ही हर भाषा में तकनीकी शब्दावली की आधारशिला बनती है। वैज्ञानिक ज्ञान के तीव्र विकास गति के कारण तकतीकी शब्दावली का सृजन भी निरंतर ही चलता रहता है। यही नवसृजित पारिभाषिक शब्दावली ही भाषा में समाहित होने के पश्चात् भाषा का आधुनिकीकरण करते हैं।

किसी भी भाषा का विकास ही प्रकारांतर से आधुनिकीकरण की प्रक्रिया है। भाषा ही मानव जीवन की प्रत्येक अभिव्यक्ति की पूर्ति के लिए काम में आती है। जब कोई भाषा युग के अनुरूप समाज की माँगों के अनुसार अपने उत्तरदायित्व का पालन करना चाहती है, तो उस भाषा का विकास उसकी उन माँगों के अनुरूप होने लगता है। इसी प्रक्रिसर को 'आधुनिकीकरण' की संज्ञा दी जाती है।

हिंदी भाषी समाज एक विकासशील समाज है एवं प्रतिदिन नित नवीन तकनीकों को अपनाकर स्वयं को विश्व पटल पर स्थापित करने को प्रयासरत हैं। यही कारण है कि भाषिक स्तर पर हिंदी में परिवर्तन होते रहे हैं एवं आधुनिक अभिव्यंजनाओं की अभिव्यक्ति हेतु भाषा में निरंतर तकनीकी शब्दों का सजन एवं अर्जन होता रहा है। हिंदी में

तकनीकी शब्दावली के सृजन हेतु ऐसे अनेक चिरस्मरणीय प्रयास हुए, जो कि वर्तमान में हिंदी को एक तकनीकी एवं आधुनिक भाषा बनाने में सफल् हुए हैं।

हिंदी में वैज्ञानिक और तकनीकी साहित्य का प्रकाशन काफी पहले से होता है। प्रमाण मिलते हैं कि आधुनिक हिंदी का जन्म होने के कुछ समय प्श्चात् ही हिंदी में वैज्ञानिक और तकनीकी साहित्य सृजन का आरंभ हो गया था, या यों कहें कि जिस प्रकार खड़ी बोली हिंदी में साहित्य रचना भरातेन्दु काल से शुरू हुई, ठीक उसी प्रकार हिंदी में विज्ञान संबंधी साहित्य लेखन भी भारतेन्दु के समय से ही आरंभ हो गया था। 19वीं शती आरंभ से ही इस दिशा में हुए प्रयास यत्र-तत्र बिखरे मिलते हैं। हिंदी के आरंभिक लेखकों ने पुस्तक प्रणयन के साथ-साथ शब्द संग्रह पर भी ध्यान दिया था। लल्लू लाल ने 1810 ई. में साढ़े तीन हजार शब्दों की एक सूची तैयसार की थी और उन शब्दों के फ़ारसी और अंग्रेज़ी प्रतिरूप भी दिए थे। सभी शब्द पारिभाषिक न थे, किंतु नये विषयों पर पुस्तक लिखने के लिए उपयोगी थे।

राष्ट्रभाषा बनने के लिए पश्चात् हिंदी पर यह दायित्व आ गया, कि उसे इतनी समृद्ध भाषा बनाया जाए किवह वैज्ञानिक एवं तकनीकी कसौटी पर भी खरी उतरे इसी संदर्भ में स्वतंत्रता के तुरंत बाद ही प्रयास प्रारंभ हो गये थे।

भारत ही स्वतंत्रता के बाद वैज्ञानिक-तकनीकी शब्दावली के लिए शिक्षा मंत्रालय ने सन् 1950 में बोर्ड की स्थापना की। सन् 1952 में बोर्ड के तत्त्वावधान में शब्दावली निर्माण का कार्य प्रारंभ हुआ। अंततः 1960 में केन्द्रीय हिंदी निदेशालय और 1961 ई. में वैज्ञानिक तथा तकनीकी शब्दावली आयोग की स्थापना हुई। इस प्रकार विभिन्न अवसरों पर तैयार शब्दावली आयोग की स्थापना हुई। इस प्रकार विभिन्न अवसरों पर तैयार शब्दावली को 'पारिभाषिक शब्द संग्रह' शीर्षक से प्रकाशित किया गया जिसका उद्देश्य एक ओर अन्तरिम अवधि में लेखकों को नई संकल्पनाओं

के लिए सवर्तसम्मत पारिभाषिक शब्द प्रदान करना था। दर्शन, ज्योतिष एवं आयुर्वेद की शब्दावली की परंपरा भारत में अत्यंत प्राचीन है। काशी नागरी प्रचारिणी सभा, वाराणसी इस दिशा में सक्रिय रही और सवर्तप्रथम पुस्तकाकार के प्रकाशन के रूप् में जाने जाते हैं। डा. सत्य प्रकाश (विज्ञान परिषद् इलाहाबद) तथा डा. रघुवीर ने वैज्ञानिक शब्दावली सृजन की नींव रखने में महत्वपूर्ण भूमिका निभाई।

डा. रघुवीर के कोश-कार्य की एक ओर अत्यधिक प्रशंस हुई, दूसरी ओर अत्यधिक आलोचना वस्तुतः यह प्रशंसनीय कार्य था जिसको अत्यधिक श्रम से वैज्ञानिक आधार पर प्रस्तुत किया गया। संपूर्णतः संस्कृत पर आधारित होने के कारण इसकी व्यवहारिकता पर संदेह किया जाने लगा। उन्होंने सर्वप्रथम भाषा-निर्माण में यांत्रिकता तथा वैज्ञानिकता को स्थान दिया।

यह प्रयास समय के साथ-साथ तीव्र होते गये परंतु भारत जैसे बहुभाषी देश में ऐसे प्रयासों की आवश्यकता थी, जो कि मानक हों किसी एक क्षेत्रीय भाषा में सृजित वैज्ञानिक शब्दावली से भिन्न भाषा वाले लोग अविदित ही रह जाते थे। मानव वैज्ञानिक एवं तकनीकी शब्दावली तैयार करने हेतु व्यवस्थित एवं प्रशासनिक प्रयासों की आवश्यकता थी और यह प्रयास सन् 1942 से शुरू हुए।

भारत की सभी आधुनिक भाषाओं में लिए समान वैज्ञानिक शब्दावली विकसित करने की दिशा में शासकीय स्तर पर सर्वप्रथम बंबई सरकार का ध्यान गया और इसकी सिफारिश पर केन्द्रीय परामर्श मण्डल ने थी में सर फजलूर रहमान की अध्यक्षता में एक निदेश समिति नियुक्त की जिसके सदस्य डा. शांतिस्वरूप भटनागर, प्रो. सुनितिकुमार चटर्जी और डा. सी.वी. रमण थे।

स्वाधीनता के पश्चात् संविधान में केन्द्र सरकार ने काम काज के लिए देवनागरी में लिखित हिंदी को 26 जनवरी 1950 को भारत की राजभाषा घोषित किया। राजभाषा पद पर असीन हिंदी को बहुआयामी

अभिव्यंजना में समक्ष बनाने के लिए प्रयास प्रारंभ हुए। सर्वप्रथम इन शब्दों के सृजन हेतु निर्माण नीति निर्धारित की गयी। इस नीति में प्रस्तुत सिद्धांतों को अवहेलना करके रचे गये शब्द मान्य नहीं होंगे।

टायोग द्वारा शब्दावली निर्माण के सिद्धांतों का सार इस प्रकार है

1. अंतरराष्ट्रीय शब्दों को ज्यों का त्यों रचा गया और केवल उनका लिप्यंतरण ही किया गया।

   (अ) तत्त्वों तथा यौगिकी के नाम, यथा हाइड्रोजन, कार्बन आदि।

   (आ) भार, माप तथा भौतिक परिणामों की इकाइयाँ यथा कैलोरी, डाइन, एम्पीयर्स आदि।

   (इ) ऐसे शब्द, जो व्यक्तियों के नाम पर बनाए गए हैं यथा फ़ारेनहाइट, एम्पीयर, वोल्टामीटर।

   (ई) वनस्पति, विज्ञान, जीव, विज्ञान, भूविज्ञान आदि विज्ञानों में द्विपदी नाम पद्धति है।

   (उ) स्थिरांक

   (ऊ) रेडियो, पेट्रोल, रेडाल, इलेक्ट्रोन, प्रोटोन, न्यूट्रान आदि।

   (ए) संख्याक प्रतीक

2. अखिल भारतीय समानकों का निर्माण संस्कृत के आधार पर किया गया है।

3. क्षेत्रीय प्रकृति के ऐसे हिंदी शब्दों को, जो हिंदी में प्रचलित हैं, यथावत रख लिया गया जैसे जीव, चूना, बिजली, आदि शब्द।

संविधान के अनुच्छे के अंतर्गत हिंदी के तकनीकीकरण हेतु विभिन्न संस्थाओं एवं समितियों का गठन किया गया जिनका कार्य वैज्ञानिक शब्दावली का द्विभाषी या त्रिभाषी रूप में सृजन करना एवं उसे प्रकाशित करा कर उसका प्रचार-प्रसार करना था।

The commission for scientific and technical terminology (CSTT) was set up on December 21, 1960 by a resolution of Government of India under the promision to clause (4) of Article 344 of the constitution with the objective to envolve and define scientific and technical terms in Hindi and all Indian languages.

हिंदी भाषा के तकनीकीकरण पर संक्षिप्त दृष्टि के पश्चात् यह निष्कर्ष निकालना कठिन नहीं है कि हिंदी का इतिहास वैविध्य लिए हुए हैं जिसके अंतर्गत प्राचीन काल से ही तकनीकी शब्दों का सृजन प्रारंभ हो गया था परंतु स्वतंत्रता पश्चात् संविधान में हिंदी को राजभाषा घोषित करने के बाद इसके तकनीकीकरण हेतु सुनियोजित, व्यवस्थित एवं सराहनीय प्रयासों एवं नीतियों ने इसको वर्तमान युग में हर प्रकार की तकनीकी अभिव्यक्ति के हेतु सक्षम बना दिया है।

संदर्भ

1. भोलानाथ तिवारी - भाषा विज्ञान, पृष्ठ 207

2. डा. हरदेव बाहरी - ग्रामणीय हिंदी बोलियां, पृष्ठ 26

3. भोलानाथ तिवारी - भाषा विज्ञान, पृष्ठ 207

4. डा. महेनद्र नाथ दूबे - भाषा, भाषा-विज्ञान और राजभाषा हिंदी, पृष्ठ 146, वाणी प्रकाशन, प्रथम संस्करण 2010

5. कालिका प्रसाद त्रिपाठी - भाषा (पत्रिका), पृष्ठ 50, संपादक-जगदीश चतुर्वेदी, जनवरी-फरवरी 1996

6. डा. सरोज शर्मा - भाषा (पत्रिका) - हिंदी भाषा शिक्षण: एक भाषा शास्त्रीय दृष्टिकोण, पृष्ठ 87, संपादक-जगदीश चतुर्वेदी, जून 1987

7. डा. शभुनाथ - भाषा (पत्रिका) - भाषा की आलोचना, पृष्ठ 30, संपादक-जगदीश चतुर्वेदी, जून 1985

8. डा. राजमणि शर्मा - हिंदी भाषा: इतिहास और स्वरूप, पृष्ठ 166, प्रथम संस्करण 1998, वाणी प्रकाशन, नयी दिल्ली

9. डा. भोलानाथ तिवारी - हिंदी भाषा का इतिहास, पृष्ठ 108, संस्करण 2010, वाणी प्रकाशन, नयी दिल्ली

10. डा. नगेन्द्र / डा. हरदयाल - हिंदी साहित्य का इतिहास, पृष्ठ 13, चवालीसवां पुनर्मुद्रण संस्करण 2013, मयूर पेपरबैग्स, नौएडा

11. डा. भोलानाथ तिवारी - हिंदी भाषा, पृष्ठ 95, संस्करण 2010, किताब महल, इलाहाबाद

12. डा. भोलानाथ तिवारी - हिंदी भाषा, पृष्ठ 15, संस्करण 2010, किताब महल, इलाहाबाद

13. आचार्य रामचन्द्र शुक्ल - हिंदी साहित्य का इतिहास, पृष्ठ 53, संस्करण नवीनतम, कमल प्रकाशन, नयी दिल्ली

14. आचार्य रामचन्द्र शुक्ल - हिंदी साहित्य का इतिहास, पृष्ठ 53, संस्करण नवीनतम, कमल प्रकाशन, नयी दिल्ली

15. हजारी प्रसाद द्विवेदी - हिंदी साहित्य: उद्भव और विकास, पृष्ठ 59, छठा संस्करण 1990, राजकमल प्रकाशन

16. राजमणि शर्मा - हिंदी भाषा: इतिहास और स्वरूप, पृष्ठ 167, प्रथम संस्करण 1998, वाणी प्रकाशन, नयी दिल्ली

17. वही

18. डा. भोलानाथ तिवारी - हिंदी भाषा का इतिहास, पृष्ठ 109, संस्करण 2010 वाणी प्रकाशन, नयी दिल्ली

19. डा. नगेन्द्र / डा. हरदयाल - हिंदी साहित्य का इतिहास, पृष्ठ 14, चवालीसवां पुनर्मुद्रण संस्करण 2013 मयूर पेपरबैग्स नौएडा

20. डा. भोलानाथ तिवारी - हिंदी भाषा, पृष्ठ 96, संस्करण 2010, किताब महल, इलाहाबाद

21. डा. नगेन्द्र / डा. हरदयाल - हिंदी साहित्य का इतिहास, पृष्ठ 404, चवालीसवां पुनर्मुद्रण संस्करण 2013, मयूर पेपरबैग्स, नौएडा से उद्धत

22. डा. रामबख्श मिश्र - भाषा (पत्रिका) - भाषा का मानकीकरण) पृष्ठ **13**, दिसंबार **1985**, संपादक-जगदीश चन्द्र चतुर्वेदी

23. डा. भोलानाथ तिवारी - हिंदी भाषा का इतिहास, पृष्ठ **110**, संस्करण **2010**, वाणी प्रकाशन, नयी दिल्ली

24. डा. नगेन्द्र / डा. हरदयाल - हिंदी साहित्य का इतिहास, पृष्ठ **15**, चवालीसवां पुनमुर्द्रेण संस्करण **2013**, मयूर पेपरबैग्स, नौएडा

25. डा. भोलानाथ तिवारी - हिंदी भाषा, पृष्ठ **98**, संस्करण **2010**, किताब महल, इलाहबाद

26. डा. कैलाश चन्द्र भाटिया - हिंदी का आधुनिकीकरण, पृष्ठ **11**, संस्करण **2008**, तक्षशिला प्रकाशन, नई दिल्ली

27. डा. राजमणि शर्मा - हिंदी भाषा: इतिहास और स्वरूप, पृष्ठ **363**, प्रथम संस्करण **2008**, तक्षशिला प्रकाशन, नई दिल्ली

28. http://wikipedia.org/wiki/पारिभाषिक-शब्दावली_पी.एस. आई.एन.

29. विनोद गोदरे-प्रयोजन मूलक हिंदी, वाणी प्रकाशन, नई दिल्ली, **1991**, पृष्ठ **141**

30. https://ni.wikibooks.org/wiki/हिंदी की पारिभाषिक-शब्दावली की निर्माण प्रक्रिसर

31. डा. राजमणि शर्मा - हिंदी भाषा: इतिहास और स्वयप, पृष्ठ **364**, प्रथम संस्करण **1998**, वाणी प्रकाशन, नई दिल्ली

32. वही

33. डा. कैलाश चन्द्र भाटिया, हिंदी भाषा का आधुनिकीकरण, पृष्ठ **11**, संस्करण **2008**, तक्षशिला प्रकाशन, नई दिल्लली

34. डा. विनोद कुमार प्रसाद, भाषा और प्रौद्योगिका, पृष्ठ **48**, द्वितीय संस्करण **2008**, वाणी प्रकाशन, नई दिल्ली

35. http://hi.wikipedia.org/wiki/वैज्ञानिक-तथा-तकनीकी-शब्दावली-आयोग

36. डा. कैलाश चन्द्र भाटिया, हिंदी भाषा का आधुनिकीकरण, पृष्ठ 109, संस्करण 2008, तक्षशिला प्रकाशन, नई दिल्ली

37. डा. विनोद कुमार प्रसाद, भाषा और प्रौद्योगिकी, पृष्ठ 54, द्वितीय संस्करण 2008, वाणी प्रकाशन, नई दिल्ली

38. http://tdil.mit.gov.in/

कम्प्यूटर का इतिहास

कम्प्यूटर की परिभाषा

वर्तमान युग को अगर कम्प्यूटर युग कहा जाए तो अतिशयोक्ति न होगी। आज कम्प्यूटर के उपयोग से कोई क्षेत्र अछूता नहीं है। तकनीक की जो किरण लगभग **500** वर्ष पूर्व उदय हुई थी, आज पूरे विश्व को कांतिमय कर रही है। कम्प्यूटर हर क्षेत्र में अपनी उपस्थिति दर्ज करा रहा है, चाहे वह विद्यालयों में, शिक्षा क्षेत्र में, संचार में, मनोरंजन में, आरक्षण के हेतु या बग बैंकिंग एवं चिकित्सा क्षेत्र में।

इस बहुमुखी प्रतिभाशली यंत्र को एक परिभाषा में बाँधना कठिन है, परंतु मानव की इस महान खोज कई विद्वानों ने व्याख्या करने का प्रयास किया जो निम्न प्रकार हैं:

कम्प्यूटर शब्द की उत्पत्ति लैटिन शब्द **Computer** जिसका अर्थ है गणना करना अथवा गिनती करना अतः आर्किक दृष्टि से किसी भी गणना युक्ति को कम्प्यूटर कहा जा सकता है।

परन्तु आज कम्प्यूटर एक गणक यंत्र की सीमाओं को लांघते हुए सूचना एवं संप्रेषण का सशक्त माध्यम बन गया है।

The first use of the word "Computer" was recorded in 1613, referring to a person who carried out calculations, or computations and the word continued with the same meaning until the middle of the 20th century form the end of 19th centrury the word bogan to take on its more familiar meaning, a machine that carries out computations.

अंग्रेजी भाषा में esacomputer कम्प्यूट शब्द से बना है इसका अर्थ है अंकों की गिनती करना, हिसाब किताब रखने वाली मशीन, कम्प्यूटर रूपी यंत्र का आविष्कार मूल रूप से गणित संबंधित कार्यों जैसे जोड़, घटाव, गुणा, भाग आदि को अधिक तीव्र गति से व्यवस्थित रूप से करने के लिए ही किया गया था।

आक्सफोर्ड शब्दकोश के अनुसार "कम्प्यूटर एक स्वचलित इलेक्ट्रानिक यंत्र है जो अनेक प्रकार की तर्कपूर्ण गणनाओं के लिए प्रयोग किया जाता है।

परंतु सूचना, संसार एवं संप्रेषण का माध्यम बनकर कम्प्यूटर ने नवीन अवतार लिया एवं इसकी परिभाषा भी शाब्दिक अर्थ से अधिक विस्तार प्राप्त कर गयी।

We may define computers as a devices that transforms data.

अतः कम्प्यूटर का उपयोग निरंतर विकास कर रहा है, क्योंकि यह अपरिहार्य बन चुका है। कम्प्यूटर एक ऐसा विद्युतीय यंत्र है जो दिये गए अनुदेशों तथा प्रोग्रामों के अंतर्गत विश्वसनीयता, विलक्षण असाधारण गति से इच्छित डेटा को स्वीकृत तथा भंडारित करता है, डेटा का विश्लेषण एवं संसाधन कर इसे सूचना में परिवर्तित करता है, और वांछित सूचना की सुविस्तृत किंतु ठोस पुनप्राप्ति तथा संप्रेषण कर हमारे ज्ञान में वृद्धि करता है।

निष्कर्षतः कम्प्यूटर सूचना परिष्कारक की एक आज्ञापालक यंत्र है, जो इस सूचना के संप्रेषण से हमारे ज्ञान में वृद्धि करता है। From a handful of computers and users, today that internet has grown to thousands of regional networks that can connect millions of users.

इस तरह कम्प्यूटर ने पूरे विश्व को अपने वैश्विक गाँव में परिवर्तित कर लिया।

कम्प्यूटर और उसका महत्त्व

कम्प्यूटर के भाषिक अनुप्रयोग एवं हिंदी भाषा के विकास में कम्प्यूटर की भूमिका एवं महत्त्व जानने के लिए कम्प्यूटर की उत्पत्ति तथा विकास पर पैनी दृष्टि डालने की आवश्यता है। जिससे हम कम्प्यूटर की संरचना एवं कार्यप्रणाली से भलिभांति परिचित हो सकें।

ज्ञान अर्जन मनुष्य की असमर्थता को न्यूवता की ओर ले जाने वाला एक मात्र साधन है। इसी में मानव अपने किये गये आखेटों की गणना, परिवार के सदस्यों की गणना और दिनों की गणना तक ही सीमित था, जिसके लिए अपने गणना विभिन्न माध्यम भी विकसित किये। इस तक ही सरल गणना के लिए उंगलियों का प्रयोग किया जाता एवं इस से अधिक संख्या की गणना के लिए लकड़ी के टुकड़ों तथा कंकड़ों का प्रयोग किया गया। रस्सी में गाँठ लगाकर तथा गुफाओं में चिह्न अर्जन की प्रक्रिया में मनुष्य को पढ़ने-लिखने तथा बोलने से पूर्व गणना की आवश्यकता पड़ी। प्राचीन काल लगाकर भी संख्या स्मरण का प्रयास भी प्रारंभ हुआ। परंतु मनुष्य के विकास के साथ-साथ मनुष्य की गतिविधियाँ भी बढ़ती गयीं। और गणना का कार्य भी जटिल होता गया, सरल गणाओं ने जोड़, घटा, गुण और भाग जैसी प्रक्रियाओं में पड़कर जटिल गणनाओं का रूप धारण कर लिया। इन्हीं जटिलाओं के सताधान के लिए मनुष्य ने अपनी सुविधा के अनुरूप विभिन्न उपकरणों का निर्माण करता गया।

संख्याओं की गणना, जोड़-भाग जैसी गणितीय समस्याओं की गणना की लिए अबेकास का आविष्कार किया गया। अबेकस (गिनतारा) आज से लगभग **3000** या **5000** ठब् पूर्व मैसोपोटामिया में प्रयोग हुआ। अबेकस में लकड़ी की डंडियों में मोती पिरोये जाते और उनकी सहायता से सामान्य गणना की जाती। दांई ओर इकाई उसके बाद दहाई और फिर सैकड़ा मानी जाती, और डंडियों के अनुसार मोतियों का मान भी बढ़ जाता था।

इस उपरबण को विश्व की विभिन्न सभ्यताओं ने अपनी सुश्चि एवं समझ के अनुरूप विकसित किया। उदाहरणार्थ चीनियों का अबेकस

अधिक विकसित है, उन्होंने लगभग दूसरी सदी (2nd **Century AD**) में इसका आविष्कार किया।

इसमें लकड़ी के खांचे में **13** तार होते थे। जिसमें सात-सात मोती हर तार में पिरोए हुए थे। यह अबेकस बहुत तेजी से गणना कर लेता था। **17वीं** सदी में जापानियों ने हर तार में सात की जगह छह मोती का प्रयोग करके इसमें बदलाव किया।

पहली गणक-यंत्र 'अबेकस' बहुत ही साधारण था, जिसमें कोई भी जटिल साख्यिकी संक्रिया (**Numerical Operation**) व्यक्ति मस्तिष्क में गणना का उपयोग किये बिना नहीं कर सकता था। आज भी इतना प्राचीन होने के बावजूद भी कई देशों में अबेकस का प्रयोग बालक निचले शिक्षा स्तर पर खेल में गणना करने के लिए अथवा शिक्षण संस्थान उन्हें गणना के मूल सिद्धांत सिखाने के लिए करते हैं।

जटिल गणनाओं को करने के लिए मस्तिष्क का काफी प्रयोग होता था और गणनाओं के परिणाम में कभी-कभी विस्मृति के कारण त्रुटि की संभावना बनी रहती थी, ऐसी संभावनाओं से निपटने के लिए एवं गणनाओं के शुद्ध परिणाम प्राप्त करने के लिए मनुष्य को ऐसे उपकरण की आवश्यकता हुई, जो स्वतः चलित हो एवं जिसमें अधिक से अधिक गणना स्वंय होती चली जाए।

इसकी शुरूआत की फ्रांसीसी गणितज़ ब्लेज पास्कल ने जिन्होंने 1642 में यांत्रिक कैलकुलेटर तैयार किया। इसमें गियरों का प्रयोग किया गया था। इसके दरांतीदार पहिये घूम-घूमकर संख्याओं का जोड़ घटाव लेते थे और परिणाम खुद व खुद आ जाता था। इसमें हासिल संख्या (Carry) भी हस्तांतरित हो जाती थी। यह बड़े असकार की यांत्रिक मशीन काफी दिलचस्प थी और इसने इसे विकसित करने की इच्छा वैज्ञानिकों में जगा दी।

पास्कल के यांत्रिक कैलकुलेटर को 167 गोफ्रेड लिबनिज़ ने विकसित किया अब इस यंत्र से गणा-भाग करना भी संभव हो गया था।

चार्ल्स बैवेज-1833 में ब्रिटेन के वैज्ञानिक चार्ल्स बैवेज ने एनालिटिक इंजन का आविष्कार किया। इस एनालिटिक इंजन के आधार पर ही बाद में कम्प्यूटर का विकास हुआ इसलिए चार्ल्स बैवेज को कम्प्यूटर का जनक (Father of Computer) कहा जाता है।

चार्ल्स बैवेज ने अपनी इस यात्रा का श्रीगणेश 1822 में डिफरेंस इंजन नामक मशीन तैयार करके किया जो विविध प्रकार की गणनाएँ कर लेती थी। यह एक स्वतः चलित यंत्र था जिसमें पालीनोमियल, लागरिदम सहि अनेक एवं विविध प्रकार की गणनाएं सहज रूप से की जा सकती थीं।

उन्होंने अपनी मशीन की डिजाइन इस प्रकार तैयार की कि आधुनिक कम्प्यूटरों की होती है। उनकी मशीन वृहदाकार थी और पुर्जों की डिजाइन जटिल थी। विशेष बात यह थी कि उन दिनों बिजली भी नहीं थी और बारीक काम करने के लिए मशीनें भी नहीं थीं।

मार्क-। (प्रथम कम्प्यूटर)

सन् 1937 में हावर्ड विश्वविद्यालय के हावर्ड एकिन ने 'मार्क-1' नामक एक कम्प्यूटर का निर्माण किया। वास्तव में यह प्रथम कम्प्यूटर था। जो दो 10 अंकों वाली संख्याओं को मात्र 5 सेकेंड में गुण कर देता था। इस मशीन में हाथ से काम करने की आवश्यकता कतई नहीं थी और सारा कार्य स्वचलित रूप से होता था। निश्चित प्रोग्राम द्वारा चलने इस कम्प्यूटर का नाम मार्क-कम्प्यूटर रखा और इसे सामान्य कार्य हेतु कम्प्यूटर कहा गया।

कम्प्यूटर की पीढ़ियाँ

कम्प्यूटर की विकास-यात्रा अत्यंत ही दीर्घ है, इसने कई पीढ़ियां तय की हैं। आधुनिक कम्प्यूटर को उसकी पीढ़ी से परिलक्षित किया जाता है, कम्प्यूटर की पीढ़ी इसकी तकनीकी अग्रता अथवा प्रगति को दर्शाते हैं। कम्प्यूटर की निम्नलिखित पाँच पीढ़ियां हैं।

प्रथम पीढ़ी के कम्प्यूटर: डा. जान वान न्यूमैन (**1944**) ने कम्प्यूटर की मौलिक संरचना निर्धारित की थी।

JOHN VON NEUMAN a mathematician was the first person in the history of computer who starded the computer revolution. He joined the designed team in 1944, incorporate the stored programe in the version of ENIAC, that became operational in September 1948.

जिसके अनुसार

1. आँकड़े एक रीड-राइट मैमोरी पर अंकित किये जायें तथा मैमोरी इस प्रकार की हो कि आँकड़े सरलतापूर्वक लिए जा सकें।
2. प्रोग्राम का कार्यान्वयन एवं निर्धारण क्रमानुसार होना चाहिये।
3. इसके परिणाम अधिक सम्यक नहीं होते थे।

प्रथम पीढ़ी कम्प्यूटर में थर्मायनिक वाल्व (वैक्यूम ट्यूब) का प्रयोग किया गया था। यह वाल्व विशालाकार होते थे और काम करने से पूर्व गर्म हो जाया करते थे, जिसके कारणवश इन्हें बीच में बंद करना पड़ता था।

ENIAC (एनियाक): एनियाक इलैक्ट्रानिक कम्प्यूटर श्रेणी का प्रथम कम्प्यूटर था 1946 में पेनसिल्वानिया विश्वविद्यालय (अमेरिका) के एक दल ने इसका निर्माण किया।

It was the first electronic comuter build 1946 at Penny Ivania, USA by john Eckert and John Mauchy. It was named electronic numerical integrator and calculator (ENIAC).

एनियाक का पूरा नाम इलैक्ट्रानिक न्यूमेरिकल इंटीग्रेटर एंड केलकुलेटर था। इसमें स्विविंग सर्किट के रूप में उच्च गतिवाले वेक्यूम ट्यूबों का प्रयोग किया गया था। इसमें मैमोरी बहुत कम थी। यह जोड़ने में **200** माइक्रो सेकेण्ड और गुण करने में **2800** माइक्रो सेकेण्ड लेता था।

EVAC (एडवैक): It stands for electronic discrete variable automatic computer and was developed in 1950. The concept of storing data and instructions inside the computer was introduced here.

वान न्यूमैन के आधार पर निर्मित हुआ यह कम्प्यूटर **1950** में तैय्सा हुआ था। इसका पूरा नाम इलैक्ट्रानिक डिस्क्रीट वैरिएबिल आटोमैटिक कम्प्यूटर था। इसके निर्माण में बाइनरी अंक गणित का प्रयोग किया गया इसमें प्रोग्राम व आँकड़े पूर्व अंकित थे।

EVAC (एडवैक) रूइसका पूरा नाम इलैक्ट्रानिक डिले स्टोरेज आटोमैटिक कम्प्यूटर था। इसका निर्माण में कैंब्रिज में एम.बी. विल्कीस द्वारा किया गया था। इसमें डाटा भंडारण के लिए नई तकनीक का प्रयोग किया गया था।

The electronic delay automatic calculator (EDSAC), completed a year after the SSEM at Cambridge university, was the first practical, non-experimental implementation of the stored program and was put to use immediately for research work at university.

UNIAC (यूनीवाक): **1950** के दशक के धीरे-धीरे कम्प्यूटर क्षेत्र में प्रगति हुई तथा पूर्व अंकित प्रोग्राम वाले इलैक्ट्रानिक कम्प्यूटरों का व्यवसायिक उत्पादन आरंभ हो गया। इसका निर्माण इंकट्र माएशली ने **1951** में यूनिवाक-1 तैयार कियसा। वैक्यूम ट्यूब से चलने वाले इस कम्प्यूटर का उपयोग विज्ञान, प्रौद्योगिकी संबंधी कार्यों को सम्पन्न करने में किया गया। इससे पूर्व कम्प्यूटर का उपयोग केवल विज्ञान एवं प्रौद्योगिकी क्षेत्र में हर किया गया।

ठन कम्प्यूटरों की गति आधुनिक कम्प्यूटरों की उपेक्षा बहुत कम थी, गणना की क्षमता अत्यंत कम और ऊर्जा की खपत बहुत ज़्यादा थी।

द्वितीय पीढ़ी के कम्प्यूटर

सन् 1950 के आस-पास ट्रांजिस्टर का विकास हुआ। फलस्वरूप कम्प्यूटर के निर्माण में ट्येब के स्थान पर ट्रांजिस्टर का प्रयोग होने लगा। यह प्रयोग लगभग 1952 से 1964 तक रहा। ट्रांजिस्टर के निर्माण का लाभ यह हुआ कि कम्प्यूटरों का आकार छोटा, लागत कम, गर्मी व वातुकूलित वातावरण की आवश्यकता कम हो गयी।

हनीबेल-200, आई-बी-एम 1401 (I.B.M 1401) सी.डी.सी.-1604 (C.D.C.-1604) इस पीढ़ी के प्रमुख कम्प्यूटर हैं।

द्वितीय पीढ़ी के कम्प्यूटरों का आकार पहली पीढ़ी के कम्प्यूटरों के आकार की तुलना में छोटा था तथा इनसे कम गर्मी उत्पन्न होती थी। इसकी विश्वसनीयता एवं संग्रहण क्षमता अधिक हो गयी थी।

इनमें प्रोग्राम्रिग की उच्च भाषा कोबोल और फोरटोन क प्रयोग होने लगा था।

तृतीय पीढ़ी के कम्प्यूटर

सन् 1964 में कम्प्यूटर की तृतीय पीढ़ी का आरंभ हुआ। यह काल कम्प्यूट के यांत्रिक विकास का काल था। इस पीढ़ी में कम्प्यूटर में उपयोग में लाये जानेवाले ट्रांजिस्टरों और ट्यूबों का स्थान इन्टिग्रेटेड सर्किट (I.C.) ने ले लिया जिससे इसकी विश्वसनीयता और बढ़ गयी।

The development of integrated circuit was the hallmark of the third generation of computer. Transistors were miniaturized and placed on silicon chips, called semi conductors, which drastically increased the speech and efficiency of computers.

इसी पीढ़ी के प्रमुख कम्प्यूटर थे आई.बी.एम. 360 इस पीढ़ी में कम्प्यूटरों में (पहली बार आपरेटिंग सिस्टम का प्रयोग हुआ और इनका आकार और अधिक छोटा हो गया।

चतुर्थ पीढ़ी कम्प्यूटर

1980 को चतुर्थ पीढ़ी का आरंभिक वर्ष माना गया। यह कम्प्यूटर तकनीकी प्रगति के साथ विकसित हुए। माइक्रो प्रोसेसर ने चिप का स्थान ग्रहण किया, इसका निर्माण कई छोटे-छोटे चिपों के संयोजन द्वारा हुआ।

The microprocessor brought the fourth generation of computer, as thousands of integrated circuits were built on to single silicon chip.

इस पीढ़ी के कम्प्यूटर 'माइक्रो कम्प्यूटर' के रूप में सामने आए। इनमें इन्टिग्रेटेड सर्किट **(I.C.)** के विकसित प्रारूप वृहद एकीकृत सर्किट (VLSIC: Very Large Scale Integrate Circuit) तकनीक का प्रयोग होना शुरू हो गया।

पाँचवी पीढ़ी के कम्प्यूटर

पाँचवी पीढ़ी के कम्प्यूटरों में कृत्रिम बौद्धिकता के विकास के प्रयत्न किये जा रहे हैं। इनकी निर्माण प्रक्रिया अभी जारी है। सुपर कंडकटर को कृत्रिम बौद्धिकता का सपना साकार करने के लिए प्रयोग में लाया जा रहा है। इसमें कई विशेषताएँ जैसे ध्वनि को विश्लेषित करके पहचानना, विकसित करने के प्रयास जारी हैं।

कम्प्यूटर की संरचना

कम्प्यूटर मानव बुद्धि का आविष्कार है एवं यह मानव की बुद्धि द्वारा किये जानेवाले अधिकतार जटिल कार्यों को करने में सक्षम है। यह दिये गये आदेशों के अनुसार सूचनाओं को परिष्कारित करता है एवं परिणामों को वांछित स्वरूप में व्यवस्थित करता है। अतः कम्प्यूटर एक सूचना परिष्कार एवं आज्ञाकारक यंत्र है।

मूलतः कम्प्यूटर कुछ सूचनाओं को प्राप्त करता है तथा आवश्यकता अनुसार उन सूचनाओं को उपयोग में लाता है ऐसे निर्देश जो कम्प्यूटर के

अंदर सूचनाएं पहुँचाते हैं, इनपुट यूनिट अथवा निवेश उपकरण कहलाते हैं। कम्प्यूटर के जिस भाग में सभी प्रकार की गणनाएँ की जाती हैं, उसे केन्द्रीय प्रकलन इकाई CPU या Central Processing Unit कहते हैं, जो भी सूचनाएँ कम्प्यूटर द्वारा प्रेषित की जाती हैं, वह मैमोरी में जाकर संग्रहित (Store) हो जाती हैं। और आवश्यकतानुसार यह परिणाम निर्गम इकाई से प्राप्त किये जा सकते हैं।

The general purpose computer has four main component: the arithmetic logic unit (A.L.U.) the Control Unit, the Memory and the input and output devices (Collectively) Termed IeO).

कम्प्यूटर की संरचना निम्न चार भागों में विभाजित की गयी है।

1. केन्द्रीय प्रकलन इकाई (Central Processing Unit)
2. स्मृति (Memory)
3. निवेश उपकरण (Input Devices)
4. निर्गम उपकरण (Output Devices)
5. केन्द्रीय प्रकलन इकाई (Central Processing Unit)

यह कम्प्यूटर का सबसे महत्वपूर्ण प्रभाव है। इसे कम्प्यूटर का मस्तिष्क कहा जाता है। यह निविष्ट किये गये डेटा का संग्रह करता है।

The Portion of a Computer system that carries out the instructions of a computer program, and is the primary element carrying out the compute's function.

यह सभी प्रोग्रामों को संचालित (Run) करना एवं कार्यों (Operations) को व्यवस्थित करने में सक्षम होता है। इसको माइक्रो प्रोसेसर भी कहा जाता है।

विकीपिडीया के अनुसार: The Central Unit, A.L.U., registers and basic leo (and after other hardware closely link with these) are collectively known as Central Processing Unit.

अर्थात इसमें वह समस्त आवश्यक निर्देश संग्रहित होते हैं, जिनकी सहायता से कम्प्यूटर कार्य करता है। इसको कोर प्रोसेसर (Core Processor) लगे होते हैं, जो पूर्व निर्देशों का पालन कराकर कम्प्यूटर को कार्य करने में सक्षम बनाते हैं।

कोर प्रोसेसर के आधार पर प्रोसेसर तीन प्रकार के होते हैं

1. डूअल कोर प्रोसेसर: इसमें एक चिप लगी है जिसमें दो कोर प्रोसेसर को लगाया जाता है।

2. क्वाड कोर प्रोसेसर में भी एक चिप लगी होती है। जिसमें चार कोर प्रोसेसर लाए गए होते हैं।

3. मल्टी कोर प्रोसेसर: इसमें एक चिप लगी होती है जिसमें दो या दो से अधिक कोर प्रोसेसर लगे होते हैं।

मल्टी कोर प्रोसेसर कम्प्यूटर को तीव्र गति प्रदान करते हैं। आजकल अधिकतर कम्प्यूटरों में यही लगे होते हैं।

निष्कर्षतः यह कम्प्यूटर का महत्त्वपूर्ण कम्पोनेन्ट (तत्व) है। इसको कम्प्यूटर का मस्तिष्क कहा जाता है। यह इनपुट किये गये सभी डेटा को संसाधित (प्रोसेस) और उसे संग्रहित (स्टोर) कर लेता है।

आवश्यकता पड़ने पर हम इस संग्रहित डेटा को आउटपुट यूनिट (मानीटर, प्रिंटर आदि) की सहायता से पुनः निकाल सकते हैं।

सेन्ट्रल प्रोससिंहग यूनिट को तीन भागों में विभाजित किया जा सकता है:

1. अर्थमैटिक एण्ड लॉजिकल यूनिट (ए.एल.यू.)
2. स्मृति
3. कंट्रोल यूनिट

1. अर्थमैटिक एण्ड लॉजिकल यूनिट (ए.एल.यू.)

जैसा कि नाम सिद्ध होता है कम्प्यूटर की यह इकाई अंक गणितीय एवं तार्किक प्रश्नों का समाधान करने में सूक्ष्म होती है। यह इकाई जोड़ने, घटाने, गुण एवं भाग करने में सहायता करती है। कार्य-प्रणाली के अनुसार कम्प्यूटर में निविष्ट अंक गणितीय या तार्किक आंकड़े सर्वप्रथम स्मृति में जाते हैं, उसके पश्चात अर्थमैट्रिक एवं लाजीकल इकाई में जाते हैं, फिर वहां से हल होकर उसका उत्तर पुनः स्मृति में संग्रहित हो जाता है, साथ-साथ उत्तर मानीटर पर भी प्रदर्शित हो जाता है।

इसी प्रकार लाजिक संबंधी कार्यवाही जैसे छोटा या बड़ा पहचानना भी इस तरह होती है। जिन संख्याओं में तुलना करनी हो, वह मेमोरी से ए.एल.यू. में पहुँचती हैं और परिणाम आमतौर पर सत्य (True) या असत्य (False) के रूप में आता है और वह भी मेमोरी में जाकर दर्ज हो जाता है। इन कार्यवाहियों से कम्प्यूटर निर्णय लेने का कार्य कर पाता है।

समय के साथ-साथ अर्थमैटिक एण्ड लाजिकल इकाई की कार्यक्षमता की तीव्र हुई है:

Superscalar Computers may contain multiple ALUS, allowing.

अर्थात् नवीन सुपर स्केलर कम्प्यूटरों में अनेक अर्थटिक एण्ड लाजिकल इकाईयां लगी होती हैं जिनके द्वारा वह कई गणितीय समस्याओं के एक ही समय में निवारण कर सकते हैं।

2. मैमोरी (स्मृति)

जिस प्रकार मनुष्य के मस्तिष्क में स्मृतियों को संग्रहित करके रखने की क्षमता होती है, उसी प्रकार कम्प्यूटर में भी प्रोसेस किये हुए डाटा को सेव (सुरक्षित) करने की क्षमता होती है। यह क्षमता होती है। यह क्षमता सेन्ट्रल प्रोसेसिंग यूनिट का भाग होती है।

Devices that are used to store data or programs (sequences of unstructions) on a temporary or permanent basis for use in an electronic digital computer.

कम्प्यूटर को जिन आंकड़ो एवं सूचनाओं को प्रोसेस उन्हें वह मैमोरी में ही संग्रहित करता है एवं प्रोसेस अथवा समाधान करने के प्श्चात उनके समाधान भी मैमोरी में ही संरक्षित करता है। इन समस्याओं का समाधान माइक्रो प्रोसेसर द्वारा किया जाता है। अंत में यह हार्ड ड्राइव (Hard Drive) में स्टोर हो जाता है।

मैमोरी याद रखने की क्षमता अनुसार दो प्रकार की होती है।

1. प्राथमिकी मैमोरी (Primary Memory)
2. वैकल्पिक मैमोरी (Second Memory)

1. प्राथमिकी मैमोरी

यह प्रत्यार्वित की जा सकती है, एवं कम्प्यूटर के भीतर ही बनी होती है। प्राथमिक मैमोरी कम्प्यूटर मुख्य मैमोरी होती है।

प्राथमिक स्मृति (मैमोरी) कम्प्यूटर के भीतर भण्डारण का वह स्थान है, जहां पर संसाधित। असंसाधित आंकड़े व प्रोग्रामों से संबंधित सूचनाएँ उपस्थित रहती है। यह वह स्थान है, जहां से कम्प्यूटर सीधे सूचनाओं को प्राप्त करता है तथा उन पर संसाधन कार्य करता है। स्मृति के इस भाग में सीमित मात्रा में सूचनाएं उपस्थित रहती है।

अर्धसंवाहक (Semi Conductor) पदार्थ से बना यह चिप सेन्ट्रल प्रौसेसिंग यूनिट (Central Processing Unit) का भाग होती है जिसकी क्षमता किलोबाइट में माप्य होती है। इसकी क्षमता मापने के लिए बड़ी इकाईयां मेगाबाइट एवं गीगाबाइट होती हैं। एक किलो बाइट स्मृति में **1024** अक्षरों को संरक्षित करने की क्षमता होती है।

प्राथमिक मैमोरी को अभिलेखन विधि के आधार पर दो भागों में बांटा जा सकता है।

1. रोम (Read Only Memory)
2. रैम (Random Access Memory)

1. रोम (Read only Memory)

यह संग्रहण का स्थाई साधन है। कम्प्यूटर को बंद (आफ) करने के पश्चात भी इसमें संग्रहित किया गया डेटा (सूचनाएं एवं आकड़े) संरक्षित रहते हैं।

A Class of storage used in computers and other electronic devices.

इस मैमोरी को सिर्फ पढ़ा जा सकता है। यह नाम से भी जाहिर हो जाता है कि इसमें लिखा नहीं जा सकता है। यह स्थायी होती है अर्थात् पावर की आपूर्ति बाधित हो जाने पर भी इसमें दर्ज आंकड़े नष्ट नहीं होते हैं। जब कम्प्यूटर का हाडवेयर तैयार तथा असेंबल किया जाता है तभी इस मैमोरी में निश्चित आवश्यक प्रोग्राम स्थायी रूप से दर्ज कर लिए जाते हैं और बाद में इनमें परिवर्तन संभव नहीं होता है।

इसमें प्रोग्राम हेतु निर्देश पूर्व ही संग्रहित कर दिये जाते हैं। इसमें कम्प्यूटर की कार्य प्रणाली से संबंधित निर्देश संग्रहित किये जाते हैं, जैसे कम्प्यूटर का ऑन होना, उसका फाइलों को लोड करना। राम में संग्रहित साफटवेयर को फ्रिमवेयर (Firmware) कहते हैं। भिन्न-भिन्न प्रकार के कम्प्यूटर में उनके कार्य के अनुकूल भिन्न-भिन्न प्रकार की राम लगायी जाती हैं। इसमें विशिष्ट इलेक्ट्रानिक फयूजो द्वारा प्रोग्रामिंग की जाती है।

2. रेम (Random Access Memory)

जब भी कम्प्यूटर की स्मृति क्षमता की बात की जाती है, तो उसका तात्पर्य रेम से होता है। क्योंकि कम्प्यूटर की स्मृति क्षमता रेम में ही मापी जाती है। कम्प्यूटर आन करते ही रेम अपना कार्य शुरू कर देती है, कम्प्यूटर चलाने हेतु आपरेटिंग फाइलें स्टोरेज डिवाइस से रेम में लोड हो जाती हं।

रेण्डम एकसेस मैमीरी-रेम कम्प्यूटर की मुख्य मैमोरी होती है। आरंभिक अवस्था में यह पूर्णतः रिक्त होती है। जब भी किसी प्रोग्राम अथवा सूचना पर कम्प्यूटर को कार्य करना होता है, पहले उसे रेत पर अंकित किया जाता है। इसकी मुख्य विशेषता यह है किइस किसी भी स्थान पर संपर्क किया जा सकता है, जबकि डिस्क अथवा टेप पर अंकित मैगनेटिक मैमोरी के किसी बिन्दु पर संपर्क के लिए पहले डिस्क अथवा टेप को घुमाकर संपर्क हैड के सक्षम लाना होगा। रेम एक फैली हुई चादर की तरह होती, जिसे जहाँ चाहें संपर्क कर सकते हैं।

रेम की फाइल जब ही तक रहती है, जब तक कम्प्यूटर आन् है कम्प्यूटर के बंद करने के पश्चात फाइल निकल जाती है, परंतु कम्प्यूटर फाइल फाइल को सुरक्षित करने का विकल्प भी देता है, फाइल को सदैव के लिए कम्प्यूटर स्मृति में सुरक्षित करने की इस क्रिया को 'सेविंग' कहते हैं। इस प्रक्रिया से फाइल सुरक्षित करने पर आप भविष्य में कभी भी उस फाइल पर फिलफ कर कार्य कर सकते हैं।

A form of computer data storage. Today it takes the form of integrated circuits that allowed stored data to be access in any order (i.e., at random).

कम्प्यूटर की कार्य करने की गति रेम पर निर्भर करती है। इसकी चिप प्लेट की तरह ही होती हैं जो कि कम्प्यूटर के सी.पी.यू. के दिये गये अलग अलग स्लाट्स में लगाई जाती हैं। साधारणतः घरेलू कम्प्यूटरों में **1. 5** जी.बी. से **2- 2.5** जी.बी. तक रेम होती है।

2. वैकल्पिक मैमोरी (Secondary Memory)

वैकल्पिक मैमोरी या द्वितीयक संग्रहण स्मृति की अवधारणा का जन्म जब हुआ, जब डेटा संरक्षित एवं संग्रहित करने हेतु कम्प्यूटर की स्मृति कम पड़ने लगी क्योंकि उसका आकार सीमित होता था एवं उसे एक जगह से उठाकर दूसरी जगह ले जाया भी नहीं जा सकता था।

निष्कर्षतः ऐसे स्मृति यंत्र की आवश्यकता जिसमें डेटा संग्रहित करने की क्षमता भी अधिकक हो और जिसे सुविधानुसार कहीं भी ले जाया जा सके।

इन्हें माध्यमिक (**Secondary**) सहायक (**Anciliory**) या पृष्ठक (**Baoloup**) स्मृति-कोश भी कहा जाता है।

कम्प्यूटर में सामान्य रूप से प्रयुक्त होने वाली वैकल्पिक मेमोरी तीन प्रकार की हैं

    i. फ्लापी डिस्क
   ii. हार्ड डिस्क
  iii. सी.डी. राम

i. फ्लापली डिस्क

फ्लापी डिस्क एक प्रकार से कम क्षमता की रेन्डम एकसेस मैमोरी होती है, जो कि डिस्क की शक्ल में होती है। इस पर अंकित कियसा हुआ डाटा

कम्प्यूटर की स्मृति में सुरक्षित भी किया जा सकता है और कम्प्यूटर में सुरक्षित डाटा इस डिस्क पर भी लिया जा सकता है, यानि अगर ग़ौर किया जाए तो यह इन्पुट और आउटपुट दोनों के काम आती है। अर्थात् यह एक ऐसी मेमोरी है जो कि डाटा को इधर से उधर सुरक्षित पहुँचाने में बहुत कारगर है। और इस अंकित करके डाटा अपने पास कम्प्यूटर से अलग भी संग्रहीत किया जा सकता है।

ठस पर चुंबकीय आकसाइड की कोटिंग रहती है, सुरक्षा कवच के रूप में इसे प्लास्टिक या कार्ड के कवर में रखा जा सकता है। इसे काट्रिज (Cartidge) भी कहा जाता है। फ्लॉपी डिस्क के शीर्ष डाटा पढ़ते या लिखते समय सीधे ही डिस्क की सतह के संपर्क में आते हैं, इसलिए बार-बार इस्तेमाल से यह खराब हो जाती है।

बस यही कमी एक ऐसी वैकल्पिक स्मृति की खोज का कारण बनी, एक ऐसी वैकल्पिक खोज जिसके खराब होने की संभावनाएँ कम हों।

ii. हार्ड डिस्क

ये बड़े आकार की धातु की डिस्क होती है जिसका व्याय 14 इंच होता है। इनमें कई डिस्क होती है जिन्हें संक्रमण से बचाने के लिए एक सील्ड डिब्बे में बंद करके कम्प्यूटर में स्थाई रूप से स्थिर कर दिया जाता है। इसमें लिखने और पढ़ने के लिए हेड का प्रबंध होता है और वे भी सीलाबंद डिब्बे में होता है।

यह डिस्के एक के ऊपर एक करके लगाई जाती हैं जिनसे यह एक दूसरे पर पढ़ने और लिखने में समक्ष हों और इसी कारण इनकी स्मृति क्षमता बहुत अधिक हो जाती है। यह हार्ड डिस्क हर तरह के कम्प्यूटरों में प्रयोग की जाती हैं। इनकी स्मृति आवश्यकता के अनुसार बढ़ाई एवं घटाई जा सकती है।

iii. सी.डी. रोम

CD-ROM (Compact Disc read only memory) A Pre-Pressed compact disc that contain data accessible to a computer for data storage and music playback. It is read in an optical disc drive.

सी.डी. रोम की अधिक लोकप्रियता का कारण था-इसका अधिक घनत्व जिसकी उपस्थिति में यह अधिक से अधिक डाटा अपने ऊपर दर्ज करने की क्षमता रखती है। इसका प्रयोग संगीत, फिल्में एवं इंटालेशन कि लिए प्रोग्राम दर्ज करने के लिए भी किया जाता है।

iv. निवेश उपकरण (Input Devices)

Input devices are the parts that let you enter and manipulate information on a computer these devices range from the standard Keyboard, Mouse to scanner, microphones, joysticks and light pens.

जैसा कि नामकरण से स्पष्ट है इन युक्तियों का प्रयोग कम्प्यूटर में डाटा (चाहे वह किसी भी प्रकार का हो आँकड़े, चित्र या प्रोग्राम) निविष्ट करने के लिए होता है। यह वह उपकरण होते हैं जिनके द्वारा बाहर की सूचना कम्प्यूटर के अंदर निविष्ट की जाती है यह कहना ग़लत न होगा कि यह मानव एवं कम्प्यूटर के मध्य संप्रेषण का माध्यम होते हैं, इन उपकरण पर दृष्टिपात करते हैं।

i. कुंजीपटल (Key Board)

कम्प्यूटर की प्रमुख अन्तर्गत युक्ति, जिसमें कुंजियों के माध्यम से कम्प्यूटर को संकेत प्रदान किए जाते हैं।

एक सामान्य कुंजीपटल की कुंजियों को दवाकर ही कम्प्यूटर में डाटा निविष्ट किया जाता है। यह बिलकुल टाइपराइटर की कुंजियों की तरह ही दिखती हैं। इन कुंजियों की संख्या **101** से **105** तक होती है जो कि कुंजीपटल के प्रकार पर निर्भर करता है।

ii. माउस (Mouse)

माउस एक प्वाइंटिंग उपकरण है जो आसानी से हाथों में फिट हो जाता है। माउस से स्क्रीन पर दिखने वाले प्वाइंट, जिसे अक्सर माउस

पाइन्टर कहा जाता है और साथ ही स्क्रीन से चुनाव भी किया जा सकता है।

माउस विंडोस साफ्टवेयर पर इस्तेमाल की जाती है। जो कमाण्ड (Command) प्रयोगकर्ता को कम्प्यूटर को देनी होती है, माउस के जरिये माउस प्वाइंटर को उस कमाण्ड पर लाकर राइट क्लिक दबाना होता है या फिर या फिर लेफ्ट क्लिक करके उस डाक्यूमेन्ट पर मौजूद विकल्व देखे जा सकते हैं। स्कारालर को घुमाकर डाक्यूमेन्ट को ऊपर से नीचे तक देखा जा सकता है या उसे सेलेक्ट किया जा सकता है।

iii. स्कैनर (Scanners)

कुंजी पटल से केवल अक्षरों अंकों एवं चिन्हों को ही निविष्ट किया जा सकता है, उसके लिए विधिवत वांछित अक्षर, चिन्ह या अंक की कुंजी दबानी पड़ती है, परंतु अगर कोई चित्र पहले से बना हुआ डाक्यूमेन्ट या छपी हुई किताब कम्प्यूटर में निविष्ट या समाहित करनी हो तो हमें स्कैनर का प्रयोग करना पड़ता है।

स्कैनर की सहायता से हम किसी फोटोग्राफ के प्रतिबिंब को सीधे ही कम्प्यूटर में संचित (स्टोर) कर सकते हैं। लिखित सामग्री को भी बिना टाइप किए सीधे स्कैनर की सहायता से स्टोर कर सकते हैं। स्कैनर देखने में और कार्यविधि में एक छोटी इलैक्ट्रोस्टेट मशीन के समान होता है। यह प्रकाशित के सिद्धांत पर कार्य करता है।

iv. निर्गम उपकरण (Output Unit)

Output devices send information form your computer to you. This information is usually in form of sound and sight, but some devices can be send information as touch and even small.

यह उपकरण कम्प्यूटर में मौजूद चित्र, आँकड़े निष्कर्ष, ध्वनि यहाँतक कि सुगंध तक बाहर प्रयोगकर्ता तक पहुँचाता है। जिसे हम

स्क्रीन पर, या सुनकर अनुभूति कर सकते हैं। प्रमुख निर्गम उपकरण निम्नलिखित हैं।

v. प्रिंटर (Printer)

निष्कर्ष, परिणामों एवं डाक्यूमेन्ट को छपे रूप में कम्प्यूटर से बाहर देना प्रिंटर की सहायता से संभव होता है। प्रिंटर द्वारा हम कम्प्यूटर में मौजूद अक्षर, अंक, संकेत आदि को मुद्रित रूप में कागज़ पर पा सकते हैं। कुछ प्रिंटरों में इंक डाली जाती है और कुछ लेजर से छपाई करते हैं। प्रिंटर का हेड उसे स्पर्श करता है। दूसरे प्रकार के प्रिंटरों में यह स्पर्श नही होता। पहले प्रकार के प्रिंटरों को इंपेक्ट प्रिंटर कहते हैं।

vi. मानीटर (Monitor)

मानीटर दृश्य पटल को कहते हैं इसके द्वारा वांछित सामग्री दृश्यपटल पर दृष्टव्य रूप से प्रदर्शित की जाती है। मानीटर को वी.डी.यू. (Visual Display Unit) या सी.आर.टी. (Cathode Ray Tube) भी कहा जाता है दिए गये निर्देशों का जाँच इत्यादि कार्य स्क्रीन पर देखे जा सकते हैं।

vii. प्लाटर (Plotter)

प्लाटर का उपयोग ग्राफ, चित्र, प्लान (Plan) इत्यादि बनाने के लिए वास्तुकारों द्वारा किया जाता है। प्लाटर में कार्य करने के लिए इंक पैन (Ink Pen) लगे हैं। इंक पैन कम्प्यूटर के निर्देशों के अनुसार कार्य करते हैं।

कम्प्यूटर के प्रयोग

विज्ञान एवं तकनीक के विकास के आरम्भिक काल से ही मनुष्य का जीवन सरल एवं सगम बनता गया। मानव जीवन के प्रत्येक क्षेत्र में विज्ञान एवं तकनीक ने ज्ञान एवं सुलभता का प्रादुर्भाव किया। आश्चर्यजनक तथ्य यह है कि कई बार मानव मस्तिष्क से उपजे विज्ञान और उसके अनुप्रयोग मानव बुद्धि से कहीं आगे नज़र आता है। कम्प्यूटर माननीय मस्तिष्क द्वारा सृजित विज्ञान के अनुप्रयोगों का एक ऐसा ही उदाहरण

है। कम्प्यूटर ने ज्ञानार्जन, संप्रेषण एवं सूचना प्रौद्योगिकी के क्षेत्र को अकल्पित विस्तार प्रदान किया। इसी कारण कम्प्यूटर ने संस्कृतियो के सेतु बनने का कार्य करके संस्कृतियों में कई परिवर्तन उत्पन्न किये। इसका तात्पर्य यह कदापि नहीं कि कम्प्यूटर का प्रयोग हमारे दैनिक जीवन में नहीं होता बल्कि दैनिक जीवन में सुबह के समाचार-पत्र से रात्रि में यातायात के साधन एवं होटलों के बारे में पता करने तक कम्प्यूटर के माध्यम से पता कर सकते हैं। यह बात अलग है कि पहले कम्प्यूटर जन साधारण की पहुँचे में न होकर वर्ग-विशेष के प्रयोग तक ही सीमित था। परंतु अपनी उयोगिता के आधार पर एवं सस्ती और सक्षम तकनीक होने के आधार पर कम्प्यूटर मध्य या यों कहें निम्न मध्य वर्ग तक पहुँच गया है। अगर इसके उपयोगों पर दृष्टिपात करें तो वह बहुत ही अधिक संख्या में है इसलिए हम इसके कुछ विशिष्ट प्रयोगों की चर्चा करेंगे।

1. **शिक्षा में कम्प्यूटर की उपयोगिता:**
2. **शोध कार्य में कम्प्यूटर की उपयोगिता:**

पहले शोध कार्य बहुत ही परिश्रम वाला कार्य माना जाता था, विशेषकर वांछित सामग्री का संकलन करना परंतु अब हर तरह के लेख, ई-पुस्तकों को खरीदना, ब्लाग्स एवं विकीपिडिया और गूगल जैसी ज्ञानवर्धक साइट्स आपका काम मात्र कुछ क्लिक्स पर ही कर सकता है। हर तरह के विषय के बारे में ज्ञान कम्प्यूटर विशेषकर इंटरनेट के आने से बहुत आसानी से उपलब्ध है।

वैज्ञानिक शोध के विकास काल में एक समय ऐसा भी था जब शोधकार्य संबंधित गणना करना बेहद क्लिष्ट कार्य माना जाता था। अब कम्प्यूटर ने इस क्षेत्र में बहुत योगदान दिया है। इसी वजह से शोधकार्यों के स्तर व मात्रा में गुणात्मक वृद्धि हुई है।

ii. डेक्सटाप पब्लिशिंग (Desktop Publishing)

पब्लिशिंग या प्रकाशन सदेव ही एक असाध्य एवं मंहगा कार्य रहा, पूर्वतः लेखकों की समस्या अपने लिखित सामग्री को प्रकाशकों उत्पादकों

का अनुमोदन मिलना आवश्यक होता था, परंतु कई बार ऐसा भी हुआ कि लेख के मुख्य एवं जानदार अंशों को प्रतिबंधित करने के पश्चात् उसे स्वीकृति मिलती थी परंतु वर्तमान में सोशल नेटवर्किंग साइट्स सम्पादकों एवं प्रकाशकों को चुनौती देते नज़र आ रहे हैं। जहाँ कोई भी सामग्री एवं अपने मौलिक विचर बिना संपादित प्रकाशित किये जा सकते हैं। यहाँ तक कि डेक्स्टाप प्रकाशन की सहायता से आज स्वयं अपनी पुस्तक प्रकाशित करके उसे निकाल सकते हैं।

आज प्रकाशन उद्योग में फ्रांति आई है। डेक्सटाप पब्लिकेशन का कार्य अब कम्पयूटर की सहायता से घरेलू उद्योग की भांति पनप उठा है। प्रकाशन जब सरल हो गया है। यही नहीं, पुस्तकों की डिजाइनिंग व प्रस्तकों की डिजाइनिंग व प्रस्तुति में भी क्रांतिकारी परिवर्तन हुआ है।

iii. आनलाइन शिक्षा एवं क्लासों का ज्यादा सक्षम बनना

आजकल शिक्षक छात्रों को अधिक सूक्ष्मता एवं गहनता से समझाने के लिए स्लाइड्स, क्लिप्स और वेबपेज को कई दृष्टव्य एवं श्रेणीय उपकराणों द्वारा जोड़ कर कक्षा में उसके माध्यम से पढ़ाते है, जो अधिक प्रभावी एवं सार्थक सिद्ध होता है।

इसी प्रकार इंटरनेट की सहायता से कक्षाओं को हाई-टेक बनाया जा रहा है। यह एक तरह का संगम है। पारंपरिक शिक्षा शिक्षा पद्धति एवं नवीन तकनीक का।

आजकल दूरस्थ-शिक्षा (डिस्टेंस लर्निंग) प्रणाली में भी कम्प्यूटरां का खूब प्रयोग किया जाता है। इस प्रणाली में अध्यापक कम्प्यूटर के माध्यम से विद्यार्थियों को पाठ पढ़ाते हैं और छात्र अपने घर में बैठकर कम्प्यूटर की स्क्रीन पर शिक्षक को देखते व सुनते हैं। छात्र परीक्षा भी कम्प्यूटर के माध्यम से ही देते हैं और उन्हें परीक्षा भवन तक नहीं जाना पड़ता है। यह सब इंटरनेट के कारण संभव हो पाया है।

2. चिकित्सा में

नेत्र दृष्टि से लेकर हृदय की गति तक समस्त जाँचे वर्तमान में कम्प्यूटर द्वारार ही भापे जाते हैं। मनुष्य के शरीर का वज़न, लंबाई इत्यादि कम्प्यूटर में निविष्ट करके उसके स्वास्थ्य का पूरा विवरण कम्पयूटर से लिया जा सकता है। यह कई विभिन्न साफ्टवेयरस के द्वारा संभव होता है।

हृदय की गति, रक्त कणों की गणना, नब्ज़ की गति, विभिन्न प्रकार के रासायनिक विश्लेषण आदि का अध्ययन कम्प्यूटर शीघ्र कर देता है। इससे डाक्टर को रोग का पता लगाने तथा इलाज ढूँढ़ने में आसानी हो जाती है।

3. बैंक में

बैंक उन कुछ क्षेत्रों में से है, जहाँ कम्प्यूटर के आगमन से नवीन कार्यक्षमता का संचार हुआ है। पूर्वतः जो कार्य मानव स्वयं अपने हाथों से कागज़ों पर करता था, अब वह कम्प्यूटर पर हो जाने से जहाँ एक तरफ यह तंत्र कार्य साधक बना वहीं दूसरी तरफ इसने कागज़ की बचत की, साथ ही साद्रश्य बैंक ग्राहकों को यह सुविधा प्रदान की कि वह

अपना खाता ऑनलाइन चला सकते हैं और उससे लेन-देन भी घर बैठे कर सकते हैं।

घर में निजी कम्प्यूटर की मदद से आज अपनी चेकबुक का लेखा-जोखा तैयार करने, बिलों का भुगतान अपनी आय और खर्चों का हिसाब, पैसे स्थांनातरित स्टाक की खरीदारी और बिकवाली से लेकर अपनी वित्तीय योजनाओं का आकलन जैसे काम आसानी से कर सकते हैं।

वर्तमान में पैसे का लेन-देन ए.टी.एम. (आटोमैटिक टेलर मशीन) द्वारा होता है जो कि कम्प्यूटर से आपरेटेड होती है, साथ ही साथ पासबुक पर अपने ट्रांजेक्शनस का विवरण चढ़वाना हो, खुले या छोटे नोट लेना, पैसे भुनाना या फिर पैसे जमा करना यह सब मशीन के जरिये संभव है, जो कि कम्प्यूटरों से ही चलायी जाती है।

मौसम विभाग में कम्प्यूटर का उपयोग

वैज्ञानिकों ने मौसम का पूर्वानुमान लगाने के लिए अंतरिक्ष में कई तरह के सेटालाइट लगाये गये जो कि आधुनिक तकनीक युक्त कम्प्यूटरों से लैस थे। यह वायु की गति, उसकी दिशा, बारिश का पूर्वानुमान, आर्दता आदि के बारे में पूर्वानुमान लगा सकते हैं। इस तरह के अनुमानों से खेती एवं रहन सहन के लिए पहले से योजना बनाई जा सकती है।

कम्प्यूटरों को अभी तक जिस काम में पूरी तरह सफलता नहीं मिल पाई, वह है-मौसम का पूर्वामुमान। अभी तक मौसम का शत-प्रतिशत सही पूर्वानुमान नहीं लगाया जा सकता। दुनिया-भर के वैज्ञानिक इस प्रयास में रत कि मौसम के पूर्वानुमान की क्षमता कम्प्यूटर में पैदा की जा सके।

परंतु यह कहना भी कदापि गलत नहीं होगा कि कम्प्यूटर का आंकलन अगर पूर्णतः सही नहीं होता तो शत-प्रतिशत गलत भी नहीं होता और कहीं न कहीं इससे मनुष्य को मौसम के बारे में कम ही सही लेकिन पूर्वानुमान मिल ही जाता है।

4. मनोरंजन के लिए कम्प्यूटर का उपयोग

समय के साथ-साथ मनोरंजन के साधन नाट्य मंच से रेडियो पर पहुँचे और उसके बाद टेलीविजन का सफर तय करते हुए केबिल एवं कम्प्यूटर तक पहुँच। जैसे-जैसे जीवन में तनाव बढ़ता गया मनोरंजन की आवश्यकता भी बढ़ती गयी, क्योंकि केवल मनोरंजन ही ऐसा साधन था जिसके माध्यम से मानव अपने हृदय एवं मस्तिष्क शांति देने के साथ-साथ जीवन की विषमताओं से स्वयं को दूर ले जाकर एक ऐसी दुनिया में विचरण कर सकता था, जो सपनों की तरह सुंदर एवं इन्द्रधनुष की भांति रंगीन थी।

कम्प्यूटर मनोरंजन जगत का अभीष्ट अंग बनके उभरा मनोरंजन का कोई ऐसा साधन नहीं था, जिसमें किसी न किसी तरह कम्प्यूटर का प्रयोग न होता हो। चाहे वह सिनेमा का माध्यम हो, टेलीफोन का या टेलीविजन का। वर्तमान के केबिल टी.वी. की अवधारणा तो कम्प्यूटर के बिना संभव ही नहीं। मनोरंजन में कम्प्यूटर के कुछ उपयोग निम्नलिखित हैं।

- ➢ संगीत की सी.डी. तैयार करने में।
- ➢ सी.डी. प्लेयर पर संगीत सुनने में।
- ➢ फिल्मों के निर्माण एवं संपादन में।
- ➢ टेलीफोन धारावाहिकों के निर्माण व संपादन में।
- ➢ कम्प्यूटर पर फिल्में दखने में।
- ➢ कार्टून फिल्में बनाने में।
- ➢ फिल्मों में विशेष प्रभाव पैदा करने में।
- ➢ रेडियो व टेलीफोन प्रसारण में।
- ➢ कम्प्यूटर गेम खेलने में।

कम्प्यूटर पर इंटरनेट भी मनोरंजन के कई विकल्प उपलब्ध करा रखे हैं, जैसे आनलाइन फिल्में देखना, यू-ट्यूब पर धारावाहिक देखना, इंस्टाग्राम पर फोटो डालना, फेसबुक पर चेट करना गा फिर आनलाइन गेम्स खेलना। तरह-तरह के गेम्स कंपनियों द्वारा बनाए जाते रहे हैं।

वर्तमान स्थिति में देखें तो केन्डीक्रश, आनलाइन रमी, क्रिमनलज केस और फार्मविले बहुत ही प्रसिद्ध गेम्स हैं।

5. संचार क्षेत्र में कम्प्यूटर का उपयोगा

कम्प्यूटर के आगमन से पहले क्या कोई 'वैश्विक गाँव' जैसी अवधारणा पर विश्वास कर सकता था? अपने कम्प्यूटर के आगे बैठे-बैठे संप्रेषण, भाषा, दूरी और समय के अवराधों पर विजय पा लेना वास्तव में एक युगांतकारी घटना है। अपनों से बिना किसी व्यवधान के वेबकेम पर आमने-सामने बैठकर बात करना चाहे वह आपसे करोड़ो मील दूर दुनिया के किसी भी कोने में बैठे हों, यह एक ऐसी अकल्पनीय अवधारणा थी, जिसके बारे में कुछ वर्षों पूर्व सपनों में भी कल्पना नहीं की जा सकती थी। संचार का कोई भी माध्यम से कम्प्यूटर कहीं माध्यम तो कहीं सम्पूरक बनकर उभरा है। संचार के क्षेत्र में कम्प्यूटर योगदान इस प्रकार है:

- ➤ ई-मेल द्वारा संपर्क स्थापित करना।
- ➤ ई-मेल द्वारा पत्र या आवेदन पत्र भेजना।
- ➤ इंटरनेट के द्वारा किसी संस्था विशेष के बारे में जानकारी प्राप्त करना।
- ➤ टेलीफोन एक्सचेंजों का संचालन व नियंत्रित करना।
- ➤ मोबाइल फोन सेवा का संचालन व नियंत्रित करना।
- ➤ संचार उमग्रहों के प्रक्षेण में कम्प्यूटर का उपयोग।
- ➤ संचार उपग्रहों को नियंत्रित करने में।
- ➤ टेलीविजन के प्रसारण में।
- ➤ रेडियो कार्यक्रमों के प्रचारण में।

इस सभी उपयोगो के अलावा जहाँ कम्प्यूटर मानव की दृश्य, एवं श्रव्य इंद्रियबोधक क्षमता को अपना चुका है, वहीं भविष्य में वैज्ञानिक ऐसे सॉफ्टवेयरस बनाने में प्रयासरत हैं जिनकी सहायता से गंध को भी कम्प्यूटर के द्वारा विश्व के एक कोने से दूसरे कोने तक भेजा जा

सकता है। तात्पर्य यह है कि अब गुलाब की सुगंध दूर बैठे अपने प्रियों को भेजना कोई असाध्य काम नहीं रहेगा। यह भी असाध्य नहीं कि कम्प्यूटर की कृत्रिम बुद्धि किसी दिन अपने अंदर सब इंट्रीयबोधक क्षमता विकसित करके मनुष्य का बराबरी का सहचार बन जाए।

परिवहन में कम्प्यूटर का प्रयोग

किसी भी क्षेत्र, राज्य या राष्ट्र के विकास में उसकी परिवहन व्यवस्था बड़ी महत्त्वपूर्ण होती है। जहाँ इसकी आवश्यकता क्षेत्रीय व्यापार में होती है, वहीं अंतराष्ट्रीय आयात-निर्यात में भी परिवहन उतना ही महत्त्वपूर्ण है। परिवहन एक आधुनिक सेतु है, जो विभिन्न संस्कृतियों को, समाजों को एवं पृथक-पृथक उत्पादों के उत्पादक देशों को जोड़ता है। इस आदान-प्रदान एवं आवगमन से विकास के द्वार खुलते हैं।

रेलवे टिकट बुकिंग व रिजर्वेशन का काम अब कम्प्यूटर ने संभाल लिया है। विकसित देशों में ट्रॉफिक सिगनलिंग (Traffic Signalling) का कार्य भी कम्प्यूटर कर रहे हैं।

इसके अलावा चाहे हवाई जहाज से संपर्क करना हो या ट्रेन से सब से संपर्क कम्प्यूटर से ही साधा जाता है, बल्कि इनको चलाने में, इनकी समय सारिणी का पालन एवं निर्धारण में सभी कार्यों में कम्प्यूटर की ही केन्द्रीय भूमिका रहती है।

यह कम्प्यूटर के कुछ उपयोग थे। परंतु कम्प्यूटर के उपयोग यहीं तक सीमित नहीं हैं। डार्विन की थ्योरी में पाए जाने वाले जीवाणुओं से लेकर अंतररिक्ष में हो रही हलचल तक को केवल कम्प्यूटर ही साक्षात एवं मूर्त-रूप प्रदान कर सकता है। इसकी उपयोगिता को किसी उपशीर्षक भर में नहीं आंका जा सकता बल्कि यह एक अलग शोध का विषय है। परंतु इस कुछ उपयोगों से कम्प्यूटर की उपयोगिता भली-भांति प्रतिपादित होती है।

संदर्भ

1. संतोष गोयल, कम्प्यूटर एक सरल अध्ययन, **2005**, पृ0 **12**

2. En.wikipedia/org/wiki/compute

3. डा. एस.के. शर्मा, कम्प्यूटर एवं पुस्तकालय नेटवर्क, **1998**, पृ0 **11**

4. Anju Sindu, Computer Fundamental in C Programming, 2008, P-2

5. डा. एस.के. शर्मा, कम्प्यूटर एवं पुस्तकालय नेटवर्क, **1998**, पृ0 **12**

6. Alex Leon, Mathews leon-internet for everyone-, leon press, Chennai and Vikas Publishing House, New Delhi, 1997, P-1

7. विनोद कुमार मिश्र, आधुनिक कम्प्यूटर विज्ञान, आलेख प्रकाशान, दिल्ली, **2012**, पृ0 **7**

8. वही, पृ0 **8**

9. गुंजन शर्मा, कम्प्यूटर बेसिक शिक्षा, ठाकुर एंड संस, दिल्ली, **2011**, पृ0 **14**

10. विनोद कुमार मिश्र, आधुनिक कम्प्यूटर विश्रान, आलेख प्रकाशन, दिल्ली, **2012**, पृ0 **9**

11. गुंजन शर्मा, कम्प्यूटर बेसिक शिक्षा, ठाकुर एंड संस, दिल्ली, **2011**, पृ0 **14**

12. विनोद कुमार मिश्र, आधुनिक कम्प्यूटर विज्ञान, आलेख प्रकाशन, दिल्ली, **2012**, पृ0 **10**

13. Bits and Bytes, by IBM Staff, Fourth Edition 1995, P-19

14. Anju Sindhu, Computer Fundamental in C programming, 2008, P-6

15. विनोद कुमार मिश्र, आधुनिक कम्प्यूटर विज्ञान, आलेख प्रकाशन, दिल्ली, **2012**, पृ0 **11**

16. संतोष गोयल, कम्प्यूटर एक सरल अध्ययन, **2005**, पृ0 **19**

17. वही

18. वही,

19. वही, पृ0 **20**

20. En.Wikipedia/org/wiki/glossary-of-computer-terms

21. En.Wikipedia/org/wiki/computer

22. गुंजन शर्मा, कम्प्यूटर बेसिक शिक्षा, ठाकुर एंड संस, दिल्ली, **2011**, पृ0 **50**

23. विनोद कुमार मिश्र, आधुनिक कम्प्यूटर विज्ञान, आलेख प्रकाशन, दिल्ली, **2012** पृ0 **32**

24. En.Wikipedia/wiki/glossary-of-computer-terms

25. संतोष गोयल, कम्प्यूटर एक सरल अध्ययन, **2005**, पृ0 **134**

26. विनोद कुमार मिश्र, आधुनिक कम्प्यूटर विज्ञान, आलेख प्रकाशन, दिल्ली, **2012** पृ0 **38**

27. रामबंसल विज्ञाचार्य, कम्प्यूटर सामान्य ज्ञान एवं यूज़र गाइड, वाणी प्रकाशन, नई दिल्ली, **2010**, पृ0 **35**

28. विजय कुमार मल्होत्रा, कम्प्यूटर के भाषिक अनुप्रयाग, वाणी प्रकाशन, नई दिल्ली, **1998**, पृ0 **48**

29. वही, पृ0 **49**

30. विनोद कुमार मिश्र, आधुनिक कम्प्यूटर विज्ञान, आलेख प्रकाशन, दिल्ली, **2012**, पृ0 **41**

31. help.expendiment.net/general/computer-parts.sntmls

32. रामबंसल विज्ञाचार्य, कम्प्यूटर: सामान्य ज्ञान एवं यूज़र गाइड, वाणी प्रकाशन, नई दिल्ली, **2010**, पृ0 **171**

33. देतेन्द्र सिंह मिन्हास, डायनैमिक मेमोरी कम्प्यूटर कोर्स, डायगण्ड पॉकेट बुक्स, दिल्ली, **2012**, पृ0 **13**

34. गुंजन शर्मा, कम्प्यूटर बेसिक शिक्षा, ठाकुर एंड संस, दिल्ली, 2011, पृ0 70

35. help.expendiment.net/general/computer-parts.sntsml

36. विनोद कुमार मिश्र, आधुनिक कम्प्यूटर विज्ञान, आलेख प्रकाशन, दिल्ली, 2012, पृ0 48

37. संतोष गोयल, हिंदी भाषा और कम्प्यूटर, श्री नटराज प्रकाशन, दिल्ली, 2008, पृ0 143

38. वही

39. वही, पृ0 149

40. वही, पृ0 151

41. गुंजन शर्मा, कम्प्यूटर बेसिक शिक्षा, ठाकुर एंड संस, दिल्ली, 2011, पृ0 32

42. विनोद कुमार मिश्र, आधुनिक कम्प्यूटर विज्ञान, आलेख प्रकाशन, दिल्ली, 2012, पृ0 143

43. देवेन्द्र सिंह मिन्हास, डायनैमिक मेमोरी कम्प्यूटर कोर्स, डायमण्ड पाकेट बुक्स, दिल्ली, 2012, पृ01

44. सुरेश, ललित, कम्प्यूटर का सहजबोध, दिवि इंटरनेशल, दिल्ली, 2003, पृ0 29

45. गुंजन शर्मा, कम्प्यूटर बेसिक शिक्षा, ठाकुर एंड संस, दिल्ली, 2011, पृ0 35

46. वही, पृ0 35

47. संतोष गोयल, हिंदी भाषा और कम्प्यूटर श्री नटराज प्रकाशन, दिल्ली, 2008, पृ0 151

कम्प्यूटर के भाषिक अनुप्रयोग

4.1 भाषा विज्ञान में कम्प्यूटर की आवश्यकता

संप्रेषण एक ऐसी प्रक्रिया है, जिसके द्वारा किसी अन्य व्यक्ति के व्यव्हार को प्रभावित किय जा सकता है, एवं केवल मनुष्य ही वह जीवन है, जो भाषा का उपयोग करने में सक्षम है। विकसित होने के लिए मनुष्य ने भाषा का प्रयोग विचारों एवं सूचनाओं का आदान-प्रदान करने के अलावा रचनात्मकता हेतु भी किया। यही विचार, सूचनाएं एवं रचनात्मकता मनुष्य को सामाजिक बनाने के साथ-साथ उसकी संस्कृति एवं उसके बीच सेतु का कार्य करते रहे। एवं सांस्कृतिक मूल्यों को अनुवांशिक रूप से आगे बढ़ाते रहा।

सूचना एवं ज्ञानार्जन का यह उन्मेष किसी भी विकासशील राष्ट्र के लिए आर्थिक रूप से स्वालम्बित होने के लिए अत्यन्त आवश्यक है, इसके साथ ही वह सामाजिक एवं मानवीय मूल्यों का आदान-प्रदान करने का एक महत्त्वपूर्ण स्रोत है। और यह पूरी प्रक्रिया भाषा को माध्यम बनाये बिना असंभव है। निष्कर्षतः किसी भी देश का विकसित होना इस पर निर्भर करता है कि वह देश अपनी भाषा के लिए क्या नीतियाँ अपनाता है। कोई राष्ट्र जितना अधिक अपनी भाषा को संप्रेषणात्मक, तकनीकी रूप से दक्ष, एवं विश्व पटल पर उपब्लध बनाता है, उस देश की विकास-दर उतनी ही अधिक होगी।

विकास की इसी होड़ में बने रहने के लिए ही प्रत्येक देश अपनी भाषा के तकनीकीकरण करने के निित नवीन प्रयास करता रहा है। कम्प्यूटर के आगमन के परचात् सभी भाषाओं को विश्वत्र-पटल के समक्ष रखने का समान अवसर मिला। इन्टरनेट ने भिन्न भाषाओं को एक धरातलपर

लाकर सम्पूर्ण-जगत को "वैश्विक गाँव" की अवधारणा को साकार होने का अवसर प्रदान किया।

तकनीक को सहचर बनाकर मनुष्य ने समय, स्थान एवं भाषाओं के बंधनों से मुक्ति पाली और किसी भी समय, स्थान एवं भाषिक समाज के व्यक्ति से संप्रेषण करना सरल हो गया। यह बहुभाषी समाजों का संप्रेषण एक नवीन भाषा का संप्रेषण करने की ओर अग्रसर है। इंटरनेट वर्तमान कालिक समाज का एक अभिन्न अंग बन गया है, हर क्षेत्र में इसका उपयोग दिन-प्रतिदिन बढ़ता जा रहा है। भाषा वैज्ञानिक भी इसका प्रयोग अपने मध्ययन के लिए करते हैं। हाँलांकि अभी भी अनेक भाषाएँ इटरनेट पर नहीं हैं, पर प्रतिदिन भाषा-वैज्ञानिक नित नवीन प्रयास कर रहे हैं, कि हा भाषिक समाज के लिए इंटरनेट पर नये अनुप्रयोग तैयार किये जाएँ।

शब्द संसाधन (Word Processing) भाषा संसाधन का आरंभिक और महत्त्वपूर्ण सोपान है, इसके मुख्यतः तीन स्रोत हैं। अंकीय निरूपण (Digital Representation) कुंजीयन और मुद्रण।

यह कार्य प्रणाली बाइनरी (Binary Code) पर आधारित होती है, इसके अंतर्गत हर अक्षर को एक द्वि-आधारी कोड प्रदान किया जाता है, (जो कि 0 एवं 1 पर आधारित होता है। 0 एवं 1 विद्युत करंट के प्रवाह के आधार पर प्रदान किये जाते हैं, जहाँ 0 का अर्थ विद्युत सिग्नल का न आना एवं 1 का अर्थ विद्युत सिग्नल का प्रवाह होता है, क्रमशः)

आरंभ में रोमन लिपि को लिखने हेतु उनकी आस्की (ASCII-American Sladard Code for Information Interchange) निर्धारित किये गये। रोमन लिपियाँ कम्प्यूटर में लिखने हेतु आस्की-7 कोड का प्रयोग किया जाता था। परन्तु रोमनेतर एवं भारतीय भाषाओं को कम्प्यूटर के सक्षम बनाने के लिए न्यूनतक 8 संख्या के द्वि-आधारी कूट की आवश्यकता थी। इस आवश्यकता ने इस्की 8 नाम के 8 संख्या के द्वि आधारी कूट को जन्म दिया, जो कि रोमनेतर एवं भारतीय भाषाओं के कम्प्यूटर में समाहित करने हेतु प्रयोग में लाया गया।

भारत सरकार ने इस्की '8 (ISCII) कोड का निर्माण किया, अर्थात् यह कोड़ सात बिट ने होकर आठ बिट का था। इस कोड द्वारा ब्राह्मी लिपि पर आधारित सभी भारतीय भाषाओं पर काम किया जा सकता है।

इस्की (ISCII) का पूर्ण रूप इंडियन स्क्रिप्ट फार स्टैनडर्ड कोड आफ इन्फोरमेशन इन्टरचेंज (Indian Script for Standard Code of Information Interchange) है।

रोमनेतर लिपियों को बनावट में बहुत भिन्नता होती है, यहाँ तक कि उनकी लिखने का क्रम भी अलग-अलग होता है। केवल एशियन भाषाओं पर दृष्टि डालने पर सहज ही इस बात को समझा जा सकता है। जहाँ कुछ भाषाएं बांए से दांए की तरफ लिखी जाती हैं, वहीं कुछ भाषाएं दांए से बांए एवं ऊपर से नीचे लिखी जाती हैं। यही मुख्य कारण रहा कि, रोमनेतर भाषाओं के लिए नवीन कोड प्रणाली बनाने की आवश्यकता हुई।

इसके पश्चात् विभिन्न शब्द संसाधन पैकेज बनाए गए, जो कि बहुभाषिक थे, यह भाषा को संसाधित करते थे। परन्तु शब्दों का संश्लेषण एवंविश्लेषण करने में यह असक्षम थे। इस स्थिति से निपटने के लिए अनुभाषक (Compiler) तैयसार किये गए।

A compiler is a compute program (or a set of programs) that transform source code written in a programming language (the source language) in to anther computer language (The targate language) with latter after hawing beniary for converting a source code is to greate an executable program.

परन्तु कम्पाइलर के आने के पश्चात् भी शब्द संसाधन का कार्य इतना सुगम न हो सका, जहाँ तक प्रश्न था, हिन्दी शब्द संसाधन का तो आई0 आई0 टी0 (कानपुर) ने इस दिशा में उल्लेखनीय प्रयास किया। उसने जिस्ट (GIST) नामक डार्डवेयर बनाया, जिससे हिन्दी शब्द संसाधन कार्य अत्यंत सरल हो गया।

तत्पश्चात् आई.आई.टी (I.I.T.) कानपुर ने 'जिस्ट' (Gist-Graphic and Indian Script Termina) तकनीक पर एक हार्डवेयर का विकास किया, जिसके माध्यम रोमन लिपि तथा भारतीय भाषाओं की लिपियों द्वारा पाठ का संसाधन व कुँजीयन किया जाना संभव हुआ।

जिस्ट की खोज को काफी समय हो गया, इस बारे में विवरण हमें CDAC (Center for Development of Advanced Computing) की बेवसाइट पर मिलता है, जो किइस प्रकार है।

The Initial development started in 1983 at I.I.I.- Kanpur for an Integrated Devnagri Terminal. This was a DOE (Department of Electronic) sponsored project. The terminal, demonstrated in 1986, during Veshwa Hindi Sammelan at Delhi, was a break thourgh in technology. Later in 1988, C- DAC took it upas a development of society relevant language technology.

कई संस्थाएं डेक्सटाप प्रकाशन के लिए जिस्ट तकनीक का प्रयोग कर रही हैं, एवं अभिज्ञान (Optical character reader) एवं वाक् संश्लेषित को लेकर भी नवीन संभावनाएँ दिखाई देना लगी हैं। हिन्दी में इन दोनों अनुप्रयोगों की स्थिति अभी बहुत विकसित नहीं है। परन्तु निरंतर इन दोनों अनुप्रयोगों को पूर्णत: सक्षम बनाने के लिए तकनीशियन एवं भाषाविद् प्रयासरत हैं।

उपर्युक्त विवेचन स्पष्ट है कि, संगणक के तौर पर आविष्कृत यंत्र अब भाषित-संप्रेषण एवं शिक्षण का सूत्राधार बनकर उभर रहा है। भाषा वैज्ञानिक अध्ययन के लिए कम्प्यूटरों का प्रयोग प्रमुख क्षेत्रों में किया जा रहा है।

    i.   डाटा संचय (Data Collection)
   ii.   लिप्यंतरण
  iii.   मशीनी अनुवाद (Madiane Translation)
  iv.   भाषा शिक्षण

i. डाटा संचय, जिस प्रकार किसी भी मनुष्य को किसी भाषा का ज्ञान लेना के लिए, उसके शब्द याद करने के लिए, शब्दकोश की सहायता लेती पड़ती है, एवं उस भाषा के शब्दों को अपनी स्मृति में समाहित करना पड़ता है, उसी प्रकार कम्प्यूटर में भी शब्दकोश निर्माण करने के पश्चात् उस शब्दकोश को कम्प्यूटर की स्मृति में सुरक्षित करना पड़ता है।

सर्वप्रथम कम्प्यूटर में समाहित करने हेतु किसी भाषा क शब्द कोश निर्माण किया जाता है। कोश निर्माण हेतु तीन प्रमुख प्रकार्य हैं।

(क) शब्द संचय

(ख) अनुक्रमणिका (Index)

(ग) समनुक्रमणिका (Concordnace)

(क) शब्द संचय

शब्दकोश निर्माण के लिए वर्ड-प्रौसेसिंग के माध्यम से पृथक भाषाओं के शब्दों को कुंजीयन की सहायता से कम्प्यूटर में निविष्ट किया जा सकता है।

कुंजीयन एक माध्यम है, जिसके द्वारा की (बटन) दबाकर भेजे गए डिजिटल संदेशों से जुड़े शब्द अथवा अक्षर को एनालाग चैनल पर प्रसारित करना है।

यहाँ पहले कुंजीयन के द्वारा अपेक्षित पाठों की संपूर्ण सामग्री का निवेश कियसा जाता है, जिससे अधिकारी आवृत्ति वाले शब्दों की सूची तैयार की जाती है। अगर हमें किसी शब्द को मूल शब्द के तौन पर अंकित करना होता है, तो निविष्ट करने के पश्चात् उस शब्द को कोई ऐसा चिह्न लगा दिया जाता है, जिससे कम्प्यूटर उसे स्वतंत्र शब्द सत्ता मानकर स्वीकार कर लेता है।

व्युत्पन्न शब्दों के निर्माण और अन्वय के लिए भी तार्किक श्रृंखला बनाकर कुछ नियमों को क्रमादेश (Program) के रूप में कम्प्यूटर को सिखाया जा सकता है। इससे मूल धातु, उपसर्ग और निपात के रूप में शब्दों का अन्वय और फिर संधि और समास किया जा सकेगा।

(ख) अनुक्रमणिका (Index)

किसी भी कोश की विशेषता यह होती है कि, उसमें शब्द वर्णमाला के अनुसार वर्णनीय क्रमानुसार लगाये जाते हैं, जिससे पाठक सरलता से वांछित शब्द ढूंढ सके। क्रमानुसार लगाये जाते हैं, जिससे पाठक सरलता से वांछित शब्द ढूंढ सके। क्रमानुसार वर्णों का ज्ञान होने भर से पाठक बहुत कम समय में शब्दकोश में अपना शब्द तलाश कर सकता है, शब्दों को वर्णमाला के क्रम अनुसार लगाना एक दुष्कर एवं बहुत होनेवाला कार्य है। पूर्वतरू जब कम्प्यूटर नहीं थे, तो इस कार्य का करने में वर्षों लग जाते थे, इस कार्य को करने की प्रक्रिया ही इन्डेक्सिंग एवं वर्णों द्वारा क्रमबद्ध लगे हुए शब्द इंडेक्स (Index) कहलाते हैं।

कम्प्यूटर सांइस में इंडेक्सिंग का अर्थ कुछ इस प्रकार है।

Index (Publiction), a detail list, usvatly arranged alphabeticaly, of specific information in a publication.

Array Index, an Intger pointer (into an array data staudause) that Identifies and ele-----of array

अर्थात् Array Index की सहायता से कम्प्यूटर क्रम-विन्यस द्वारा छंटाई (Sort) करता है, जिससे केवल एक कुंजी दबाने से क्षण भर में पूरा शब्दकोश क्रमानुसार लग जाता है। यह सुविधा अधिकांश शब्द संसाधन पैकेजों में प्रदान की जाती है।

(ग) समनुक्रमणिका (CONCORDANCE)

हर शब्द का अर्थ अलग-अलग संदरभों में भिन्न-भिन्न होते हैं। एक-एक शब्द के कई पर्यायवाची होते हैं, एवं पारिभाषिक शब्दों की पूरी

परिभाषाएं होती हैं। तात्पर्य यह है कि शब्द की सत्ता बहुमुखी है, इसलिए केवल शब्दों का अनुक्रमणिका बनाने भर से कम्पयूटर में कोश एवं व्याकरणिक ढाँच समाहित करने का कार्य पूर्ण नहीं हो जाता हो जाता ऐसे में आवयकता पड़ती है, समनुक्रमणिका की, इसमें पर्यायवाची कोश या थिसारस आदि के सृजन हेतु अर्थों के समूहों में बाँटनी पड़ती है, और इसके लिए हर अर्थ समूह की अलग समनुक्रमणिका बनानी पड़ती है।

A concordance is more than index, additional material. Such as commentery. Difinitions and topical cross- indexing make producing then a labour intensive process, ever when assisted by computer.

अर्थात् समनुक्रमणिका में अनुक्रमणिका की तुलना में अधिक विवरण होता है, इसमें शब्द के बारे में टिप्पणियाँ, परिभाषाएँ एवं पर्यायवाची शब्द होते हैं, जो कि शब्दकोश को अधिक समर्थ एवं कम्प्यूटर को शब्द संधाधन के के हेतु अधिक सक्षम बनाते हैं।

3. लिप्यंतरण

लिप्यंतरण के लिए आस्की एवं इस्की कोड प्रणाली का प्रयोग किया जाता है, जिसका विविरण उपर्युक्त पंक्तियों में दिया जा चुका है। आस्की कोड जहाँ केवल रोमन लिपि के लिप्यंरण के लिए सहायक थे, परंतु इस्की कोड प्रणाली ने भारतीय लिपियों के भी लिखने की सुविधा प्रदान की।

Transliteration is the Conversion of a text form one script to another.

अर्थात् एक लिपि को दूसरी लिपि में परिवर्तित करना ही लिप्यंतरण है।

सिस्टामैटिक लिप्यंतरण एक लिपि से दूसरी लिपि में करने की लेखन प्रणाली है, यह लेखन ग्राफीम से ग्राफीम में परिवर्तित होता है।

किसी भी भाषा का पाठक इस सुविधा से मनचाही लिगि गें लेखन कर सकता है, इस सुविधा से भिन्न भाषिक समाजों के लिए किसी भी

भाषा का लेखन करने एवं उसे संश्लेषण, विश्लेषण और संसाधन कार्य कम्प्यूटर की सहायता से सरलतापूर्वक किया जा सकेगा।

4. मशीनी अनुवाद (Machine translation)

टनुवाद एक गूढ़ प्रक्रिया है, अनुवाद केवल शब्दार्थ नही, अनुवाद भाव अनुवाद है, शब्दों में समाहित प्रच्छन्न अथ्र का अन्वेषण है, उच्चारण के संवेग में छिपा भाव समझने की प्रक्रिया है। इसलिए मशीनी अनुवाद की अपनी सीमाएं हैं, वह केवल शब्दार्थ तक ही सीमित रही, वह भी मनुष्य पर निर्भर होने के पश्चात् क्योंकि कम्प्यूटर में शब्दकोश एवं व्याकारणिक नियमों को समाहित करना मनुष्य के ही हाथ में है। दूसरी सीमा यह है कि, कम्प्यूटर में कोई शब्द निविष्ट करने पर कम्प्यूटर एक ही अर्थ देता है, जबकि वास्तविक स्थितियों में यह अलग हो सकता है, जैसे मैं आजकल घर पर बैठा हूँ" का अंग्रजी में मशीनी अनुवाद होगा कि, "Now-a-day. I am sitting at home" जब कि वास्तविक स्थिति में यह बेरोजगारी या Unemployment सूचक है। इसलिए मशीनो अनुवाद में पहले और बाद में मनुष्य को ही त्रुटियाँ निकाल कर उसे शुद्ध करना पड़ता है।

Machine translation is translation of text by a computer, with no human involvement. Pionened in the 1950,s, Machine translation can also be reffered as automated translation, automatic or Instant translation.

तात्पर्य यह है कि अगर अनुवाद विशुद्ध मशीनी है, तो इसके लिए आवश्यक है शब्दर, अर्थ भाव, विचार एवं वाक्य विन्यास कम्प्यूटर में पहले से निविष्ट होना चाहिए, जो कि एक असंभव कर्य है विशेषतः मशीन में एवं विचार काप समावेश कल्पित बौद्धिक क्षमता का ही कार्य है।

विश्व की जिन प्रमुख अनुवाद के प्रयोग सीमित रूप से सफल भी हुए हैं। वे भी प्रमुखतः वैाज्ञिक अनुवाद के संदर्भ में ही सफल हुए हैं, क्योंकि वैज्ञानिक भाषा में संदिग्धता की गुंजाइश नहीं रहती और उनके कथन अभिधात्मक ही होते हैं, किन्तु साहित्यिक भाषा मुख्यतः लक्षण और व्यंजनापरक होती है, इसलिए उसमें मशीनी अनुवाद की सफलता संदिग्ध है।

अनुवाद करने की प्रक्रिय के आधार इसे दो प्रकार में विभाजित किया गया है।

1. एक ही भाषिक परिवारों की भाषाओं का परस्पर अनुवाद
2. भिन्न-भिन्न भाषिक परिवार की भाषाओं का एक-दूसरे में अनुवाद

छूसरी स्थिति में कार्य कठिन हो जाता है, क्योंकि रचना के अनुवाद के लिए उपर्युक्त शब्द, भाव एवं वाक्य-विन्यास ढुंढ पाना कठिन होता है, इसका कारण यह है, हर भाषा परिवार का व्याकरणिक ढांचा होता है।

There are two types of machine translation system: rules based and statistical. Rule based systems use a combination of language and grammar rules plus dictionaries for common word. Specialist dictoniaries are created to focus on certainindustriesand desiplines.

Rule based systems typically deliver consistent translation with accurate terminology when trainedwith specialist dictionaries.

Statistical systems have no knowledge of languages urles. Instead, they "learn" to translate by analysing large a mount of data for each language pair. They can be tranined for specifice industries or discipline using additional data relevant to the secotor needed typically statistical systems delivers more fluent sounding but less consistent translations.

परन्तु मशीनों अनुवाद को अधिक सक्षम बनाने के प्रयास जारी हैं, जिनके अंतर्गत अर्थ, वाक्य एवं संदर्भ की प्रक्रिया समझने में कृत्रिम बुद्धि और अधिक सक्षम हागी। इससंदर्भ में चंतेमत(पद-निरूपित्र) का कार्य उल्लेखनीय है, जो पूर्व में निविष्ट वाक्य संरचना से तुलना करने के पश्चात् नवीन वाक्य की संरचना को पुनर्गठित कर उसे त्रुटि रहित बनाता है। शब्द संचय (Data Base **वित** Texican) इस कार्य में पारसर की सहायता करता ह। भविष्य में सिमेनटिक बेव नामक अनुप्रयोग भाषाविदों के लिए अत्यंत सहायक सिद्ध होगा। जिसमें किसी भी वाक्य को सक्षमक र उसके हर पद, शब्द, अर्थ, विचार एवं संदर्भ को समझते हुए वाक्य का पद निरूपण करने की क्षमता होगी। हर भाषा का व्याकरणिक ढाँचा उसमें समाहित होगा, जिससे वह हर भाषा के वाक्य को व्याकरणिक रूप से शुद्ध कर सके। यानि स्पष्टतः

अनुवाद को पूर्ण से करने के लिए हमें लक्ष्य भाषा एवं स्रोत भाषा का विशद् शब्द भण्डार, विभिन्न संदर्भ में शब्दों के अर्थ, वाक्यपरक विशिष्टताएँ, व्याकरणिक विशिष्टताएँ, पद निरूपण, एवं व्याकरणिक ढाँचों को कम्प्यूटर में पूर्वतः निविष्ट करना हागा।

5. भाषा शिक्षण

शैक्षिक प्रोग्राम या क्रमादेश का निर्माण कम्प्यूटर को भाषा शिक्षण में सक्षम बनाता है। इस प्रोग्राम के अंतर्गत सीखी जानेवाली पाठ्य सामग्री, प्रश्नोत्तरी चित्र को उपलब्ध कराया जाता है। जिसके द्वारा भाषा विक्षण का कार्य सम्पन्न होता है।

डसके लिए संलेखन प्रणाली प्रयुक्त होती है।

A authoring system is a program that has pre-programmed element for the development of interactive multimedia software tittes. Authoring systems systems can be defined as software that allows its users to create multimedia application for manipulating multimedia object.

इसमें दृश्य एवं श्रृव्य उपकरणों का प्रयोग किया जाता है, क्योंकि भाषा शिक्षण के लिए तथ्यों का संप्रषित होना आवश्यक होता है। इन्ही उपकरणों का उपयोग संलेखन प्रणाली के द्वारा किया जाता है। यह प्रक्रिया क्रमादेश, संलेखन भाषाएं एवं संलेखन क्रमादेश के संयोजन के द्वारा सृजित होती है।

वर्तमान काल में वाक्-संशलेषित (Speech Synthesijer) का प्रयोग भाषा शिक्षण में किया जाने लगा है।

Speech synthesis is the artificial production of human speech. A computer system used for this purpose is called a speech computer or speech synthesizerand can be implemented in software or hardware products. A text-to-speech (TTS) systemconwerts wormal language text into speech; other systems render symbolic linguistic represenlation phonetic transcription in to speech.

निष्कर्षतः भाषा-विज्ञान के अध्ययन के लिए कम्प्यूटर संपूर्ज्रतः उपर्युक्त है एवं इसने भाषा-विज्ञान के क्षेत्र में अध्ययन, विश्लेषण,

संश्लेषण एवं संसाधन के क्षेत्र में नवीन आयाम विकसित किये हैं। भाषा-शिक्षण एवं भाषिक अनुप्रयोगों के द्वारा भाषा-विज्ञान का अभीष्ट अंग बनने को अग्रसर है।

4.2 देवनागरी लिपि और कम्प्यूटर भाषा

देवनागरी लिपि और कम्प्यूटर भाषा को लिखित रूप में अंकित करने हेतु चिह्नों का विकास हुआ, हर ध्वनि के लिए एक चिह्न, इन्हीं चिन्हों के मानक रूप को लिपि कहा जाता है। देवनागरी भी इसी प्रकार की एक लेखन पद्धति है। देवनागरी लिपि का उद्भव कुछ वाड्मीमांसक एवं भाषाविद् ब्रह्मलिपि से मानते हैं। और लिपियों की तरह इस लिपि पर भी पाश्चात्य विद्वानों ने काफभ् चिन्तन व अध्ययन कियास। इस संदर्भ में कुछ मत प्रस्तुत हैं।

मोनियर विलियम्स (1859) का तो यहाँ तक कहना है कि यदि सम्पूर्णता में देखा जाय तो यह लिपि प्रत्येक वर्ण के स्तर पर सर्वाधिक पूर्ण एवं व्यवस्थित है। यदि देवनागरी का कोई दोष है, तो यह कि यह दोष-रहित है, आज कि उपयोगितावादी युग में सभी व्यवहारिक प्रयोजनों के लिए यह सर्वाधिक पूर्ण लिपि है। इसी प्रकार का गौरव देते हुए लैम्बर्ट (1953) तथा पोरिज़्का (1963) देवनागरी को नियमबद्धता एवं स्पष्टता के धरातल पर विश्व की अन्य सभी उपलब्ध लिपियों की तुलना में रेष्ठ मानते हैं।

तात्पर्य कि विश्व की अन्य लिपियों की तुलना में देवनागरी लिपि वाक्य, व्याकरणिक संरचना एवं ध्वनियों की दृष्टि से अधिक सुनियोजित एवं वैज्ञानिक है। अक्षरों की बनावट से उच्चारण की दृष्टि तक से पूर्णतः आज के तकीकी युग की अवश्यकताओं से तालमेल बिठाने में सक्षम है।। यही मुख्य कारण है कि, देवनागरी को केवल हिन्दी नले ही लिपि के रूप में नहीं अपनाया अपितु कई भाषाओं ने देवनागरी लिपि को स्वयं की पहचान बनाया।

हमारी कई भाषाएँ एक ही लिपि में लिखी जाती हैं। जैसे संस्कृत, नेपाली, मराठी आदि भाषाएँ दविनागरी लिपि में लिखी जाती हैं। कड्र

लिपियाँ अलग होने के बावजूद बहुत कुछ समान हैं। जैसे देवनागरी और गुजराती या कन्नड़ और तेलुगू लिपियाँ।

यह समानता देवनागरी लिपि की किकास-प्रक्रिया काल क कारण्या आई है। अधिक से अधिक लोगों ने देवनागरी लिपि को कदाचित् इस कारण अपनाया क्योंकि यह धार्मिक प्रचार की लिपि रही। इससे पूर्व ब्रहमी लिपि ही संस्कृत एवं प्राकृत भाषाओं के लिए प्रयोग में लाई जाती थी। परन्तु देवनागरी लिपि के आदर्श एवं वैज्ञानिक स्वरूप के कारण इसे अभूतपपूर्व ख्याति प्रापत हुई।

यही कारण था कि खरोष्ठी आदि अनेक-अनेक लिपियों के रहते हुए भी बौद्ध तथा जैन धर्म के प्रचारकों ने इसे ही अपने धर्म के प्रचार और ग्रंथों के निर्माण का प्रमुख माध्यम बनाया।

देवनागरी का प्रारम्भिक स्वरूप आठवीं-नवीं शताब्दी के मध्य में उपलब्ध होता है। एवं विशेष तथ्य यह है कि, इस लिपि का उद्भव तो उत्तर में हुआ, परन्तु इस लिपि में प्राचीन लेख दक्षित में भी पाए जाते हैं।

इससे स्पष्ट है कि देवनागरी लिपि के उद्भव के साथ ही इसकी ख्याति सम्पूर्ण भारत में फैल गयी। तात्पर्य कि जहाँ उत्तरी भारत में देवनागरी लिपि के लेख दवसीं शताब्दी से मिलते हैं, वहीं दिक्षिण भारत में प्राचीनतम लेख आठवीं शताब्दी में मिलते हैं। यह तथ्य देवनागरी लिपि की लोकप्रियता का साक्षात प्रमाण है।

छसवीं शताब्दी से बारहवीं शताब्दी के बीच, इसी प्राचीन नागरी से उत्तर भारत की अधिकांश आधुनिक लिपियों का जन्म हुआ, जिनमें से एक लिपि वर्तमान देवनागरी या नागरी भी है, जो अपने व्यापक प्रचार एवं अपनी विशिष्ट वैज्ञानिक विशेषताओं के कारण वर्तमान युग में भारत की नागरी लिपि बनी हुई है।

परन्तु एफ प्राचीनतम लिपि होने के साथ-साथ इसकी वैज्ञानिकता के संदर्भ में सभी विद्वान एक मत हैं, चाहे वाक्य विन्यास हों, शब्दों की

बनावट हो या वर्ण व्यवस्था सभी पूर्ण रूप से वैज्ञानिक एवं कम्प्यूटर तकनी के अनुकूल हैं।

अमेरिका के वैज्ञानि रिकब्रज के अनुसार संरचना के अनुसार कम्प्यूटर क्रमादेश के लिए सबसे उपर्युक्त भाषा संस्कृत को ही माना है। एवं कहा है कि, संस्कृत ही वह भाषा है, जिसके द्वारा सभी भाषाओं को एक साथ सूत्रबद्ध कियसा जा सकता है।

There is atleast one language, Sanskrit, which for the duration of almost 1000 years was a living spoken language with a crasiderable siteration of its one. Besides worles of literary value. There was a long philosophical and grammatical tradition that has aritimaed to exist with undiminished vigor until present century. Among the a cumplisments of the grammarian's cab be reckoned a method or paraphrasing Sanskrit in a manner that is identical not only in essence but in form with current work in Artificial Intelligence.

परन्तु पहले यह भ्रांति थी कि, कम्प्यूटर की भाषा अंग्रजी है, कुंजीपटल व कोडिंग अंग्रेज़ी भाषा में होने का मुख्य कारण संभवतः यही रहा कि, कम्प्यूटर यूरोपियन देशों में विकसित हुआ, इसलिए उसकी विकास प्रक्रिया एवं कार्य-प्रणाली अंग्रज़ी माध्यम में ही हुई। परन्तु जब यह जागरूकता बढ़ी कि कम्प्यूटर की भाषा द्विआधारी कोड (Binary Code) सेनिर्धारित की जाती है। तब यह भी स्वतः स्पष्ट हो गया कि, यह कोड किसी भी भाषा को प्रदान करके उसे कम्प्यूटर तकनीक के लिए साध्य बनाया जा सकता है। चाहे वह हिन्दी हो या क्षेत्रीय भाषाएँ।

इसके पश्चात् ही आस्की कोड (ASCII) के समान इस्की (ISCII) कोड का निर्माण किया गया। अगस्त सन् **1986** में इस **8** बिट के कोड को उपयोग में लाने के लिए तैयार कर दिया गया था। परन्तु फिर भी एक बहुभाषी साफ्टवेयर की आवश्यकता थी, जो कि रोमनेतर भाषाओं को कम्प्यूटर तकनीक के लिए और सक्षम बना सके।

रोमनेतर भाषाओं के लिए भी रोमन लिपि पर आधारित प्रणाली का विकास हुआ है जिसका नाम 'स्टार' रखा गया। इसके प्रारम्भ करता श्री जोजफ़ डी. बेकर थे। यह साफ्टेयर बहुभाषी था, जिसमें हिन्दी के साथ चीनी, जपानी, कोरियन, अरबी, हिब्रू, थाई भाषाओं का डाटा निवेश किया गया था।

वर्तमान में हिन्दी इन्टरफेस साफ्टवेयर के अनुप्रयोग अपने चरमोत्कर्ष पर पहुँच चुके हैं, आई-ब्राऊज़र + + (हिन्दी एक्म्सप्लोरर), भारत आपरेटिंग सिस्टेमस साल्यूशन (Boss) भारतीय ओपेन आफिस, Open Office Hindi Project, हिन्दी सी-मंकी, Mozila fire internet browser, opera we browser, Indic Joomla, Gmail, Moodle, Live fournal, world press, oracle 9. x, गए हिन्दी सरल मशीन मंच, हिन्दी फिब्बि, स्पर्शःहिन्दी टाइपिंग ट्यूटर, हिंदी ज़िप जहाँ देवनागरी की लोकप्रियता क उदाहरण हैं, जो यह दिखाते हैं कि, अंतरराष्ट्रीय या विदेशों के साफ्टवेयर भी हिन्दी इन्टरफेस रखने पर मज़बूर हैं, वहीं कई देसी-विदेशी अनुप्रयोग हिन्दी लिप्यन्तरण को सरल बनाकर देवनागरी को टंकण करने में करने में सहायता कर रहे हैं। जैसे आइटाप, अन्तर्राष्ट्रीय संस्कृत लिप्यन्तरण वर्णमाला, मशीनी लिप्यन्तरण, गिरगिट (लिप्यन्तरण), भोमियो, गूगललिपि प्रवर्तक आम जनता को हिन्दी टंकण में सहायता देकर देवनागरी के सामाजिक साइट्स के माध्यम से विश्व पटल पर रखने में सहचर हैं।

किसी भी लिपि के प्रचार-प्रसार, कार्य एवं डेक्सटाप पब्लिशिंग को सुलभ बनाने के लिए आवश्यक है कि, उस भाषा में शब्द संसाधकों का निर्माण किया जाए, यह शब्द संसाधक वास्तव में ऐसे साफ्टवेयर होते हैं, जिनकी सहायता हम उक्त भाषा के पाठ का सम्पादन एवं प्रसंस्करण कर सकते हैं।

आज यद्यपि अनेक शब्द संसाधक बाज़ार में उपलब्ध हैं, किन्तु भारतीय भाषाओं संबंधी संश्लेषण, विश्लेषण व संसाधन का पूरा कार्य होना, इन पैकेजों द्वारा संभव नहीं हो पाया है। इस कमी को 'साफ्टेक कंपनी, दिल्ली' ने पूरा किया। 'देवबेस' के नाम से डी-बेस ||| प्लस

का द्विभाषी मानक पैकेज बनाया गयास। बेसिक व कोबोल जैसी उच्चस्तरीय प्रोग्रमिंग भाषाओं के कंपाइलर (Compiler) विकसित किये गये, तब भी भाषा संसाधन का कार्य पूर्ण रूप से नहीं किया जा सका।

संतोष गोयल जी का उपर्युक्त कथन सन् **2008** का है, आइये ज़रा वर्तमान कालिक स्थिति पर दृष्टिपात करें।

आज के नवीन अधिकतर शब्द संसाधक देवनागरी को समर्थन करते हैं। देवनागरी आकारोदे क्रमक, देवनागरी क्रमक, मात्रा गणक, टेक्स्ट मेकैनिक, Linguist, online word counter, online chancler के अलावा माइक्रोसाफ्ट आफिस हिन्दी, सी-डैक का आई लीप, मोड्यूलर इंफोटैक का श्रीलीप, देशवेब का अक्षर माला वेब दुनिया का टाइप एंड कास्ट,, सी-डी का एच-वर्ड आदि ऐसे शब्द संसाधक हैं, जो देवनागरी में कार्य करने में पूर्ण रूप से सक्षम हैं। इन कुछ वर्षों में देवनागरी ने कितनी तीव्रता से कम्प्यूटर जगत में अपना वर्चस्व फैलाया है, यह शब्द संसाधक इसका जीवंत प्रमाण हैं। परन्तु देवनागरी के कम्प्यूटरीकरण के क्षेत्र मे क्रांति आई कानपुर के आई. टी. द्वारा विकसित जिस्ट (Gist) नामक हार्डवेयर से इस हार्डवेयर की सहायता द्वारा रोमन तथा देवनागरी सहित अनेक भारतीय लिपियों के पाठ का संसाधन, व कुंजीयन कियास जा सकता है।

The GIST technology represented a mojor break thaught in soting our complex problem of man-machine linguistic interface for Indian language. This technology in corporate several desirable features. A natural phonetically oriented keyboarding scheme directly converting to internal representation codes (ISSCII-8), a human keyboard layout, a display which dynamically changes as the input progresses, built in intelligence to disallow illegal compositons such as altaching two vowel modifiers on the same character, automatic transliteration from one India script to another, are some of the key altractive features making it user friendly.

परन्तु अभी केवल मानवीय संशोधन तक की सुविधा हुई थी, परन्तु ऐसी सुविधा नहीं आई थी, जिसके द्वारा कम्प्यूटर पाठ को स्वतः संशोधत एवं उसके लिए आवश्यकता था कि, कम्प्यूटर में शब्दकोशज्ञ, पर्यावाची कोश, कोशीय अंतरण, पद निरूपक, देवनागरी का व्याकरणिक ढाँचा, शब्दपरक, अर्थपरक एवं वाक्यपरक क्रमादेशों का समावेश किया जाना आवश्यष्क है। वर्तमान में अनेक आनलाइन शब्दकोशउपलब्ध शब्दकोश, काम, हिन्दी शब्दतंत्र, ई-महाशब्दकोश, शब्दमाला, विक्षनरी, Hindi 25.com यह वह शब्दकोश है, जिनपर अनुवाद कार्य करने के लिए या अर्थ देखने के लिए इंटरनेट कनेक्शन की आवश्यकता पड़ती है, बिना इंटरनेट के इन शब्दकोशों को देखना संभव नहीं हैं। ऐसे शब्दकोश जो एक बार कम्प्यूटर डाउनलोड करके जब आवश्यकता हो उसमें अर्थ देख सकते हैं। ऐसे शब्दकोश आफलाइन शब्दकोश कहलाते हैं। कुछ आफलाइन शब्दकोश निम्नलिखित हैं। शब्द ज्ञान, शब्दांजली, गोल्डेन डिक्ट, वर्धा हिंदी शब्दकोश ऐसे ही कुछ शब्दकोश निम्नलिखित हैं। शब्द ज्ञान, शब्दांजली, गोल्डेन डिक्ट, वर्धा हिंदी शब्दकोश ऐसे ही कुछ शब्दकोश हैं।

देवनागरी में उपलब्ध शब्दकोश की संख्या यह बताने में सक्षमहै कि वर्तमान काल में कम्प्यूटर जगत में देवनागरी एवं हिन्दी प्रगीत के पथ पर अग्रसर है।

देवनागरी लिपि की प्रमुख विशेषता हैं-उसकी वैज्ञानिकता-इसी वैज्ञानिकता के कारण उसे ध्वन्यात्मकता की प्रवृत्ति मिली। वाक्य विज्ञान, ध्वनि विज्ञान और रैखिक विज्ञान अन्य लिपियों की तुलना में देवनागरी लिपि में अधिक सुनियोजित है। भारतीय लिपियों में बनावट के आधार पर एक रूपता पाई जाती है, एवं उच्चारण स्थानों के आधार पर यह व्यस्थित हैं।

Several hundered years before the beginning of the christiav era, Indian phoneticians had already analysed the sounds of Sanskrit speech and had composed elobrate treats on phonetics theory. The result of thish early precisnon and linguistic awareness applied to phonetics in the extremely teguler and phonetically informed nature of all writing systems derived from Brahmi. Thus, the Devnagari script explicitly diffrenliates voiced and unvoiced consonants, as well as aspirated and unaspirated ones.

इसी तथ्य ने इस अवधारणा को बल दिया कि, देवनागरी कुंजीपटल का सृजन अगर ध्वन्यात्मक प्रवृत्ति के अनुरूप कियस जाए, तो इसकी टाइपिंग तो सरल हो ही जाएगी, परन्तु कोड प्रणाली समान होने के कारण अन्य भारतीय भाषाओं के लिप्यंतरण में भी सुविधा होगी।

भारतीय लिपियों के लिए भारत सरकार इलेक्ट्रानिकी विभाग ने 'ध्वन्यात्मक कुंजीकपटल' का मिर्माण कियसा, जो कि हिन्दी के सामान्य टाइपराइटर से भिन्न है। इस कुंजीपटल में किसी भी भारतीय लिपि मे ध्वनि के आधार पर शब्द संसाधन का कार्य किया जा सकता है।

इसकी **8** कोटिंग साफ्टवेयर में इस कुंजीपटल का प्रयोग किया जा सकता है। निष्कर्षतः कम्प्यूटर तकनीक में देवनागरी विकसित लिपि भला ही न हो, परन्तु विकासशील अवश्य है। हाँलांकि भारत में भी देवनागरी लिपि अनुप्रयोगों का प्रयोग करने वाले लोग तुलनात्मक रूप से काफी कम हैं, परन्तु देवनागरी लिपि का तकनीकीकरण करने के लिए संघर्षरत भाषाविदों एवं तकनीकियों के परिश्रम का सर्वश्रेष्ठ पुरस्कार यही होगा कि, भारतवर्ष की युवा पीढ़ी (क्योंकि भारत युवा प्रधान देश है) कम्प्यूटश्र में देवनागरी लिपि को प्रयुक्त करने लगे।

4.3 यूनीकोड एवं हिंदी

'वैश्विक गाँव' में परिवर्तित होते विश्वपटल का संप्रेषण एवं संस्कृति संश्लिष्ट होने लगी। जिससे अभिव्यक्ति एवं वैचारिक विविधता में विस्तार आया। इस विस्तार की आपूर्ति के लिए भाषिक विकास एवं मानकीकरण की आवश्यकता पड़ी। सूचना प्रौद्योगिका के क्षेत्र में यह

मानकीकरण एक ऐसी प्रक्रिया थी जो कि सभी भाषाओं को एक ही आधार प्रदान करें। यह आधार सर्वप्रथम लिपि के स्तर पर ही प्रयुक्त किया जा सकता था। क्योंकि कम्प्यूटर संप्रेषण में लिपि ही संप्रेषित मध्यस्थ की भूमिका निभाती है। इसी विचार से वैज्ञानिकों में यूनीकोड की अवधारणा को जन्म दिया। इस अवधारणा की कल्पना की शुरूआत इस तथ्य से हुई कि ASCII कूट केवल अंग्रजी या रोमन अक्षर, चिह्न एवं प्रतीकों के ही अंतरनिर्हित कर सकता था। चीनी एवं जापानी लिपियों को जिनके अक्षर, चिह्नों एवं प्रतीकों की संख्या रोमन से कहीं अधिक है वो अंतरनिर्हित करने में आस्की कोड असक्षम थे। इसका कारण यह था कि आस्की केवल **7** बिट्स का होता था जबकि यूनीकोड **16** बिट्स का होता है।

A standard for represent characters ans integers unlike ASCII, which uses 7 bits for each character, Unicode uses 16 bits, which means tht it can represwent moe 65000 unique characters.

परंतु भाषिक संभावनाओं एवं साफ्टवेयरों के विस्तृत होते बाजारों के मद्देनज़र इस बात से इंकार नहीं किया जा सकता कि यूनीकोड आस्की को कम्प्यूटर बाज़ार से निष्कासित कर सकता है।

यूनीकोड (Unicode) प्रत्येक अक्षर के लिए एक विशेष संख्या प्रदान करता है, चाहे कोई भी कम्प्यूटर प्लेटफार्म, प्रोग्राम अथवा कोई भी भाषा हो यूनीकोड स्टैंडर्ड को एपल, एच.पी.आई.बी.एम., जस्ट सिस्टम, माइक्रोसाफ्ट, आरकेल, सैप, सन साईबेस यूनिसिस जैसी उद्योग की प्रमुख कंपनियों और कई अन्य ने अपनाया है।

कम्प्यूटर की भाषा को ग्रहण करने की क्षमता द्विआधारी कोड (Binary Code) 0 एवं 1 के आधार पर होती है। इन्हीं दो कोडों के संयोजन से विभिन्न भाषाओं के लिए पृथक-पृथक संकेत लिपि प्रणालियां विकसित हुईं एवं यूनीकोड से पहले भी ऐसी कई प्रणालियां आयीं परंतु आंशिक रूप से ही सफल हो सकीं जबकि यूनीकोड लगभग पूर्णतः सफल

होती सिद्ध हो रही है। देवनागरी को भी यूनीकोड में स्थान दिया गया है। देवनागरी और हिंदी भाषा की वैज्ञानिक संरचना के कारण यह कार्य अधिक असाध्य भी नहीं सिद्ध हुआ। हिंदी भाषा के पिछले डेढ़ साल से तकनीकी विकास में यूनीकोड की बहुत महत्त्वपूर्ण भूमिका रही है। यूनीकोड ने देवनागरी लिपि में टंकण, संग्रहण, संप्रेषण, प्रसंस्करण, निर्गत प्रदान करने की नियति में मानक रूप प्रदान किया है।

चूँकि यूनीकोड में देवनागरी लिपि भी शामिल है इसलिए सारे यूनीकोड समर्थित साफ्टवेयर खुद-ब-खुद हिंद समर्थक हो गये हैं, बशर्ते कि अपने उनमें यूनीकोड बेस्ट हिंदी फॉण्ट को सक्रिय कियसा हुआ हो। आप किसी साफ्टवेयर का नाम लीजिए, आप पायेंगे कि न केवल उसमें हिंदी में काम करने की सुविधा मौजूद है बल्कि उसका इंटरफेस भी हिंदी में आ चुका है। जो अभी नहीं आए हैं, वे भी इस राजमार्ग पर बढ़ रहे हैं।

यूनीकोड में हर संभव प्रयास होता है कि एक भाषिक परिवार एवं एक समान लिपिवाली भाषाओं को एक ही वर्ग में रखकर कोड प्रदान किये जायें। जैसे देवनागरी नामक एक ब्लाक यूनीकोड में है जिसमें हिंदी, संस्कृत, मराठी, नेपाली, सिन्धी, कश्मीरी आदि हैं। यह केवल सूचीबद्ध रूप से कोड प्रदान कराते हैं इनको लिखा इनपुट मेथल एडिटर से है एवं इनके पठन के हेतु फान्ट फाइल का कम्प्यूटर में पूर्णतः निविष्ट होना आवश्यक है। पूर्वतः अनुमानित था कि विश्व की सभी भाषाओं को 16 बिट्स में कोड प्रदान कर दिये जायेंगे परंतु भाषिक चिह्नों की संख्या को अधिक होने के कारण यह संभव नहीं हो सका तब बिट्स क प्रयोग करके दुनिया की सभी भाषाओं को यूनीकोड की माल में पिरोया गया। 32 बिट्स के कोड प्रणाली के सृजन के बाद यूनीकोड एक समान मानकीकृत कोड जो सभी लिपिचिह्नों की आवश्यकता की पूर्ति करने में सक्षमहै।

हिंदी ने यूनीकोड के आने से मानकीकृत सार्वत्रिक टेक्स्ट इन्कोडिंग का प्रवेश हो गया। हिंदी के यूनीकोड मानकीकरण ने यह सिद्ध कर

दिया कि अगर भाषा के तकनीकीकरण पर बल दिया जाए तो भाषा वैश्विक बाजार में अपनी उपस्थिति जोर-शोर से दर्ज करा सकती है। ई-बाज़ार (इलेक्ट्रानिक बाज़ार) बहुभाषिकता की संभावनाओं का बाज़ार है।

यूनीकोड में हिंदी और दूसरी भाषाओं को भी स्थान मिला है। इसके लिए इस्की **89** को आधार बनाया गया होता तो यह मामूली दिक्कतें भी नहीं हातीं, खैर, देर आये दुरूस्त आये।

देवनागरी यूनीकोड के कोड्स की रेंज **0900** से **097 F** तक है। ज, क्ष और त्र को अलग कोड नहीं प्रदान किया गया क्योंकि इसके पीछे कारण यह है कि संयुक्त अक्षर हैं कोड केवल असंयुक्त अक्षरों को ही प्रदान किये गये हैं।

अब टेक्स्ट इनपुट, फान्ट निर्माण, ट्रांसलिटेशन, उच्चारण व ध्वनि संबंधि फोनीकोड के मानकीकरण पर फोकस किए जाने की जरूरत है ताकि तकनीकी क्षेत्र में हिंदी की जड़ें जमाने के लिहाज़ से सुस्पष्ट तथा मानकीकृत जेनेटिक पृष्ठभूमि तैयार हो सके।

मनकीकरण की प्रक्रिया ही यूनीकोड के संदर्भ में सबसे उल्लेखनीय है कोई भी लेख, शब्द या वाक्य चाहे वह गूगल ट्रांसलिट्रशन द्वारा

लिखी गई हो, रेमिंगटन की-बोर्ड से या इनस्क्रिप्ट ले आउट की बोर्ड से कम्प्यूटर में लिप्यंतरण के तुरंत पश्चात स्वतः संग्रहित हो जाती है एवं इसका स्वतः मानकीकरण भी हो जाता है। यह शब्द यूनीकोड टेक्स्ट के रूप में संग्रहित होते हैं। यह यूनीकोड टेक्स्ट सभी कम्प्यूटर पर हर तरह के आपरेटिंग सिस्टम में समान ही दृष्टिगोचर होते हैं। पूर्णतः भिन्न फान्ट, आपरेटिंग सिस्टम, या साफ्टवेयर के प्रयोग से दूरे फान्ट, आपरेटिंग सिस्टम या साफ्टवेयर पर अंकित अक्षरों की आकृति विकृत हो जाती थी इस बेकार हुए विकृत शब्दों को या गारबेज कहते हैं। इसका स्पष्ट अर्थ है कि भिन्न आपरेटिंग सिस्टम, फान्ट या साफ्टवेयर्स पर अंकित शब्दों का एक दूसरे के लिए मानकीकरण् नहीं होता। देवनागरी के लिए एक विशाल समस्या थी। जिसका समाधान हिंदी यूनीकोडिंग ने किया।

सो यूनीकोड ने हिंदी और देवनागरी का भला किया है। यूँ यूनीकोड के आगमन को लगभग ढाई दशक बीत चुके हैं। माइक्रोसाफ्ट एक्सपी और विंडोज 2000 में हिंदी में यूनीकोड में कामकाज की शुरूआत हो गई थी। जाहिर है, हिंदी में यूनीकोड का विधिवत प्रयोग करते हुए भी हमें डेढ दशक की अवधि बीत चुकी है। लेकिन सामान्य हिंदी कंप्यूटर प्रयोगकर्ताओं के बीच आज भी उसके बारे में जागरूकता का अभाव है। यह आश्चर्यजनक भी है और खेदपूर्ण भी। जानकारी का यह अभाव अब दूर होना आवश्यक है।

इसके लिए आवश्कता है कि सरकार को बहुराष्ट्रीय एवं बड़ी तकनीकी कंपनियों को हिंदी तकनीकी विकास में सहभागी बनाना चाहिये जिसके ऊपर कार्य भी चल रहा है इस क्षेत्र में सी-डेक (C DAC) का योगदान उल्लेखनीय है। केवल देवनागरी अथवा हिंदी ही नहीं हिंदी तकनीक का विकास हिंदी भाषा के साथ-साथ अन्य भाषाओं को भी अपनली वैज्ञानिक भाषिक प्रवृत्तियों एवं स्वर्णित साहित्य की आभा से प्रभावित करेगी।

परंतु हिंदी भाषा की विकास-यात्रा पर दृष्टिपात करते ही यह निष्कर्ष निकाला जा सकता है कि हिंदी वर्णों एवं अक्षरों अतिरिक्ति और भी

चिह्न हैं जो उसे आनुवांशिक रूप से मिले वह हिंदी में नहीं गिने जा सकते परंतु उपयुक्त हिंदी भाषा में होते हैं।

यूनीकोड कान्सोर्टियम द्वारा अब तक निर्धारित यूनीकोड 4.2 में देवनागरी के कुल 109 वर्णों/चिह्नों का मानकीकरण कियसा गया है अभी देवनागरी के बहुत से वर्ण जिनमें शुद्ध व्यंजन (हलन्त व्यंजन-आधे अक्षर) तथा कई वैदिक ध्वनि चिह्न एवं अन्य चिह्न स्वास्तिक आदि यूनीकोड में शामिल नहीं हैं। शुद्ध व्यंजनों के यूनीकोडिंग न होने के कारण वर्तमान में उन्हें सामान्य व्यंजन के साथ अलग से हलन्त लगाकर प्रकट किया जाता है जिससे कि टेक्स्ट का साइज बढ़ने के अतिरिक्त कम्प्यूटिंग संबंधी कड़ी समस्याएं आती हैं। वैदिक संस्कृत चिह्नों को यूनीकोड में शामिल करने हेतु प्रस्तावना की गई है।

यह कुछ समस्याएँ हैं जो हिंदी की यूनीकोडिंग प्रणाली बनाने में वैज्ञानिकों के समक्ष आती हैं। शुद्ध व्यंजनों, वैदिक चिह्नों एवं अन्य चिह्नों के मानकीकरण पर अभी काम चल रहा है। इस मानकीकीण के बाद वैदिक श्लोकों, ग्रंथों, उपनिषदों आदि को भी यूनीकोडिंग द्वारा कम्प्यूटर जगत का अंग बनाया जा सकता है। कहने को वर्तमान में भी वैदिक साहित्य डिजिटलाइज़ेशन एक अंकित रूप में भी उपलब्ध हो जाता है। परंतु उसमें वही सब समस्याएँ निहित रहती हैं जो कि देवनागरी एवं हिंदी भाषा के समक्ष यूनीकोड की उत्पत्ति से पूर्व थीं। इसके अलावा दूसरी समस्या जो हिंदी यूनीकोडिंग में आती है। वह यह है कि टंकण करने के पश्चात् हिंदी टेक्स्ट अंग्रेज़ी टेकसट से तीन गुना अधि स्मृति (Memory) घेरता है। इस समस्या का कारण निम्नलिखित है।

बहुत से साफ्टवेयर यूनीकोड के 16 बिट् का समर्थन करते, इनमें यूनीकोड टेक्स्ट यूटीएफ .ढके रूप में स्टोर एवं प्रोसेस होता है। यूटीएफ- में एक बाइट हो जाता है जिससे टेक्स्ट का आकार तीन गुना बढ़ जाता है। इसमें कई मामलों में सेवा शुल्क भी बढ़ जाता है उदाहरण के लिए हिंदी एस एम एस भेजने में रोमन एस एम एस की बजाय तीन गुना शुल्क लगता है।

परंतु समस्याएं भी समाधानों की ओर उन्मुक्त हैं इनके समाधान के पश्चात् निस्संदेह ही देवनागरी एवं हिंदी को ई-बाज़ार एवं विश्वपटल पर नवीन आयाम मिलेगा।

जंक अथवा गारबेज हुए देवनागरी टेक्स्ट को सही करने के हेतु भी अनेक उपाय किये गये परंतु इनमें से कुछ प्रयास ही सफल सिद्ध हुए। याहू जैसे ई-मेल सेवाओं में यूनीकोड कैरेक्टर विकृत हो जाने पर मूल ई-मेल प्राप्त कर पढ़ने के आनलाइन औज़ार:

> बालेन्दु शर्मा दाधीच द्वारा विकसित ऑनलाइन यूनीकोड विकृति संशोधक।
> Hindi Unicode Repair Tool.

इस विश्लेषण से यह स्पष्टतः सिद्ध होता है कि यूनीकोडिंग प्रणाली में हिंदी एवं देवनागरी की उन्नति प्रशस्त है परंतु तकनीकी रूप से अभी प्रयास हैं जो कि उसे पूर्ण रूप से यूनीकोडिड तौर पर सक्षम बनाती है। साथ ही कम स्मृति में घेरने और सस्ते दरों में संप्रेषण के लिए उपलब्ध हागी। इन सभी तथ्यों के मध्यों के मध्य हिंदी एवं देवनागरी का भविष्य यूनीकोडिंग जगत में पूर्ण रूप से आशातीत है।

4.4 हिंदी एवं विभिन्न प्रोग्रामिंग भाषाएँ

कम्प्यूटर अपनी समस्त क्षमताओं एवं सामर्थ्य से शिक्षा एवं प्रौद्योगिकी में उल्लेखनीय परिवर्तन का द्योतक बना, परन्तु एक गतिणीय एवं संगठन के उद्देश्य से आविष्कृत किये गये इस यंत्र ने संपषण एवं प्रौद्यागिकी स्तंभ के तौर पर स्थापित करने के लिए अनेक विकासशील वैज्ञानिकों द्वारा समय-समय पर उत्कृष्ट बनाया गया। कम्प्यूटर को अधिक काग्रसाधक बनाने के प्रयास में एक ऐसी भाषा की आवश्यकता हुई जो मनुष्य एवं कम्प्यूटर को समान रूप से अवबोध्य हो, जिसमें मनुष्य कम्प्यूटर को निदेश दे सके ऐसी भाषा के लिए मनुष्य की गवेषणा फलीभूत हुई 'प्रोग्रामिंग' के रूप में। यह 'प्रोग्रामिंग' कम्प्यूटर की

भाषा के रूप में जानी जाती है, जो कि मानव को कम्प्यूटर एवं कम्प्यूटर को मानव से संवाद स्थापित करने में सक्षम बनाती है।

इसका मुख्य कार्य कम्प्यूटर में निविष्ट डाटा को प्रोसेस करके उनको निर्देशों में बदलने का होता है और से पश्चात् इन निर्देशों को कम्प्यूटर इनका एक्सेस करता है। प्रोग्राममिंग लैंग्वेज वड्र्स, सबंल और कोड्स का समूह होता है, जो प्रोग्रामर को कम्प्यूटर में साल्यूशन एलगोरिदम (गणना प्रक्रिया) पहुंचाने में सक्षम बनाते हैं। जिस तरह आदमी इंग्लिश, हिंदी, पंजाबी, फ्रेंच आदि बोली जाने वाली भाषाओं को समझता है, उसी तरह कम्प्यूटर विभिन्न प्रोग्रोमिंग लैंग्वेज को समझाता है।

Programming languages provide various ways of spedifaying programs for computers to run. Unlike natural languages, programming languages are designed to permit no ambiguilty and to be concise. They are purely written languages and are often difficult to read alaud. The are generally wither translated into machne code by a computer or assembler before being run, or translated directly at run time by an interpreter.

'प्रोग्राम' वास्तव में कम्प्यूटर को दिये गये निर्देशों की अनुक्रम सूची है, जो क्रमशः कम्प्यूटर को किसी कार्य के करने के लिए निर्दिष्ट करती है। इसमें कोई कार्य सम्पन्न करने हेतु एक विशेष विधि अपनाई जाती है, कार्य को छोटे-छोटे एवं सरल चरणों में विभाजित कर लिया जाता है। प्रोग्राम में निश्चित अनुक्रम एवं एकाधिक विकल्पों वाली कलनविधि (Algorithm) के द्वारा निर्देशित सूची तैयार की जाती है। इस कलन विधि का तर्क संगत होना ही यह निश्चित करता है कि प्रोग्राम समस्या को कितना स्पष्टतः ग्रहण कर पायेगा। इस कलन विधि को प्रोग्राम की भाषा में विकसित करना पड़ता है, जो कि अधिकांशतः लेखा-चित्रीय शैली (Graphical Form) में होता है, इसे फलोचार्ट (Flow Chart) कहते हैं।

किसी समस्या का हल निकालने या किसी कार्य का करने के लिए उठाए कदमों को चित्र रूप में प्रस्तुत करना फ्लोचार्ट कहलाता है। यह अल्गोरिदम के विकास में भी सहायक होता है। प्रोग्रामिंग करने वाले को इस प्रक्रिया से पूरी तरह अवगत होना चाहिये।

कम्प्यूटरी प्रोग्रामिंग भाषाओं को तीन वर्गों में विभाजित किया जा सकता है

1. निम्नस्तरीय भाषाएँ   उदाहणार्थ मशीनी भाषा
2. मध्यस्तरीय भाषाएँ   एसेम्बली भाषा
3. उच्चस्तरीय भाषाएँ   बेसिक (BASIC) कोबोल (COBOL) सी$^{++}$ (C++), फारटेन (FORTAN)

1. निम्नस्तरीय भाषाएँ

मशीनी भाषा: फर्स्ट-जेनरेशन लैंग्वेज के नाम से मशहूर मशीन लैंग्वेज अकेली लैंग्वेज है, जिसे कम्प्यूटर सीधा समझता है। मशीन लैंग्वेज इंस्ट्रकशंस बाइनरी डिजिट्स (is and Os) की सीरीज प्रयोग करती है। बाइनरी डिजिट्स कम्प्यूटर की इलेक्ट्रिकल स्थिति को आन व आफ करती है।

इस भाषा के अंतर्गत प्रोग्राम को द्विआधारी कोट में परिवर्तित करने के पश्चात् निवेश युक्ति के माध्यम से कम्प्यूटर में निविष्ट कर के प्रोसेस कराया जाता है, इस भाषा को मशीनी भाषा कहने का मुख्य कारण यह है किइस तरह द्विआधारी कोड पर आधारित भाषाएं केवल उन्हीं विशिष्ट कम्प्यूटरों पर प्रयुक्त होती हैं, जो इनके लिए बनाए गए हैं। इस तरह के कम्प्यूटर पर यह भाषा कार्य करने में सफल नहीं होती, एवं इस भाषा में कार्य करना अत्यंत दीघ्रकालीन प्रक्रिया है और इसमें समय का भी अपव्यय होता है।

2. मध्यस्तरीय भाषाएँ

आमतौर पर संख्यापरक मशीनी भाषा (दशमलव या द्वि-आधारी) को याद रखने में कठिनाई होती है और उनके माध्यम से प्रोग्राम लिखने में

अशुद्धियों की आशंका भी रहती है, इसलिए याद रखने की सरलता की दृष्टि से एक ऐसी भाषा विकसित की गई, जिसके अंतर्गत भाग करने के 'DIV' घटाने के 'SUB' गुणा करने के लिए 'MLT' tSls संक्षिप्त शब्द निर्धारित किये गए हैं।

यह संक्षिप्त निर्धारित शब्द कम्प्यूटर में सीधे निविष्ट नहीं किये गये, बल्कि इनको एक द्विआधारी कुट प्रदान कर दिया गया जैसे 'MLT' (गुणा) का द्विआधारी कूट **1001** है अगर हम गुणा का निर्देश देंगे तो कम्प्यूटर में यही कूट जयेगा और कम्प्यूटर उसे अपने अंदर पूर्व निविष्ट 'MLT' vFkok गुणा की परिभाषा एवं नियमों के अनुसार प्रोसेस करेगा।

Through Considerably easier than in Machine language, writing long programs in assembly language is often difficult and also error-prone.

इन संक्षिप्त शब्दों को निर्धारित कूटों को रूपांतरित करने की यह प्रक्रिया एक विशिष्ट प्रोग्राम एसेम्बलर द्वारा सम्पन्न की जाती है, यही मुख्य कारण है कि इस भाषा को एसेम्बली भाषा भी कहा जाता है।

3. उच्चस्तरीय भाषाएँ

समय के साथ-साथ मानव के जीवन में कम्प्यूटर का उपयोग बढ़ता गया, विभिन्न व्यव्सायिक एवं निजी कार्यों में कम्प्यूटर का प्रयोग करने हेतु ऐसी नवीन भाषाओं की आवश्यकता हुई, जो कि अधिक सक्षम एवं कार्यक्षमता रखती हो, उससे भी अधिक पृथक-पृथक कार्य क्षेत्रों के हेतु पृथक-पृथक भाषाओं का सृजन करने की आवश्यकता थी, यही आवश्यकता उच्चस्तरीय भाषाओं की जननी बनी।

हार्ड लेवल लैंग्वेजों को मशीन लैंग्वेज में परिवर्तन के लिए संकलन (COMPILERS) तथा व्याख्याता (INTERPRETTERS) प्रोग्रामों को तैयार किया गया। इन्हें माध्यम बनाने के कम्प्यूटर प्रोग्रामिंग अत्यधिक सरल और सुविधाजनक हो गई। कंपाइलर हार्ड लेवल लैंग्वेज प्रोग्रामों को स्थाई रूप से मशीनी लैंग्वेज के प्राग्रामों से परिवर्तन कर देता है,

जिससे परिवर्तित प्रोग्राम स्वतंत्र रूप से उपयोग कियसा जा सकता है। इन्टरप्रेटर हार्ड लैंग्वेज प्रोग्राम को एक-एक पंक्ति करके मशीनी लैंग्वेज में परिवर्तित कर कम्प्यूटर को उसके अनुपालन के निर्देश देता है। इससे प्रोग्रामर को ऐसा आभास होता है जैसे उसका प्रोग्राम सीधे कम्प्यूटर से कार्य ले रहा हो।

High level languages are less related to the working of target computer than assembly language, and more related to the language and structure of the problem(s) to be solved by the final program. It is therefore often possible to use different compilers to translate the same high level language progam into the machine language of many different types of computers.

हार्ड लैंग्वेज प्रोग्रामों को उपयोग करने के लिए अधिक स्मृति (Memory) वाले कम्प्यूटर उपयुक्त होते हैं, क्योंकि यह प्रोग्राम काफी तीव्र गति से कार्य करते हैं। कुछ प्रमुख हार्ड लैंग्वेज प्रोग्रामों का विवरण निम्नलिखित है:

बेसिक (BASIC): BEGINNERS ALL PURPOSE SYMBOLIC INSTRUCTION CODE

इसका प्रयोग सर्वप्रथम डार माउथ विश्वविद्यालय के कम्प्यूटरों पर किया गया था। सन् 1978 में अमरीका में इसका मानकीकरण किया गया। अमरीकी की विश्व प्रसिद्ध आई.बी.एम. कम्पनी ने माइक्रोसाफ्ट नामक साफ्टवेयर कम्पनी से इसका विशेष संस्करण बनाया और आज यह संस्करण सभी पर्सनल कम्प्यूटरां के साथ स्थाई रूप से लगी हर डिस्क में संचित करके रखा जाता है।

यह भाषा किसी भी प्रोग्राम के सृजनको काफीसरल बना देती है। व्यवसायिक एवं वैज्ञानिक कार्यों में प्रयुत होनेवाली यह भाषा मशीन पर निर्भर नहीं है अर्थात् किसी भी प्रकार के कम्प्यूटर पर इस भाषा में कार्य

करना सुविधाजनक है। उच्चस्तरीय भाषाओं को सीचाने की प्रक्रिया इस भाषा को सीखने के पश्चात् अधिक सरल हो जाती है। यह छोटे आकर के इंटरप्रेटर एवं कंइलर पर भी कार्य कर सकती है।

कोबोल (COBOL): COMMON BUSINESS ORIENTED LANGUAGE

उच्चस्तरीय भाषाओं में व्यवसायिक उपयोग के लिए जो भाषा प्रयुक्त होती है वह है-कोबोल। विज्ञान और वाणिज्य के विद्यार्थी इसे सरलतापूर्वक सीख सकेते हैं।

इसमें संपूर्ण डाटा का विवरण होता है उदाहरणार्थ प्रोग्राम का नाम, प्रोग्राम का उद्देश्य, फाइलों का नाम एवं उनमें उपस्थित प्रलेख सभी का विवरण इसमें रहता है, कम्प्यूटर में उपयुक्त हार्डवेयर एवं प्रिंटर का विवरण भी इसमें होता है। इसका डाटा विभाग डाटा का संसाधन करने में सक्षम होता है।

फारटन (FORTAN): FARMULA TRANSLATION

इस भाषा का विकास सन् 1937 में आई.बी.एम ने किया। बड़ी-बड़ी वैज्ञानिक गणनाओं के लिए इस भाषा का प्रयोग होता है। प्रारंभिक कम्प्यूटर में गणना के लिए पंच कार्डों का प्रयोग होता था किंतु अब माइक्रो कम्प्यूटर आ गये हैं। अतः 'फोरटन' का प्रयोग होने लगा है। बीजगणित तथा गणितीय सूत्रों को जटिल गणनाओं, वैज्ञानिक उच्चस्तरीय गणनाओं के लिए इसी भाषा का इस्तेमाल होता है। इससे अंग्रेजी के सामान्य शब्द कमांड के रूप में जैसे-रीड (Read) राइट (Write) गो टू (Go To) आदि का प्रयोग होता है।

फारटेन में मुख्यतः बीजगणितीय सूत्रों पर आधारित कार्य पद्धति का प्रयोग किया जाता है, जो कि गणितीय सूत्रों पर मूलांश समस्याओं का सुगमतापूर्वक समाधान करने में सक्षम है।

वर्तमान में प्रचलित उच्चस्तरीय भाषाओं की उनके उपयोग क्षेत्र के अनुसार सूची निम्नांकित है

उपयोग क्षेत्र	भाषाएँ
व्यवसा	कोबोल, स्प्रेडशीट, सी, पास्कल आई
विज्ञान	फारटेन, सी$^{++}$, बेसिक, पास्कल
कम्प्यूटर परिचालन तंत्र	सी, सी$^{++}$, पास्कल, ऐडा, बेसिक, मोड्यूला
कृत्रिम बोध	लिस्प, प्रोलाग
प्रकाशन	टैक्स, पोस्टस्क्रिप्ट
प्रक्रिया संयमन	यूनिक्स शैल, टीसीएल, पर्ल, मार्बेल

वर्तमान के कम्प्यूटरों को फिफ्थ जेनरेशन कम्प्यूटर कहे जाते हैं, क्योंकि कम्प्यूटर के विकास के अनुसार यह कम्प्यूटर की पाँचवी पीढ़ी है।

फिफ्थ जेनरेशन कम्प्यूटर कृत्रिम समझ के रूप में इस्तेमाल किए गए। अर्थात् इसका आशय है कि यहां पर निर्णय सिर्फ कम्प्यूटर द्वारा किए जाने हैं। फिफ्ट जेनरेशन के कम्प्यूटर को तैयार करने का उद्देश्य ऐसी डिवाइस तैयार करना है, जो आमभाषा के साथ काम करे और यह सीखने में और आर्गनाइज्ड करने में सक्षम हो। रोबोट इसका एक अच्छा उदाहण है।

वर्तमान काल में हिंदी में भी प्रोग्रामिंग भाषाएं विकसित करने के लिए वैज्ञानिक प्रयासरत हैं।

- ➤ SKTN Hindi programming language e SKTN हिंदी प्रोग्रामिंग भाषा
- ➤ हिन्दवी: Programming system for Indian languages.

The SKTN Hindi programming language (HPL) is a programming language in hindi targeting the huge of million Hindi speaking population. The language and the accompanying IDE (Intergrated development Environment) are released on August 29, 2007.

The SKTN Hindi programming language primarily developed for imparting basic programming to those who are new to programming and are less comfortable with English, so that they can use their native language understand the concepts of programming and undertake SKTN Hindi programming Language as their first step toward the field of programming. The language and the associated IDE are to be kept as a freeware forever.

SKTN हिंदी प्रोग्रामिंग लैंग्वेज को विकसति करने के पीछे मूल भावना यह रही किवह लोग प्रोग्रामिंग करना सीख पायें, जो अंग्रेज़ी पढ़ने में असमर्थ है, परन्तु धीरे-धीरे यह एक स्वतंत्र प्रोग्रामिंग लैंग्वेज के तौर पर अस्तित्व में आई एवं हिंदी प्रोग्रामिंग की दिशा में प्रथम प्रयास सिद्ध हुई।

हिन्दवी प्रोग्रामिंग लैंग्वेज एक साथ कई भारतीय भाषाओं में प्रोग्रामिंग की सुविधा प्रदान करता है, इसका प्रयोग भी नवीन प्रयोगकर्ताओं की सुविधा के अनुसार अत्यंत सरल रखा गया है। हिन्दवी प्रोग्रामिंग भाषा के बारे में सीखने या उसके प्राप्त करने के लिए

> http://www.indicybers.com/hindawi/
> पर विज़िट किया जा सकता है।

निष्कर्षतः हिंदी कम्प्यूटिंग के क्षेत्र में अनुसंधान एवं विकास कार्य तीव्र गति से हो रहे हैं, एवं इन दो हिंदी प्रोग्रामिंग लैंग्वेजों ने कई और ऐसे भाषिक अनुप्रयोगों एवं प्रोग्रामिंग लैंग्वेज के विकास के लिए सम्भावनाएं खोल दी हैं।

संदर्भ

1. विजय कुमार मल्होत्रा, कंप्यूटर के भाषिक अनुप्रयोग, पृष्ठ-67, संस्करण **1998**, वाणी प्रकाशन, नयी दिल्ली-**110005**

2. संतोष गोयल, हिन्दी भाषा और कंप्यूटर, पृष्ठ-**40**, प्रथम-संस्करण **2008**, श्री नटराज प्रकाशन-दिल्ली।

3. https://wikipedia.org/wiki/computer

4. संतोष गोयल-हिन्दी भाषा और कंप्यूटर, पृष्ठ **39**, प्रथम संस्करण **2008**, श्री नटराज प्रकाशन

5. www.Cdac.in/index. aspx/? id_mlc_gist_aborts

6. विजय कुमार मल्होत्रा-कंप्यूटर के भाषिक अनुप्रयोग-पृष्ठ **71**, संस्करण **1998**, वाणी प्रकाशन नई दिल्ली।

7. https://wikipedia.org/wiki/index_(Publishing)

8. https://wikipedia.org/wiki/concordance_(Publishing)

9. https://wikipedia.org/wiki/Transliteration

10. https://translate.googale.co.in/translate?he-hi&se-en&u_https://en.wikipedia.org/ wiki/Transliteration & prev=search

11. http://ww.transtion zone.Co.in/products/mechine_transation/

12. विजय कुमार मल्होत्रा-कंप्यूटर के भाषिक अनुप्रयोग-पृष्ठ **73**, संस्करण **1998**, वाणी प्रकाशन नई दिल्ली।

13. http://www/translationzone.com/products/mechine_translaton/

14. http://wikipedia.org/wiki/speech_system

15. https://wikipedia.org/wiki/speech_systhesis

16. रवीन्द्रनाथ श्रीवास्तव- भाषा हिन्दी भाषा की संरचना के विविध आयाम-पृष्ठ **54**, प्रथम संस्करण, दूसरी आवृत्ति **2010**, राधाकृष्ण-नई दिल्ली

17. वेद प्रकाश- हिन्दी कंप्यूटरी: सूचना प्रौद्योगिका के लोकतांत्रिक सरोकार-पृष्ठ, **105** प्रथम संस्करण **2007**, लोक मित्र दिल्ली

18. विजय कुमार मल्होत्रा-कंप्यूटर के भाषिक अनुप्रयोग-पृष्ठ **77**, संस्करण **1998**, वाणी प्रकाशन नई दिल्ली।

19. dli.serc.iisc.ernet.in./handla/2015/350201

20. Rich Briggs-knowledge representation n Sansterits and Artiticial Intelligence-RIACS NASA Ames Research center Moffet filed. Cali fonnia 94305- AI magazine volume 6 Number1, 1985

21. संतोष गोयल-हिन्दी भाषा और कंप्यूटर-पृष्ठ **38**, प्रथम संस्करण **2008**, श्री नटराज प्रकाशन दिल्ली

22. संतोष गोयल-हिन्दी भाषा और कंप्यूटर-पृष्ठ **39**, प्रथम संस्करण **2008**, श्री नटराज प्रकाशन दिल्ली

23. https://sites.google.com/site/protrmksinha/researchprogect/development_of_untegrated_devnagri_computer_idc-graphics_and_indian_script_terminal_gist_multillingual_technologys.

24. https://indology.info/email/members/wujastyk/ns

25. संतोष गोयल-हिन्दी भाषा और कंप्यूटर-पृष्ठ **41**, प्रथम संस्करण **2008**, श्री नटराज प्रकाशन दिल्ली

26. www.webopedia.com/TERM/U/Unicode.html

27. http://hi.wikipedia.org/wiki/यूनीकोड

28. वेद प्रकाश, हिंदी कम्प्यूटर: सूचना प्रौद्योगिका के लोकतांत्रिक सरोकार, लोक मित्र, दिल्ली, **2007**, पृ. **41**

29. वही, पृ. **41**

30. बालेन्दु दाधीच, प्रतिभाषी () अगस्त, **2015**) www.prabhasakshi.com/show Article Id= 150804-110949-280011

31. वही

32. https//hi.wikipedia.org/wiki/इण्डिक, यूनीकोड

33. वही

34. http://hi.wikipedia.org/wiki/यूनीकोड

35. देवेन्द्र सिंह मिनहास - डायनैमिक मेमोरी: कम्प्यूटर कोर्स, पृष्ठ **28**

36. en.wikipedia.org/org/wiki/computer

37. विनोद कुमार मिश्र - आधुनिक कम्पयूटर विज्ञान, पृष्ठ **61**, संस्करण **2012**, आलेख प्रकाशन, दिल्ली

38. देवेन्द्र सिंह मिन्हास - डायनैमिक मेमोरी: कम्प्यूटर कोर्स, पृष्ठ **29**, संस्करण **2012**, डायमण्ड पाकेट बुक्स (प्रा. लिमि.) नई दिल्ली

39. विजय कुमार मल्होत्रा - कम्प्यूटर के भाषिक अनुप्रयोग, पृष्ठ **39**, संस्करण **1998**, वाणी प्रकाशन, नई दिल्ली

40. en.wikipedia.org/wiki/computer

41. राम बंसल विज्ञाचार्य - कम्प्यूटर सामान्य ज्ञान एवं यूजर गाइड, पृष्ठ **19**, संस्करण **2010**, वाणी प्रकाशन, दिल्ली

42. en.wikipedia.org/wiki/computer

43. विजय कुमार मल्होत्रा - कम्प्यूटर के भाषिक अनुप्रयोग, पृष्ठ **40**, संस्करण **1998**, वाणी प्रकाशन, नई दिल्ली

44. संतोष गोयल - हिंदी भाषा और कम्प्यूटर, पृष्ठ **50**, संस्करण **2008**, श्री नटराज प्रकान, दिल्ली

45. वही, पृष्ठ **50**

46. राम बंसल विज्ञाचार्य - कम्प्यूटर सामान्य ज्ञान एवं यूजर गाइड, पृष्ठ **29**, संस्करण **2010**, वाणी प्रकाशन, दिल्ली

47. देवेन्द्र सिंह मिन्हास - डायनैमिक मेमोरी: कम्प्यूटर कोर्स, पृष्ठ 30, संस्करण **2012**, डायमण्ड पॉकेट बुक्स (प्रा. लिमि.), नई दिल्ली

48. hi/Wikipedia.org/wiki विकिपीडिया रू इण्टरनेट पर हिंदी के साधन

49. http://www.sktnetwork.com/portfolio/hindi-programming-language

पंचम अध्याय

हिन्दी के विकास में कम्प्यूटर के अनुप्रयोग

5.1 इंटरनेट के विभिन्न आयाम

आवश्यकता अविष्कार की जननी है। इंटरनेट के आविष्कार ने इस पंक्ति को पुनः चरितार्थ किया। प्रत्येक युग अपने अंदर कोई न कोई क्रांति समाये होता है और यह क्रांतियाँ बदलते हुए परिवेश एवं उन्नत होते हुए बोद्धिक स्तरों की प्रतीक होती हैं। बीसवीं सदी की औद्योगिक क्रांति के उत्फुल्ल होने से पूर्व ही इक्कीसवीं सदी की सूचना क्रंति का पल्लवन हो चुका था। विश्व को एक वैश्विक ग्राम में परिवर्तित करने का सपना साकार होने के लिए अपनी धरा ढूँढ चुका था। इस सपने का फलीभूत रूप इंटरनेट की शक्ल में आज हमारे समक्ष है। इसके आगमन से समस्त विश्व की उपयुक्त सूचनाएं, समाचार एवं ज्ञान-विज्ञान हमसे मात्र एक क्लिक की दूरी पर हैं।

अगर हम इंटरनेट के इतिहास पर दृष्टिपात करें तो हमको ज्ञात होगा कि इंटरनेट का सृजन जहाँ विकास, तकनीक, एवं ज्ञान के उत्कर्ष पर पहुँचने के लिए किया गया, वहीं इंटरनेट का आरंभ एक ऐसे संचार तंत्र के रूप में किया गया, जो कि सुरक्षित हो, परमाणु आक्रमणों से निर्विघ्न हो, एवं गोपनीय हो।

क्यूबा के संकट के पश्चात् अमेरिका को एक ऐसे संचार तंत्र की आवश्यकता थी, जो पूर्णतः सुरक्षित हो एवं विपरित परिस्थितियों में भी कायम रह सके, इसी अन्वेषण में संयुक्त राष्ट्र अमेरिका ने अंतरजाल अथवा इंटरनेट का सृजन किया।

1669 में इंटरनेट का उद्भव एवं विकास अमेरिका के प्रतिरक्षा विभाग के मुख्यालय पेंटागन स्थित 'एडवांस रिसर्च प्रोजेक्ट्स एजेंसी-एरपा (ARPA) की संकल्पना से हुआ था। उस समय अमेरिकी रक्षा वैज्ञानिक एक ऐसी कमांड कंट्रोल संरचना विकसित करना चाहते थे, जिस पर सोवियत संघ के परमाणु आक्रमण का प्रभाव न पड़े। इसके लिए उन्होंने विकेन्द्रित सत्तावाला नेटवर्क बनाया, जिसमें सभी कम्प्यूटरों को बराबर का दर्जा दिया गया। अर्थात् इस नेटवर्क का उद्देश्य नाभिकीय युद्ध की स्थिति में अमेरिकी सूचना संसाधनों का संरक्षण करना था।[1]

यहाँ से सृजन हुआ एक ऐसे संचार नियम का जिसके द्वारा सभी कम्प्यूटरों को एक नेटवर्क से जोड़ा गया एवं उन कम्प्यूटरों में सूचना का आदान-प्रदान बहुसंयोजित पैकेट संजालों के माध्यम से किया गया। यह परियोजना इंटरनेटिंग कहलाई एवं इससे प्राप्त प्रणाली का नामकरण 'इंटरनेट' के रूप में हुआ।

इस प्रकार इंटरनेट का प्रारम्भिक रूप 'अर्पानेट' (ARPANET) था, जिसका उद्देश्य अनुसंधानकर्ताओं के लिए एक ऐसा माध्यम प्रदान करना था, जो कि अनुसंधान से संबंधित सूचनाओं का आदान-प्रदान करने में सक्षम हो, परन्तु समयोपरांत यह जन-साधारण के लिए संप्रेषण, ज्ञानार्जन एवं जागरूक रहने का स्रोत बनकर उभरा।

इंटरनेट में आप्टिकल फाइबर द्वारा कई कम्प्यूटरों को जोड़कर एक नेटवर्क का सर्जन किया जाता है। इस प्रक्रिया के पश्चात् मैन कम्प्यूटर (Main Computer) को टेलीफोन लाइन द्वारा मैन कम्प्यूटर को नेटवर्क से जोड़ा जाता है। कम्प्यूटर का संपर्क टेलीफोन से मोडेम के माध्यम से होता है। इस मोडेम का कार्य कम्प्यूटर के डिजिटल सिग्नल को टेलीफोन के मैग्नेटिक सिग्नल में एवं उल्टे क्रम से काम करना होता है।

The internet is a global system of interconnected computer network that use the internet protecal (T COPè IP link billion of devices worldwide[2]

इंटरनेट से जुड़े कम्प्यूटर क्लाइंट और सर्वरों का इस्तेमाल कर दुनिया भर के एक-दूसरे को डाटा ट्रांसफर करते हैं। वह कम्प्यूटर जो किसी नेटवर्क के स्रोतों जैसे प्रोग्राम और डाटा को व्यवस्थित करता है और एक केन्द्रीय स्टोरेज एरिया उपलब्ध कराता है, सर्वर कहलाता है।[3]

आंकड़ों की माना जाये तो आज **550** मिलियन लोग विश्व भर में इंटरनेट का उपयोग कर रहें हैं। भारत उनसे कुछ अग्रिम देशों में से है, जहाँ इंटरनेट का प्रयोग किया जाता है, इंटरनेट के प्रयोगकर्ताओं की संख्या के आधार पर संभवतः तीसरे या चैथे स्थान पर। यह कहना अतिशयोक्ति न होगा कि इंटरनेट के आगमन के पश्चात् कम्प्यूटर, संप्रेषण, संचार, सूचना एवं मनोरंजन के क्षेत्र में वह क्रांति आई जिसका अनुमान भी इससे पहले नहीं लगाया जा सकता था। कदाचित यही कारण है कि भारत में इंटरनेट का इतिहास अधिक पुराना न होने पर भी इसके प्रयोगकर्ता दिन-दुने रात चैगने बढ़ रहे हैं। भारत में इंटरनेट के इतिहास पर कुछ दृष्टिपात करते हैं।

देश के कुछ सीमित संभ्रांत लोगों द्वारा प्रयोग किए जाने के साथ इंटरनेट का प्रवेश **1987-88** में ही हो गया था। परन्तु विदेश संचार

निगम लिमिटेड द्वारा इंटरनेट सुविधा को उपलब्ध कराने के उद्देश्य से 15 अगस्त 1995 से 'गेटवे इंटरनेट' सेवा आरंभ की गई। इसके अंतर्गत मुंबई के इंटरनेट एसेस कोड को सेटेलाइट मिडिया द्वारा अमेरिका और सबयरिन केबल मीडिया द्वारा यूरोप के इंटरनेट नोड के साथ जोड़ा गया।[4]

इससे स्पष्ट है कि, भारत में इंटरनेट के महत्तव को भलीभांति समझा गया, एवं इसका प्रयोग भविष्य में अत्यंत तीव्रता से बढ़ेगा। परन्तु इंटरनेट का दुरूपयोग न करके सदुपयोग करना ही देश को प्रगति की ओर ले जा सकता है। अमेरिका की सुरक्षा के लिए आरंभ हुए एक छोटे से नेटवर्क ने आज इतना व्यापक रूप ग्रहण कर लिया। भविष्य में इसके विविध आयाम सम्भावित हैं।

5.2 इंटरनेट और भविष्य परिवर्तन

इंटरनेट ने अभिव्यंजनकता एवं प्रेषणीयता को नवीन रूर्जा प्रदान की, निस्संदेह ही यह एक विलक्षण आविष्कार है। यह एक तकनीक खोज से अधिक एक सामाजिक माध्यम बन गया। जिस प्रकार इंटरनेट ने सामाजिकता को प्रभावित किया इससे उसकी उपगम्यता समाज से समस्त पक्षों पर हुई और भाषा भी इसमें अपवाद नहीं थी। आरंभिक दौर में कम्प्यूटर भाषा को लेकर नूतन अनुप्रयोगों के सृजन का माध्यम बन चुका था, वहीं इंटरनेट के आगमन के पश्चात् विभिन्न भाषिक समाजों के मध्य परस्पर संवाद एवं संक्रामकता की स्थिति पैदा हो गयी। इसी संक्रामकता से एक नई भाषा का जन्म होने लगा जो कि इंटरनेट की भाषा है। कुछ ऐसे शब्द, वाक्य रचनाएँ एवं व्याकरणिक ढँचे बनने लगे जो केवल इंटरनेट संप्रेषण में ही प्रयुक्त होते हैं। भाषाविज्ञान को कम्प्यूटर से संपृक्त करनेवाला यह एक नवीन अन्वय है। इसी संयोजन ने भाषा विज्ञान के क्षेत्र में एक नवीन क्षेत्र का उदय हुआ जिसको 'इंटरनेट लिंग्विस्टिक' के नाम से जाना जाता है। यह एक ऐसा क्षेत्र था जिसकी परिकल्पना भी कुछ समय पूर्व नहीं की जा सकती थी।

Internet linguistic is another domain of linguistics advocated by English linguist David Crystal. It studies new language styles and forms that have arisen under the influence of the internet and other new media such as short message service.[5]

(SMS) Text Mesaging

भाषा का उपयोग अब पृथक-पृथक माध्यमों में होने लगा जैसे चैटिंग, मोबाइल, सोशल मीडिया साइट्स आदि मनुष्य का स्वभाव है कि वह भाषा को सरलीकृत करता है, उसके अतिरिक्त कुछ समय एवं उपलब्ध स्थान की कमी ने उसे भाषा का अल्पीकरण करने को बाध्य किया यहीं से कुछ शब्दों को घटाकर उनकी ध्वनियों द्वारा ही पूर्ण शब्द संप्रेषित करने का प्रयास आरंभ किया गया। यह शब्द भले ही वर्तनी के आधार पर अशुद्ध थे परंतु इनके उच्चारण से निकलनेवाली ध्वनियां वांछित शब्द संप्रेषित करने में सक्षम थीं।

इस तरह के भाषिक परिवर्तनों को हाल ही में सर्वप्रथम डेविड क्रिस्टल ने परिलक्षित किया जो कि इंग्लैण्ड के भाषाविद् हैं एवं इस क्षेत्र में निरंतर प्रयासरत हैं।

इस विषय पर अनुसंधान आवश्यक भी था, क्योंकि कई भाषाविदों का मत यह था कि इंटरनेट और कम्प्यूटर भाषा अथवा साहित्य के लिए विध्वंसकारी सिद्ध होंगे। जिसका कारण वह यह मानते थे कि अन्पज्ञानी लोग बिना किसी सम्पादन के इंटरनेट पर भाषा का भविष्य तय करेंगे, यह तर्क किसी हद तक स्वीकार्य भी था, क्योंकि स्तरीय संपादन ही एक उत्कृष्ट रचना को तराशता है। परंतु भाषाविद् डेविड क्रिस्टल ने इस धारणा के विपरीत जाकर कार्य आरंभ किया। उनके अनुसार भाषा परिवर्तनशील है एवं इंटरनेट भाषिक परिवर्तनों का एक महत्त्वपूर्ण द्योतक बनकर उभरा है। और इसने भाषा को व्यापकता एवं विविधता ही भाषा को वैचारिक रूप से अधिक संगठित, अनुवाद में अधिक सक्षम एवं इंटरनेट के हेतु अधिक प्रयोजनशील बना सकती है, तात्पर्य यह है

कि इंटरनेट लिंग्विस्टिक भाषा के लिए लाभप्रद ही सिद्ध होगी, हो सकता है कुछ मूल सैद्धांतिक परिवर्तन दृष्टिगोचर हों परंतु अपनी प्रवृति के अनुसार परिवर्तनशीलता में ही भाषा का विकास है।

I have found clear signs of the emergences of a distinctive variety of language, with characteristics closely related to the properties of its technological context as well as to the internations, activities and (to some extent) personalities of the users. But the net is only a part of computer-mediated language. Many new technologies are anticipated, which will integrate the internet with other communication situations, and these will provide the matrix with in which further language varities will develop.[6]

इसी तरह से इंटरनेट की भाषा एवं तकनीक के वैश्विक भाषिक समाजों में आते परिवर्तन कम्प्यूटर के डाटाबेस में समाहित होते जा रहे हैं, वह समय दूर नहीं कि वेब एक विशाल कार्पस ;ब्वतचनेद्ध बन जाए।

इंटरनेट लिंग्विस्टिक में इंटरनेट के कारण आते भाषिक परिवर्तनों को चार भिन्न-भिन्न परिपे्रक्ष्य में विभाजित करके देखा।

1. सामाजिक
2. शैक्षिक
3. शैलीगत
4. व्यवहारिक

David Crystal has identified four main perspectives for further investigation the sociaolinguistic perspective, the educational perspectives, the stylistic perspective and the applied perspective[7]

समाजिक परिप्रेक्ष्य में इंटरनेट के उन सभी अनुप्रयोगों पर विचार किया जाता है, जो समाज को किसी न किसी तरह प्रभावित करते हैं। यह

माध्यम सामाजिकता एवं भाषा को प्रभावित करते हैं। इनका प्रभाव हर क्षेत्र में होने के कारण इनमें आने वाले भाषिक परिवर्तन संपूर्ण भाषिक समाज को प्रभावित करता है।

इन अनुप्रयोगों में टैक्स्ट मैसेजिंग, ई-मेल, चैटिंग, वर्चुअल वल्ड (आभासी दुनिया), या वल्ड वाइड वेब को परिलक्षित किया जा सकता है।

इन सभी माध्यमों की भाषिक आवश्यकताओं की पूर्ति हेतु प्रत्येक भाषा को अपने अंदर निहित संभावनाओं को पुनः व्याख्यित करना पड़ रहा है।

शैक्षिक परिप्रेक्ष्य में निःसंदेह ही वह कारण एवं प्रभाव आते हैं, जो भाषा में इंटरनेट के माध्यम से परिवर्तन करने के पश्चात् उस भाषा के शिक्षण में समाहित हो जाते हैं। यह शिक्षा व्यवहारिक न होकर इंटरनेट के भाषिक स्वरूप सीधे उपयोगकर्ता तक पहुँचा रही है और यही उसके प्रसार एवं मानकीकरण का माध्यम एवं प्रक्रिया है।

शैलीगत परिप्रेक्ष्य में यह पिरलक्षित किया जाता है कि किस प्रकार इंटरनेट भाषा के संरचनात्मक स्तर को प्रभावित कर रहा है। यह इंटरनेट को एक ऐसे माध्यम के रुप में दर्शाता है जो संरचनात्मक रुप से भाषिक स्तर पर नूतन प्रतिभास को जन्म दे रहा है।

व्यवहारिक परिप्रेक्ष्य में इंटरनेट का मूल्यांकन इस आधार पर किया गया कि भाषिक परंपराओं एवं सृजन स्रोत के मापदण्डों पर इंटरनेट

का भाषा पर क्या प्रभाव पड़ता है। और यह प्रभाव भाषा के विकास के लिए अनुरूप है अथवा प्रतिकूल विकास की प्रक्रिया सकारात्मक भी हो सकती है और नकरात्मक भी। ऐसे में इंटरनेट भाषिक विकास का स्रोत ऐसा स्रोत है जो बहुभाषित का मंच है। यही बहुभाषिता किसी भाषा में संश्लिष्ट होकर उसे नवीन शैली एवं विविधतापूर्ण विकास प्रक्रिया का स्वरूप प्रदान करती है। ऐसे में निसंशय है। भाषिक विकास का मूल्यांकन आवश्यक हो जाता है कि आगम भाषिक प्रवृतियां प्रतिग्रहीता भाषा के लिए स्वास्थ्यपरक हैं अथवा नहीं।

भाषाविद् डेविड क्रिस्टल ने यह कुछ मापदण्ड दिये जिनसे इंटरनेट के माध्यम से किसी भी भाषा का भाषा वैज्ञानिक मूल्यांकन किया जा सकता है हालांकि यह अटकलें केवल अभी आंग्ली भाषा की गवेषणा करती हुई ही दृष्टिगत होती है, परंतु अवधारणा प्रस्तुत विचार वर्ग में इसलिए विवेचित की गई क्योंकि यह इंटरनेट का प्रभाव किसी भी भाषा पर दर्शाने में सक्षम है। वर्तमान में इस अवधारणा को लेकर हिन्दी भाषा का विवेचन उपलब्ध नहीं है, परंतु कहीं-न-कहीं भाषा भी इसी प्रक्रिया से प्रभावित है। आशा है कि भविष्य में हिन्दी भाषा में भी इस विषय पर कार्य होगा। किन्तु उपर्युक्त विश्लेषण से यह सुस्पष्ट है कि इंटरनेट भाषा वैज्ञानिक समीकरणों में परिवर्तन कर रहा है और भविष्य में यह परिवर्तन स्पष्टतः दृष्टिगोचर होने की संभावना है।

5.3 कम्प्यूटर पर विश्व अनुदित साहित्य एवं हिन्दी

मौलिकता एवं सभ्यता के प्रस्फुटित होने के लिए यह अनिवार्य है कि सामाजिक एवं सांस्कृतिक मूल्यों का आदान-प्रदान साहित्य विभिन्न सांस्कृतियों से साक्षात्कार करने का सशक्त माध्यम है। वर्तमान में जब तकनीकीकरण एवं इंटरनेट के आगमन के पश्चात् मनुष्य सम्पूर्ण विश्व को 'ग्लोबल विलेज' में परिवर्तित करने के प्रश्न में लगा है। ऐसे में यह जानना आवश्यक है कि 'ग्लोबल विलेज' की अवधारणा तभी संभव है, जब साहित्य पूरे विश्व के लिए सांस्कृतिक सेतु का काम करे। भाषाओं में भिन्नता होते हुए भी परस्पर संवाद एवं साहित्य का आदान-प्रदान ही

'वैश्विक गाँव' की परिकल्पना को सजीव कर सकता है। यह एक ऐसी परिकल्पना है, एक ऐसी अवधारण है, जिसमें परस्पर संवाद की स्थिति एवं एकता का भाव का समावेश हो। अनुवाद ऐसे की विश्व के निर्माण के लिए किया गया प्रयास है। एक समाज एवं संस्कृति की रचना की किसी दूसरे समाज की भाषा में कहकर उसे वहाँ के समाज एवं संस्कृति के अनुकूल बनाना ही अनुवाद का कार्य है। अनुवाद शब्द संस्कृत भाषा का है। उसका सम्बन्ध 'वद्' धातु से है। "वद्' यानि कहना या बोलना। इस 'वद्' धातु से 'घञ्' प्रत्यय जुड़ने से 'वाद' बना और उसमें 'अनु' उपसर्ग जुड़ने से 'अनुवाद' शब्द का निर्माण हुआ। इस 'अनुवाद' शब्द का अर्थ है 'पुनःकथन' या किसी के कहने के बाद कहना। संस्कृत साहित्य में अनुवाद का अर्थ था-'प्राप्तस्य पुनः कथने' आदि 'पश्चात्कथन', 'पुनःकथन', 'ज्ञात को कहना', 'समर्थन के लिए प्रयुक्त कथन', 'सार्थक आवृत्ति' इस अर्थों में अनुवाद शब्द का प्रयोग होता था। आज अनुवाद का अर्थ 'पुनःकथन' ही है। 'अनुवाद एक भाषा में किसी के द्वारा कही गयी बात का किसी दूसरी भाषा में 'पुनःकथन' है"।[8]

अनुवाद एक बेहद जटिल प्रक्रिया है, यह केवल शब्दार्थ करने तक ही सीमित नहीं है, अपितु यह भाषा के सूक्ष्म स्तर जैसे व्याकरणिक भिन्नता, शब्दावलियों के बीच अतःसम्बन्ध स्रोत एवं लक्ष्य भाषा पर एवं इनके शाब्दिक संदर्भों पर विचार करना, इस प्रक्रिया को सटीक एवं अर्थपूर्ण बना देते हैंय जहाँ वैज्ञानिक अनुवाद शब्दावली पर निर्भर होता है, वहीं साहित्यिक अनुवाद करना सूक्ष्म कार्य है कारण यह है कि जहाँ वैज्ञानिक अनुवाद तथ्यों, तर्कों एवं अभिधान शब्दावली पर निर्भर करता है वहीं साहित्यिक भाषा व्यंग्यार्थ एवं लक्ष्यार्थ लिए हुए होती है, जिसका अनुवाद केवल शब्द-अर्थ करने के पश्चात् या ज्यों-का-त्यों कर देने भर से मुमकिन नहीं है। इस कार्य को सम्पन्न करने हेतु स्रोत एवं लक्ष्य भाषा पर अच्छी पकड़ होना आवश्यक है।

संस्कृति के व्यतिरेक के कारण भाषाओं की संरचना एवं अभिव्यक्ति भिन्न-भिन्न हो जाती है और इसलिए एकता के बिंदु प्राय नज़र नहीं आते। ऐसी स्थिति में बहुभाषा भाषी विश्वजनता के बीच अनुवाद एक

सुदृढ़ सांस्कृतिक सेतु का कार्य करता है। यह एक ऐसा सेतु है, जिसके माध्यम से समय तथा दूरी के अन्तराल को पार किया जा सकता है।[9]

कम्प्यूटर एवं इंटरनेट के आने से अनुदित विश्व साहित्य की उपलब्धता सुगम हो चली है एवं साहित्य अब भौगोलिक एवं भाषिक बन्धनों से मुक्त होकर समस्त विश्व को अपनी आभा से प्रकाशमय कर रहा है। परन्तु इस कथन का यह तात्पर्य नहीं है कि अनुवाद कोई नवीन विधा है, बल्कि यह कई सदियों पूर्व ही अपनी विकास यात्रा शुरू कर चुका है। अनुवादों से सहारे ही विश्व-साहित्य का निर्माण एवं विकास हुआ है। उदाहरण के लिए प्राचीन भारत के महत्तवपूर्ण कथा-संग्रह पंचतंत्र का अनुवाद विश्व कथा साहित्य के लिए अत्यंत संहायक सिद्ध रहा है। पंचतंत्र का अनुवाद सन् 570 में पहलवी भाषा में हुआ और उसे सिरीयक, अरबी तथा अनेक यूरोपीय भाषाओं में इसका अनुवाद हुआ। अब्दुल्ला इब्न अल मोकफ्फा द्वारा पंचतंत्र का 750 में जो अरबी अनुवाद किया गया था, वह एशिया और यूरोप के अनेक अनुवादों का स्रोत बना।[10]

विश्व साहित्य की परिकल्पना अत्यंत लाभदायक है, विभिन्न संस्कृतियों एवं विशिष्ट मानसिक स्तर द्वारा सृजन की हुई रचनाएँ लक्ष्य भाषा को समृद्ध बनाने के साथ-साथ चिंतन एवं सृजनात्मकता के नवीन स्रोत भी खोलती है। उदाहरणार्थ पाश्चात्य रचनाओं के अनुवाद से हिन्दी रचनाओं पर उनका प्रभाव स्पष्टतः दृष्टिगत होता है।

पाश्चात्य सभ्यता और संस्कृति के साथ संपर्क और अन्य कारणों के अतिरिक्त अनुवाद कार्य के फलस्वरूप हिन्दी क्षेत्र में नवीन बौद्धिक जागरण उत्पन्न हुआ। यूरोपीय विशेषतः अंग्रेज़ी, भाषाओं से किये गये अनुववादों ने न केवल भारतवर्ष की आधुनिक शिक्षा-संबंधी आवश्यकाताओं की पुर्ति की, वरन् अंग्रेज़ों तथा योरोपियनों और भारतवासियों को परस्पर एक दूसरे को समझने का अवसर भी प्रदान किया।[11]

मशीनी अनुवाद के आगमन के पश्चात् जहाँ अनुवादकों का कार्य किसी हद तक सुगम हुआ है, वहीं प्रौद्योगिकी एवं इंटरनेट के आने से ऐतिहासिक एवं उत्कृष्ट रचनाओं के साथ-साथ दर्शनीय अपरिचित रचनाओं को भी विश्व पटल पर एक मंच प्रदान किया है। जहाँ हिन्दी भाषा में वैश्विक रचनाओं के अनुवाद की एक सुदीर्घ परंपरा है, वहीं विश्व भर में अनुवादित हिन्दी साहित्य का एक अलग स्थान है, आचार्य रामचंद्र शुक्ल ने 'लाइट आफ एशिया' का अनुवाद 'बुद्धचरित' के रूप में प्रस्तुत किया, वहीं रांगेय राघव ने शेक्सपियर की रचनाओं का अनुवाद किया। परंतु मशीनी अनुवाद के आगमन एवं इंटरनेट जैसे मंच के मिलने के बाद अनुवाद को एक नया परिवेश, नई ऊर्जा मिल गयी है।

मशीनी या कम्प्यूटरी अनुवाद को इसकी सहभागिता के आधार पर दो श्रेणियों में विभाजित किया जा सकता है।

1. पूर्णतः स्वचालित मशीनी अनुवाद
2. अर्ध स्वचालित मशीनी अनुवाद

1. पूर्णतः स्वचालित मशीनी अनुवाद

इस तरह के मशीनी अनुवाद में मानवीय मध्यस्थता एवं हस्तक्षेप की आवश्यकता नहीं होती, परन्तु पूर्णतः स्वचलित मशीनी अनुवाद पूरी तरह सफल नहीं है, यह वैज्ञानिक एवं तकनीकी अनुवाद में तो आंशिक रूप से सफल है क्योंकि वहाँ तथ्यों एवं अभिधात्मक शब्दावली का शब्दार्थ करना होता है। परन्तु साहित्य में भावों की सूक्ष्मता एवं लक्ष्यार्थ और व्यंग्यार्थ

की जटिल भाषा को त्रुटि रहित अनुवाद करने में अभी यह असक्षम ही है। इनको सफल बनाने के लिए आवश्यक है कि इनको शब्दों के संदर्भ, विषय एवं वाक्य विन्यास की दृष्टि से अधिक सक्षम बनाया जाये।

2. अर्ध स्वचालित मशीनी अनुवाद

इस प्रकार के अनुवाद में यह सुविधा होती है कि मनुष्य को जो अनुवाद अशुद्ध एवं त्रुटिपूर्ण लगे उसे या तो निवेश करने से पहले मनुष्य द्वारा संशोधित किया जा सकता है या अनुवाद करने उपरांत भी संशोधित किया जा सकता है। पहले संशोधन करने को (Pre Editing) कहते हैं एवं बाद में संशोधन करने को (Post Editing) कहते हैं।

कम्प्यूटर द्वारा किए जाने वाले अनुवाद कार्य में भाषिक विश्लेषण का बड़ा महत्तव है। संदर्भानुसार शब्द का अर्थ ग्रहण किया जाता है। यह अनुवाद कार्य प्रायः 'अभिधा' प्रधान होता है। व्यंजन तथा भावों में उतार-चढ़ाव कम्प्यूटर के अनुवाद में नहीं आ पाता।[12]

व्यवस्थित अनुवाद करने हेतु पद निरूपण की क्रिया होना अत्यंत आवश्यक है। कारण यह है कि अनुवाद में विश्लेषण, संश्लेषण एवं अंतरण की आवश्यकता पड़ती है। इस विधि से पद निरूपण (Parsing) में सहायता मिलती है। ज्ञान-निरूपण और पदनिरूपण की विभिन्न तकनीकों पर आधारित मशीनी अनुवाद के मुख्य उपादान हैं: पूर्व संसाधित्र (Pre Pocessor), पदनिरूपित्र (Parser), शाब्दिक विश्लेपित्र (Lexical Analyser), शाब्दिक डाटा संचय (Laxical Data Base), क्रिया-पदबंध विश्लेषित (Verb Phasase Analyer), अनुवादित्र (Translator), और जनित्र (Generator).[13]

जब कोई साहित्यक रचना अनुवाद करने के लिए कम्प्यूटर में निवेश की जाती है, तो प्रथम चरण में पूर्व संसाधित्र समस्त वाक्यों का स्रोत भाषा के शाब्दिक एवं व्याकरणिक दृष्टि से विश्लेषण करता है कि कहीं वह अशुद्ध एवं त्रुटिपूर्ण तो नहीं है? अगर कोई त्रुटि होती है तो कम्प्यूटर निवेश किये गये वाक्य अपने डाटा संचय में उपस्थित व्याकरणिक एवं

शाब्दिक डाटा संचय के अनुरूप स्वतः शुद्ध कर लेता है या त्रुटि के नीचे लाल रेखा दिखाकर उस त्रुटि को सही करने के लिए अपनी ओर से विकल्प/सुझाव प्रस्तुत करता है। यह संसाधित्र संयुक्त एवं मिश्रित वाक्यों को सरल वाक्यों में भी परिवर्तित कर देता है।

इसके पश्चात् पद निरूपक वाक्य संरचना के आधार पर स्रोत भाषा में निविष्ट वाक्यों को जाँचता है एवं त्रुटियों को उजागर करके इन वाक्यों की संदिग्धताओं को बड़े पैमाने तक कम कर देता है। भिन्न-भिन्न भाषाओं के लिए भिन्न-भिन्न व्याकरणिक सरंचना एवं नियमों का डाटा संचय पूर्व ही कम्प्यूटर में निविष्ट किया जाना आवश्यक है। पद निरूपण के समकक्ष की कम्प्यूटर में ज्ञान-निरूपण की प्रक्रिया भी चलती रहती है।

ज्ञान-निरूपण से तात्पर्य है कि वस्तु विशेष के समस्त फ्रेम को समझना एवं व्यक्ति तथा घटना के समस्त गुणों को जानना व घटना क्रम की पूरी जानकारी लेना पूरा ज्ञान है।[14]

पद निरूपण के पश्चात् शाब्दिक विश्लेषित स्रोत भाषा के शब्दों का विश्लेषण करके लक्ष्य भाषा में उनके समकक्ष शब्द एवं पर्यायों का अनुसंधान करता है। यह अनुसंधान कम्प्यूटर में मौजूद शब्द संचय (Data Base for Lexicon) द्वारा होता है। यह शब्द संचय (Data Base for Lexicon) एक तरह का द्विभाषी अथवा बहुभाषी शब्दकोश होता है, इसमें शब्द, उसके अर्थ, पर्याय एवं अन्य भाषिक पक्षों का समावेश होता है। ताकि वाक्य संरचना होते वक्त शब्द के भाषिक पक्षों को विश्लेषण कर उनके अनुसार वाक्य क्रम का गठन किया जा सके।

उसके बाद कम्प्यूटर में पूर्व से उपस्थित क्रियापद विश्लेषित उसकी धातु, काल, वाक्य आदि का विश्लेषण कर देता है, अनुवादित लक्ष्य भाषा में सारे शब्दों का पर्याय खोज कर जनित्र की सहायता से वाक्य का गठन करता है। इस तरह कम्प्यूटर किसी भाषा के वाक्य का अनुवाद किसी अन्य भाषा के वाक्य का अनुवाद किसी अन्य भाषा में करने में सक्षम होता है। वस्तुतः हमें एक ऐसी मशीन के विकास की आवश्यकता

है जो स्रोत वाक्य से तीनों प्रकार के शब्द बोधों को निकाले, फिर उसी आधार पर लक्ष्य भाषिक पाठ का सृजन करे, तभी मशीनी अनुवाद तंत्र का सही विकास हो पायेगा।

यहाँ यह उल्लेख कर दें कि भारत में संपूर्णानन्द संस्कृत विश्वविद्यालय के संगणक (कम्प्यूटर) भाषा वैज्ञानिकों ने इस प्रकार का भारतीय शास्त्रों पर आधारित प्रजनक विकसित कर लिया है, जो तीनों प्रकारों का प्रारूपों के शब्दबोध को प्रजनित कर पाता है। आशा है, कम्प्यूटर द्वारा अनुवाद की अब जल्द की मिल जायेगी।[15]

जहाँ तक विश्व अनूदित साहित्य के महत्व का प्रश्न है निश्चय ही डा॰ आरिफ़ नज़ीर के विचार इस संदर्भ में उल्लेखनीय हैं।

"विद्वानों की मान्यता है कि विश्व की सभी भाषाओं का विकास, परिवर्धन तथा विस्तार अनुवाद के माध्यम से हुआ है। निश्चय ही अन्य भाषाओं में अभिव्यक्त विचारों, संकल्पनाओं अथवा भावनाओं को सम्यक् रूप में पुनर्भिव्यक्त करने के प्रयास में संग्राहक भाषा के उपलब्ध तथा अन्तर्निहित संसाधनों को एक चुनौती मिलती है। इसलिए ऐसी भाषा को आधुनिकीकृत माना जाता है जिसमें अन्य भाषा के समकक्ष अन्तर अनुवादीयता की क्षमता हो।[16]

कुछ ऐसे ही विचारों को आत्मसात् करते हुए यह निश्चय ही कहा जा सकता है कि भाषिक एवं साहित्यिक विकास के लिए यथापेक्षित चुनौती निस्संशय ही अन्य भाषाओं के अनुदित साहित्य को पढ़कर प्राप्त की जा सकती है एवं अपनी संस्कृति, ज्ञान एवं अनुभव का लाभ अन्य भाषियों तक अपने साहित्य को अनुवाद करके पहुँचाया जा सकता है।

भाषा का आधुनिकीकरण ही भाषा को विकास के पथ पर ले जाता है, यही मुख्य कारण है कि आज हिन्दी को आधुनिक बनाने में प्रयासरत कई विद्वान हिन्दी को कम्प्यूटर एवं इंटरनेट के माध्यम से उसका अनुवाद कर उसके प्रचार-प्रसार एवं विकास करने के लिए प्रतिबद्ध हैं एवं इस दिशा में पूरे समर्पण भाव से सक्रिय हैं। हिन्दी में अनुवाद करने हेतु

नवीन साफ्टवेयर एवं एपलीकेशन्स का निर्माण करने में प्रयासरत हैं। यह अनुप्रयोग दो प्राकर के हैं।

1. आनलाइन (Online): आनलाइन अनुवाद साफ्टवेयर/सर्विसेज़ तब ही कार्य करती है जब कम्प्यूटर इंटरनेट से संपर्क (Connect) हो।

2. आफलाइन (Offline): आफलाइन अनुवाद साफ्टवेयर बिना इंटरनेट के संपर्क के भी अनुवाद करने में सक्षम होते हैं।

कुछ प्रमुख, अनुवाद सॉफ्टवेयर निम्नलिखित हैं।

1. आनलाइन

- अनुकारका
- गूगल अनुवाद
- बैबीलान
- विकिभाषा (Wiki Bhasha)

2. आफलाइन

- अनुवादक
- मंत्रा (Mantra: Machine Assisted Translation)

इस साफ्टवेयर्स का विवरण इस प्रकार है।

- अनुसारका (Anusaraka)

Anusaraka is

- A tool for overcoming language barriers.
- A better approach for building machine translation system
- A practical demonstration of application of traditional shastras to aoive cemtemprary problems.
- An opportunity for the masses to be IT contributors rather than mere IT consumers[17]

अनुसारका भाषिक विविधताओं को समाप्त करने का एक प्रयास है। इसके द्वारा शास्त्रों का अनुवाद करके यह दर्शाया गया कि किस प्रकार मंत्रों में निविष्ट ज्ञान वर्तमानकालीन समस्याओं से निपटने में सक्षम है। यह उपगम्यता जहाँ एक ओर हिन्दी अनुवाद के क्षेत्र में क्रंतिकारी प्रयास हैं, वहीं दूसरी ओर भारतीय शास्त्रों में उपस्थित ज्ञान की प्रासंगिकता की महत्वता को संपूर्ण विश्व में प्रतिपादित करने के कारण भी उल्लेखनीय है।

Google Translation (गूगल अनुवाद): यह सेवा गूगल द्वारा शुरू की गयी, इसके अंतर्गत कई भाषाओं में एक-दूसरे से अतः अनुवाद की सुविधा उपलब्ध है। इसमें संसार की सभी भाषाओं में परिचयन का विकल्प है। सबसे महत्त्वपूर्ण बिन्दु है कि इसमें जनता को डाटा (जो कि शब्द अर्थ के रूप में होता है) को संपादित करने की अनुमति है। यहाँ कोई भी भाषा भाषी अपनी भाषा के नए शब्दों एवं अर्थों को इसमें निविष्ट कर सकता है।

Babylon (बैबीलान): यह साफ्टवेयर भी हिन्दी अनुवाद के लिए प्रयोग किया जाता है।

Wiki Bhasha (विकीभाषा): Wikibhasha is a multilingual content creation tool for Wikipedia developed by Microsoft research. Wikibhasha beta enables Wikipedia users and contributors to explore and sources content from English Wikipedia articles, to translate the content with users' additions and corrections for contributions to the target language Wikipedia. The content creation workflow is flexible enough to accommodate new content creation at the same time preserving reusable information, such as refrences and templates.18

विकीभाषा विकीपीडिया परनिविष्ट लेखों को हिन्दी एवं अन्य भाषाओं में अनुवाद करने में सक्षम है। विकीपीडिया पर अत्यंत लाभकारी तथ्यों,

ज्ञानवर्धक सूचनाओं से लेकर महत्त्वपूर्ण व्यक्तियों के विषय पर समस्त जानकारी उपलब्ध है, यही कारण है कि इसमें मौजूद अनुवाद का विकल्प सांस्कृतिक सेतु के रूप में उल्लेखनीय है।

Mantra (मंत्रा): मंत्रा की गिनती हिन्दी के उच्चतम अनुवादक सॉफ्टवेयर्स में होती है।

पुणे की कम्पनी सीडेक (प्रगत संगणन विकास केन्द्र) ने मन्तरा (मशीन असिसटेंड ट्रांसलेशन) नामक साफ्टवेयर तैयार किया है, जो हिन्दी भाषियों को तुरंत ही हिन्दी लिप्यन्तरण की सुविधा प्रदान करता है। यह साफ्टवेयर दफ़्तरों, कृषि एवं छोटी औद्योगिक इकाइयों के लिए अत्यंत उपयोगी है।[12] सरकारी कार्यालयों में मशीन एसिस्टेड ट्रांसलेशन पैकेज (Machine Assisted Translation Package) अर्थात 'मंत्रा' का प्रयोग हो रहा है, जिसके द्वारा निविदा सूचना, गजट, परिपत्र, स्थानांतरण, आदेश का अंग्रेज़ी-हिन्दी में अनुवाद सरलतापूर्वक किया जा रहा है।[19]

अनुवादक (Anuvaadak): एक कम्प्यूटर कंपनी ने (संचालन-अंजलि राय चैधरी) आओ हिन्दी पढ़ें-संज्ञा, सर्वनाम, विशेषण आदि प्रोग्रामों के साथ अनुवादक भी प्रस्तुत किया है, जिसके माध्यम से मूलपाठ को हिन्दी में प्रस्तुत किया जा सकता है। इसमें तीन अलग-अलग शब्दकोश-सामान्य, वैज्ञानिक, कृषि संबंधी विद्यमान हैं।[20]

ऐसे कई अनुप्रयोग विकास के क्रम में हैं, परंतु केवल अनुवाद साफ्टवेयर को विकसित करना भर पर्याप्त नहीं है। आवश्यकता है कि खुद साफ्टवेयर का ही हिन्दीकरण किया जाये ताकि ज़्यादा से ज़्यादा हिन्दी भाषी तकनीक को समझकर इसको विकसित करने में सहभागिता दर्ज करायें। इस कार्य के लिए अक्षरग्राम ने "निपुण" नामक प्रौजेक्ट प्रारंभ किया है, जिसमें अनुवादक सामूहिक रूप से कार्य कर सकें।

5.4 अभिव्यक्ति की यात्राः मौखिकी से प्रौद्योगिकी तक

साहित्य सृजन धीमी परन्तु अविच्छिन्न रूप से चलती रहने वाली प्रक्रिया है। यदि 'साहित्य' शब्द का विस्तृत रूप से विश्लेषण किया जाये तो यह निष्कर्ष निकाला जा सकता है कि साहित्य सृजन की प्रक्रिया का उद्गम इस शब्द की उत्पत्ति से कहीं पहले हो चुका था। इस शब्द की परिधि में प्राचीन शिला लेखों से लेकर वर्तमान में कम्प्यूटर पर लिखे जाने वाले ब्लॉगस सभी आते हैं। इसके द्वारा यह भी प्रमाणित होता है कि साहित्यकार पर समाज का प्रभाव ही उसकी रचनाशील चेतना का निर्माण करने में मुख्य तत्त्व की भूमिका निभाता है, यही कारण है कि साहित्य एवं समाज में आनेवाले परिवर्तनों का अवलोकन साथ साथ किया जा सकता है।

कथनात्मकता साहित्य सृजन के लिए अपेक्षित मूल गुण है एवं साहित्य के माध्यम द्वारा ही मानव कथनों को प्रकल्पित करने के पश्चात्, उनको लिपिबद्ध करके, उनका प्रसार करता है। इन्हीं कथनों एवं साहित्य को अभिव्यक्त करने के लिए मनुष्य ने समय समय पर भिन्न-भिन्न माध्यमों का आश्रय लिया। इन्हीं माध्यमों की विकास यात्रा एवं परिवर्तनशीलता पर प्रस्तुत पत्र में प्रकाश डाला गया है।

साहित्य की विकासशील प्रक्रिया में नई प्रवृत्तियों के उदय, पुरानी प्रवृतियों से नई प्रवृतियों के संघर्ष, नए प्रयोग और परिवर्तन के साथ साथ निरंतरता का क्रम चलता रहता है।[21]

इतिहास समस्त आविष्कारों की प्रभावशाली विपल्लवकारी शक्तियों का साक्षी रहा है। समाज में होने वाले विकास, त्रासदी, उपलब्धियाँ एवं आविष्कार सभी साहित्य पर प्रत्यक्ष एवं अप्रत्यक्ष रूप से प्रभाव छोड़ते रहे। अन्य आविष्कारों की भांति कम्प्यूटर ने भी मानव जगत पर गहरा प्रभाव छोड़ा। जहाँ कम्प्यूटर ने साहित्य-जगत में अपनी उपस्थिति दर्ज करायी वहीं साहित्य भी कम्प्यूटर का अभीष्ट अंग बन गया और यह स्थिति साहित्य सृजन, संग्रहण, एवं रचना के लिए अत्यंत लाभकारी सिद्ध हुई। अगर हम इतिहास पर दृष्टि डालें तो साहित्य अभिव्यक्ति के माध्यमों की पाँच धाराएँ गुज़रीं।

- मौखिक कथ्य (Orla Narrative)
- चित्र लिपि (Hierographics)
- हस्त-लेखन (Manuscript)
- प्रकाशन (Printing)
- विश्वव्यापी वेब (World Wide Web)

हर नवीन धारा के आगमन, एवं पुरानी धारा में परिवर्तन मनुष्य के साहित्य अभिव्यक्ति माध्यमों में विवर्तन परिलक्षित करती है। परन्तु यह धाराएँ अपने भीतर एक विस्तृत अंतराल समेटे हुए हैं। वर्षों के समयोपरांत मौखिक कथाओं के रूप में सींचा हुआ अंकुर पल्लवित होकर विश्वव्यापी वेबरूपी घने वृक्ष में परिवर्तित हो गया। मौखिक कथाओं में उच्चारण में अंतर एवं परिवेश के अंतर के चलते समय के साथ साथ त्रुटियाँ उत्पन्न हो जाती थीं। इसी कारण इन कथाओं के सुरक्षित विवरण के हेतु इनके लिखित प्रमाण के विकल्प की आवश्यकता पड़ी।

30,000 साल पुराने शूलाग्रों (भालों के फालों) और छड़ियों में कुछ तत्कीर्ण चिह्न मिलते हैं परन्तु वास्तविक रूप में लिखित भाषा के नमूने कोई 5,000 साल ही पुराने हैं। मौखिक भाषा का अस्तित्व उससे बहुत पहले से रहा होगा। 10,000 या 15,000 साल पहले कुछ भी हो सकता है। भाषा के जन्म से लेकर उसके मौखिक रूप के विकसित होने

तक दस-पन्द्रह हज़ार साल का समय तो लगा ही होगा। इस अनुमान के आधार पर भाषा का जन्म 30,000 साल पहले हुआ हो सकता है।[22]

"लिपि" शब्द "लिप्यते" से बना है इसका अर्थ होता है-लिखावट। लिपि भाषा का मूर्त रूप होती है। भाषा आत्मा है लिपि शरीर।[23]

Textualism is the idea that language or culture constitute or construct the world according to their own internal principles, and indeterminacy identifies all meaning as ultimately self-contradictory. Textualism treats of human beings and the they live as the effects of linguistic or cultural system and indeterminacy reduce knowledge to the spontaneous generation of internal contradictions within this system.[24]

चित्र लिपि समाज एवं संस्कृति में आनेवाले विवर्तनों के समानांतर विकसित होती गयी, जो प्रकाशन की सरिता के साथ बहती हुई विश्वव्यापी वेबरूपी सागर में आ मिली। लिपि चिह्नों के प्रयोग के आगमन से ही साहित्य में क्रांति आ गयी संग्रहण का जो कार्य मनुष्य के मस्तिष्क को करना पड़ता था अब वह विभाजित होकर सुगम हो चला था। जैसा कि भारत के इतिहास में भी दृष्टिगत होता है।

Knowledge traditions in India handed down philosophical gleanings and theological concepts through the two traditional concepts of *shruti* and *smiriti*, meaning *that which is learnt* and *that which is experienced*-this included the *Vedas*.[25]

चित्र लिपि इन्द्रियग्राह्य विषय था (क्योंकि वह एक प्रकार से भाव-चित्र थे) इसी कारण भ्रमवश हर मनुष्य इनका भिन्न भिन्न अर्थ प्रहण करता। परन्तु लेखन के आगमन के पश्चात् अक्षरों एवं वर्णों को मानक प्रतीक प्रदान किये जिसने साहित्य को संग्रहित करके ज्ञान विस्तार पर उल्लेखनीय प्रभाव डाले।

लिपि का सबसे पहला प्रयोग आधे अभिचारी लक्ष्यों के लिए हुआ। आरम्भ में लिपि एक प्रकार का अभिचार थी। लेखबद्ध भाषा का यह लक्षण चिरकाल तक बना रहा। छाल के टुकड़े या चमड़े पर कोई नाम लिखने का आश्रय था उस नाम के व्यक्ति को अपने वश में करना; उसको नियंत्रित करना और उसको अपने हाथ में कर लेना; अपनी इच्छानुसार उसकी पूजा अथवा उसका निरादर करना; उसकी रक्षा अथवा नाश करना।[26]

प्रकाशन के आने पर यह प्रयास और अधिक घनीभूत हुए प्रकाशन ने भाषा में आने वाले परिवर्तनों को थाम लिया। इसने भाषा को एक निश्चित और मानक रूप देने में महत्त्वपूर्ण भूमिका निभाई। जहाँ लेखन को सुरक्षित रखना उसकी सीमित प्रतिलिपियों के कारण दुःसाध्य कार्य था, वहीं प्रकाशन की अनगिनत प्रतिलिपियों के मुद्रण की विशेषता ने इसे उपर्युक्त सभी लेखन प्रक्रियाओं से उत्कृष्ट बना दिया।

The invention of print led not only to the expansion of literacy, but to the gradual development of a number of factors with profound cognitive and expressive impacts print concretized the permanence of writing. Until printing press writing was fragile with its permanence dependent on the preservation of an often-single piece of parchment or read (Einstien, 1983)[27]

प्रकाशन ने जहाँ साहित्य सृजन की दिशा में नई संभावनाओं का विस्तार किया वहीं उसने लेखक की कृति को उसकी निजी सम्पति बना दिया। परन्तु तकनीकीकरण की हर लहर अपने अंदर पुरानी तकनीक का समावेश करके एक नई और श्रेष्ठकर तकनीक को जन्म देती है।

प्रकाशन के बाद विश्वव्यापी वेब वर्तमान की नवीनतम तकनीक है, जो साहित्य को संग्रहित करने के साथ साथ उसके सृजन एवं अनुभूति के विविध स्रोत भी प्राप्य कराता है। प्रश्न यह उठता है कि यहाँ हम "अंतरजाल (Internet)" शब्द का प्रयोग न करके "विश्वव्यापी वेब" का प्रयोग क्यों कर रहे हैं?

यह इस तथ्य के कारण है कि इंटरनेट का उपयोग लगभग सन् 1970 से कुछ विशिष्ट संस्थाओं द्वारा प्रारंभ हो गया था, परन्तु विश्वव्यापी वेब सार्वभौमिक रूप से सन् 1992 में हुआ जिसने इंटरनेट को एक क्रांतिकारी ढंग से विस्तृत मंच में परिवर्तित कर दिया एवं संपूर्ण विश्व को "वैश्विक गाँव" में बदल दिया।

वल्ड वाइड वेब खुद इंटरनेट का ही हिस्सा है। वेब में कई प्रकार के बड़ी संख्या में दस्तावेज (Documents) कम्प्यूटर पर विश्व भर के लिए भरे रहते हैं तथा वेब इंटरनेट के साथ-साथ कई साइट द्वारा बनता है जो वेब ब्राउजिंग (Browsing) को सपोर्ट करती हैं।[28]

विश्वव्यापी वेब प्रकाशित साहित्य के लिये संकट नहीं सिद्ध हुआ अपितु इसके आगमन के पश्चात् दस्तवेज़ों की हाई कॉपी में वृद्धि हुई है, एक तरह से यह प्रकाशित साहित्य का सम्परक सिद्ध हुआ। यह किसी हद तक साहित्य के प्रसार में मुख्य भूमिका निभा रहा है। इसका प्रमुख कारण यह है कि हार्ड कापी (विशेषकर पुस्तकें) एक स्वतः निर्धारित समय सीमोपरांत नष्ट हो जाती हैं, एवं इस स्थिति में उसे पुनःआविष्कृत अथवा उसकी पुनःआवृति लगभग असंभव है, परन्तु विश्वव्यापी वेब ने

यह संभव कर दिखाया। वर्तमान में प्राचीन काल के अनगिनत काष्ट-पत्रों एवं पाण्डुलिपियों का डिजिटिलाइज़ेशन करके उन्हें ज्यों-का-त्यों इंटरनेट पर संग्रहित किया जा रहा है।

अन्य साहित्य माध्यमों की भांति ही इस माध्यम में भी समाज को प्रभावित करने की क्षमता रही है, सम्पूर्ण विश्व के साहित्य में विद्यमान मानवीय सौहार्द एवं प्रेम की भावनाओं का आदान-प्रदान इस माध्यम के द्वारा प्रारंभ हो चुका है। संस्कृति, शिक्षा, विज्ञान, प्रौद्योगिकी, साहित्य के लेन-देन से संस्कृति एवं सभ्यता का स्तर ऊँचा उठेगा परिणामस्वरूप उच्चतर श्रेणी का साहित्य सृजन संभव होगा।

Currently there are several models in the cultural sphere that change the actual concept of cultural mechanism, including artistic creation and promotion as well as social interaction, and are based on the possibilities of the internet. The main advantage is that content is accessible for free, at least thus far, and can be very specific according to a user's preferences.[20]

अपितु साहित्य के अभिव्यक्ति के अन्य माध्यमों की तरह विश्वव्यापी वेब में भी कई अबगुण व्याप्त हैं, जैसे सेंसर व्यवस्था (प्रतिबंधक व्यवस्था), गोपनीयता का उल्लंघन, एवं साहित्य उपहरण परन्तु या साहित्य सृजन के सस्ते एवं तीव्र साधन के विकल्प के रूप में उभरा। और वर्तमानकालीन स्थिति में यह कथन अतिरंजित कदापि न होगा साहित्य एवं विश्वव्यापी वेब में सह-संबंध स्थापित हो चुका है, जो विश्व साहित्य में विनिमय को संभव बना रहा है, समय और क्षेत्र की सीमाओं को लाँघकर अन्य भाषी साहित्य के द्वारा स्वयं में नवीन मूल्यों एवं विचारों का समावेश कर रहा है।

हमारी सदी सूचना क्रांति की सदी है। आज पूरी दुनिया में सूचना प्रौद्योगिकी का डंका बज रहा है। 'वसुधैव कुटुम्बकम्' का आदर्श और

कहीं चरितार्थ होता हो या नहीं, कम से कम सूचना प्रौद्योगिकी की दुनिया में तो चरितार्थ होता ही है।[30]

सिमेंटिक वेब (Semantic Web) विश्व साहित्य को एक धरातल पर लाने का अधुनिकतम प्रयास है जिसके बारे में अभी जागरूकता कम है। इस क्षेत्र में सघनता से अनसंधान जारी हैं। यह तकनीक निरंतर विकास पथ पर अग्रसर है। इस तकनीक के अंतर्गत वैज्ञानिक प्रयासरत हैं कि प्रत्येक भाषा के प्रस्तुतीकरण के समर्थन के लिए वेब के मुख्य परिचालन में मूल पाठ के अर्थ के ज्ञान के हेतु उन शब्दों की सत्ता मीमांसा, भिन्न-भिन्न सन्दर्भों में उनके अर्थ, उदाहरण के माध्यम से उनके वाक्य विन्यास एवं उनमें अंतर्निहित अर्थबोध को समाहित किया जाये ताकि वह पूरे विश्व के लिए मानकीकृत ज्ञात का प्रतिनिधित्व कर सकें।

The semantic web is a mesh of information linked up in such a way as to be easily processable by machines, on a global scale. You can think of it as being an efficient way of representing data on the World Wide Web, or as a globally linked database.[31]

निश्चित रूप से एक दूसरे पर परस्पर प्रभाव डालनेवाली इस स्थिति ने विश्व भर के साहित्यकारों के लिए नवीन मापदण्ड निर्धारित किये

हैं, अब उनको अपनी शैली एवं त्थ्यों अभिनवता के प्रति अधिक सचेत रहना होगा।

इक्कीसवीं सदी में साहित्य का स्वरूप क्या होगा, यह निश्चित रूप से एक महत्त्वपूर्ण प्रश्न है। लेकिन कम्प्यूटर क्रांति आदमी को उस युग में नहीं ले जाएगी, जब लिखित शब्द का अस्तित्त्व नहीं था। कम्प्यूटर न तो कवि बन सकता है, और न ही लेखक। शब्द और साहित्य भी कोई पुरातत्त्व की चीज़ नहीं बन जाएँगे। साहित्य अपने निश्चित उद्देश्य के साथ बना रहेगा। कम्प्यूटर क्रांति कितनी भी तेज़ क्यों न हो, मूल समस्याएँ तो वही रहेंगी। ऊपरी तौर पर जो परिवर्तन आएँगे, वह अन्य किस्म की समस्याएँ पैदा करेंगे। लेकिन साहित्य अपनी गति से समाज को अभिव्यक्त करता रहेगा।[32]

निष्कर्षतः मौखिक कथा के समय से शुरू होकर साहित्यिक संस्कृति तक आनेवाली सृजनशीलता में विश्वव्यापी वेब ने एक और नवीन अध्याय जोड़ दिया है। सुस्पष्ट है कि विश्व भर के साहित्य की उपलब्धता के इस सुलभ स्त्रोत के संपर्क में आने पर समाज की चिंतन प्रक्रिया विकसित होकर उच्चतर होगी, जो कि उत्कृष्ट के सृजन के रूप में प्रस्फुटित होगी। इससे साहित्य को हानि न होकर उसका उद्धार ही होगा। जहाँ विश्वव्यापी वेब की उपलब्धता सुगम है, परन्तु इसकी तुलना में वर्तमान में भी प्रकाशित माध्यमों की प्रमाणिकता अधिक है। जहाँ एक ओर विश्वव्यापी वेब के प्रयोगकर्ताओं में वृद्धि हुई है, वहीं प्रकाशित सामग्री के पाठक भी अधिक हुए हैं। यह दोनों की माध्यम ही अपनी स्वतंत्र सत्ता रखते है, और भविष्य में दोनों ही एक दूसरे के सम्पूरक बन कर उभरेंगे।

संदर्भ

1. https://Wikipedia.org/wiki/internet_lingustics

2. David Crystal - Language and the Internet-Cambridge University Press, United Kingdom, 2004, Page - 225

3. https://Wikipedia.org/wiki/internet_lingustics

4. विनय श्रीवास्तव-इंटरनेट-महत्व और उपयोगिता, पृष्ठ-7, संस्करण प्रथम 2010, श्री शिव बजरंग प्रकाशन, नई दिल्ली।

5. https://en:wikipedia.org/wiki/internet

6. देवेन्द्र सिंह मिन्हास-डायनैमिक मैमोरी कम्प्यूटर कोर्स, पृष्ठ 49-संस्करण 2012, डायमण्ड बुक्स, दिल्ली।

7. गुजंन शर्मा-कप्म्यूटर बेसिक शिक्षा-पृष्ठ 154, प्रथम संस्करण-2011, ठाकुर एण्ड संस, दिल्ली

8. प्रा.सु.मो.शाह-अनुवाद विज्ञानः स्वरूप एवं व्याप्ति, पृष्ठ 9, संपादक-डा.मु.ब.शहा/डा. पीताम्बर सरोदे-प्रथम संस्करण 1991, अतुल प्रकाशन, कानपुर

9. जी.गोपीनाथन-अनुवादः सिद्धांत और प्रयोग-द्वितीय संस्करण 1990, पृष्ठ 9, लोक भारती प्रकाशन, इलाहाबाद

10. वही, पृष्ठ 12

11. हिन्दी साहित्य का वृहत् इतिहास, संपादक-शर्मा विजयमोहन, नगरी प्रचारिणी सभा वाराणसी, संस्करण-संवत् 204 वि., पृष्ठ 310

12. डा. आरिफ़ नज़ीर-हिन्दी में अनुवाद की भूमिका और द्विभाषी कम्प्यूटरीकरण-पृष्ठ 112, संस्करण-2005, अनंग प्रकाशन, दिल्ली

13. विजय कुमार मल्होत्रा-कम्प्यूटर के भाषिक अनुप्रयोग-पृष्ठ 91, संस्करण 1998, वाणी प्रकाशन, नई दिल्ली

14. संतोष गोयल-हिन्दी भाषा और कम्प्यूटर, पृष्ठ 21, प्रथम संस्करण 2008, श्री नटराज प्रकाशन, दिल्ली

15. वही, पृष्ठ 32

16. डा. आरिफ़ नज़ीर-अनुवाद विद्धांत और स्वरूप-पृष्ठ 3, प्रथम संस्करण-1992, साहित्य प्रकाशन, आगरा

17. http://ltrc.iiit.ac.in/∧anusaaraka/

18. http://www.wikibhasha.org/

19. http://www.cdac.in.html/press/3906/spot591.asp

20. संतोष गोयल-हिन्दी भाषा और कम्प्यूटर, पृष्ठ 99, प्रथम संस्करण 2008, श्री नटराज प्रकाशन, दिल्ली

21. डा. कैलाश भाटिया-हिन्दी भाषा का आधुनिकीकरण, पृष्ठ 23, संस्करण-2008, तक्षशिला प्रकाशन, नई दिल्ली

22. मैनेजर पाण्डेय-साहित्य और इतिहास दृष्टि-पृष्ठ 8, प्रथम संस्करण 1981-पीपुल्स लिटरेसी, 517 माटिया महल, दिल्ली

23. हेमचन्द्र पाँडे-भाषा, मस्तिष्क और चेतना-पृष्ठ 4-संस्करण 1990-स्वाति पब्लिकेशन्स, दिल्ली

24. डा॰ शहाबुददीन नियाज मुहम्मद शेख-राजभाषा भारती (पत्रिका)-पृष्ठ 3-अप्रेल-जून 2008-संपादकः विजय चंद्र मंडल-राजभाषा विभाग, गृह मंत्रालय, भारत सरकार, नई दिल्ली

25. Joseph carroll-literary Darwinism: evolution, human nature, literature-page no. 15-edition 2004-routledge, 29 west 35th street, New York, NY 10001

26. http://en.wikipedia.org/wiki/History_of_literature

27. जो॰ वान्द्रियैज़-भाषाः इतिहास की भाषावैज्ञानिक भूमिका (अनुवादकः जगवंश किशोर बलवीर)-पृष्ठ 186-प्रथम संस्करण 1966-दिन्दी समिति, सूचना विभाग, उत्तर प्रदेश, लखनऊ

28. Sharmila Pixy Ferris-Journal of Electronic Publishing-Volume 8, Issue 1, August, 2002 http://quod.lib.umich.edu/cgi/t/text/text-idx?c=jep;view=text;rgn=main;idno=3336451.0008.104)

29. देवेन्द्र सिंह मिन्हास-डायनैमिक मैमोरी कम्प्यूटर कोर्स- पृष्ठ 53-संस्करण 2012-डायमण्ड पाकेट बुक्स प्राइवेट लिमिटेड-नई दिल्ली

30. Slavomir krekovic-new media culture: internet as a tool of cultural transformation in central and eastern Europe-page no. 4-IWM junior visiting fellows' conferences-vol XIV/6-2003

(http://archiv3.iwm.at/publ-jvc/jc-14-06.pdf)

31. वैद प्रकाश-हिन्दी कम्प्यूटरः सूचना प्रौद्योगिकी के लोकतांत्रिक सरोकार, पृष्ठ 17, प्रथम संस्करण 2007, लोकमित्र शहादरा दिल्ली

32. http://infomesh.net/2001/swintro/#whatIsSw

33. डा॰ अमर सिंह वधान-कम्प्यूटर क्रांति और साहित्य-पृष्ठ 16-प्रथम संस्करण 2006-अभिषेक प्रकाशन, दिल्ली

हिन्दी भाषा के विकास में कम्प्यूटर की भूमिका

अभिकलनात्मक भाषिकी (COMPUTATIONAL LINGUIESTIC) और हिन्दी

विचारों का उन्मेष मनुष्य को प्रगति-पथ की ओर ढकेलता रहा, तकनीकीकरण ने विभिन्न दक्ष आविष्कारों का प्रादुर्भाव किया। तकनीकीकरण के प्रस्फुटन के पश्चात् कम्प्यूटर तकनीक की दीप्ति का अवलोकन प्रत्येक क्षेत्र में किया जा सकता है। इसी दीप्ति ने भाषा-विज्ञान के वृक्ष पर अभिकलनात्मक भाषिकी (Compatational Linguistic) नामक पत्ते का पल्लवन किया।

यह मनुष्य की बौद्धिकता का ही प्रमाण है कि कम्प्यूटर नामक एक गणितीय प्रयोजन यंत्र संप्रेषण के महॅंवपूर्ण माध्यम के रूप में परिलक्षित किया जाने लगा है।

लगभग 47 वर्ष से मनुष्य भाषा का एक ऐसा प्रतिरूपक बनाने में संघर्षरत है, जो कि प्राकृतिक भाषा को कम्प्यूटर संसाधन में परिवर्तित करके उसे तकनीकी रूप से सुलभ बना सके।

पूर्वधारणा है कि प्राकृतिक भाषा कृत्रिम बुद्धि के विचारों को व्यक्त करने में असमर्थ है, अब टूटती हुई प्रतीत होती है। भाषा-विज्ञान क्षेत्र में कम्प्यूटर का प्रभाव प्रतिदिन बढ़ता जा रहा है। और भाषा कम्प्यूटर तकनीक की सहायता से अपनी नयी दिशायें खोजने को तत्पर है।

"Computer application to traditional or usual linguistic methods are the most straight forward. These are methods that have useful in an unautomated form for many years. Concordance making, text searching, and the handling and sorting of linguistic data land themselves to easy automation. The use of computer can bring speed, convenience, accuracy and relief from a certain amount of drudgery."[1]

कम्प्यूटर प्रणाली का प्राकृतिक भाषा से संबंध जोड़ना ही अभिकलनात्मक भाषिकी का लक्ष्य होता है।

Computational linguistic is an under disciplinary field dealing with statistical or rule-based modeling of natural language from a computational perspective.[2]

यह एक जटिल प्रक्रिया है, विशेषकर अनुवाद की स्थिति में, कारण भिन्न भाषाओं के व्याकरणिक ढाँचे में अंतर होता है। शब्दार्थ एवं पद-निरूपण की सूचनाएँ भी महत्त्वपूर्ण घटक हैं।

निष्कर्षतः किसी भी भाषा को कम्प्यूटर प्रोग्राम की भाषा बनाने के लिए उसका ध्वनि-विज्ञान, वाक्य-विज्ञान एवं रैखिक दृष्टि से सुनियोजित होना आवश्यक है एवं देवनागरी लिपि एक वैज्ञानिक लिपि है। अमेरिका महान वैज्ञानिक रिक ब्रिग्ज़ ने अपने लेख knowledge representation in Sanskrit and Artificial Intelligence में इस तथ्य को सिद्ध किया है कि कम्प्यूटर प्रणाली के लिए देवनागरी लिपि सर्वाधिक उपयुक्त है।

"There is atleast one language, Sanskrit, which for the duration of almost 1000 years was living spoken language with a considerable literature of its own. Besides works on literacy values there was a long philosophical and grammatical tradition that has continued to exist with undiminished vigor until the present century. Among the accomplishments of the grammarians can be reckoned a method of paraphrasing Sanskrit in a manner that is identical not only in essence but in form with current work in artificial intelligence".[3]

यही कारण है कि देवनागरी लिपि कम्प्यूटर के लिए आदर्श लिपि सिद्ध होती है, परन्तु सारे मूल साफ्टवेयर अंग्रेज़ों द्वारा निर्मित होने के कारण उनकी प्रोग्रामिंग केवल अंग्रेज़ी में ही होती है।

कम्प्यूटर एक इलेक्ट्रानिक यंत्र है। वह अंग्रेज़ी या हिन्दी किसी भी भाषा को नहीं समझता।[4]

इसकी अपनी विशिष्ट भाषा होती है, संदेश केवल दो अंकों (0 या 1) के रूप में कम्प्यूटर को भेजे जाते हैं यह केवल गणित ही नहीं अथवा तार्किक सूचनाओं का भी निरूपण करते हैं। इस प्रकार कम्प्यूटर तार्किक चिंतन का संप्रेषण करने में भी समर्थ है। यह द्विआधारी कोड (Binary Code) कहलाते हैं।

निष्कर्षतः कम्प्यूटर के लिए कोई भी लिपि अपनाना समान रूप से संभव है।

Computer information is usually transmitted by ASCII codes which is currently described by an eight-bit byte. ASCII gives a standardized value to letters, numbers and symbols.[5]

कम्प्यूटर में अक्षरों, अंकों तथा संकेतों के लिए यही बाइनरी सिस्टम पर आधारित कूट कोड निर्धारित किये जाते हैं, अंग्रेज़ी के लिए जो मानक कोड तैयार किये गय उनको आस्की (ASCII - American Standard Code for Information Interchange) कहते हैं।

आस्की की तरह ही भारत में भी देवनागरी नथा अन्य भारतीय लिपियों के लिए इस्की नाम की प्रस्तावित कूट सूची है।[6] ISCII का पूर्ण रूप Indian Standard Code for Indian Language है।

भारत में आँग्ली को साथ रखते हुए कम्प्यूटरों के हिन्दीकरण के प्रयास किये गये हैं। इसके लिए मानक कूट तैयार किया गया है, जिसे इस्की-इण्डियन स्टैण्डर्ड कोड फार इनफारमेशन इण्टरचेंज नाम दिया गया है। यह 8 बिटों का कूट होने के कारण 256 अक्षरों के कूट निर्धारित करता है। एक से 128 तक के कूट संकेत सवंधिक आस्की के ही रखे गये हैं। शेष 128 कूट संकेतों को देवनागरी लिपि के वर्णों एवं अंकों के लिए उपयोग किया गया है।[7]

जहँ तक प्रश्न लिपि का है तो देवनागरी लिपि एक ध्वन्यात्मक लिपि है और इसकी वैज्ञानिक वर्ण व्यवस्था इसे विशिष्ट बनाती है।

वस्तुतः देवनागरी लिपि का अनंत संभावनाओं का स्रोत उसके वैज्ञानिक रूवरूप में निहित है। इसका प्रमाण इस तथ्य से मिलता है कि विश्व के अनेक उन्नत देशों में आज कम्प्यूटर के माध्यम से वाक् संश्लेषण और अभिज्ञान के प्रयास किए जा रहे हैं, किन्तु इस संदर्भ में जो आशातीत सफलता हिन्दी को प्राप्त हुई है, वह कदाचित् अन्य भाषाओं और लिपियों के संदर्भ में अंसभव नहीं तो कठिन अवश्य है।[8]

कम्प्यूटर के माध्यम से आज हिन्दी का अध्ययन एवं विशलेषण करना सुलभ हो गया है। सी-डेक, अक्षरग्राम नेटवर्क, ई-पण्डित लैबस, सरोवर आर्ग, पिनाक संख्या, सराय संस्था, और शिल्पा जैसे कई संगठन इस कार्य को अधिक सुगम बनाने में प्रयासरत हैं।

अभिकलनात्मक भाषिकी के संदर्भ में निम्न प्रयास उल्लेखनीय हैं।

शब्द संसाधन

ओपिन आफिस राइटर नामक साफ्टवेयर्स द्वारा प्रलेख का टंकण किया जाता है। इन साफ्टवेयर्स द्वारा इसे सुसज्जित एवं मुद्रित भी किया जाता है। इससे पूर्व इन सभी कार्यों के लिए टाइपराइटर प्रयोग किये जाते थे। परन्तु कम्प्यूटर में ये कार्य करने वाले साफ्टवेयर्स शब्द संसाधक (Word Processor) कहलाते हैं और इस टंकण सुसज्जित एवं मुद्रित करने की क्रिया को वर्ड प्रोसेसिंग कहते हैं। शब्द संसाधक एक

प्रकार का साफ्टवेयर पैकेज है जिसकी सहायता से कम्प्यूटर में किसी प्रलेख (Document) की प्रविष्टि एवं संपादन किया जा सकता है। शब्द संसाधकों में भी समय के साथ-साथ वैशिष्ट्य बढ़ता गया। वर्तमान में शब्द संसाधक के कुछ महत्त्वपूर्ण कार्य इस प्रकार हैं:

- नये प्रलेख (Document) का सृजन करना।
- अनुच्छेद को स्थानान्तरित करना या उसका अनुकरण करना।
- प्रलेख में शब्दों की खोज करना एवं उन्हें अन्य शब्दों से स्थानान्तरित करना।
- वर्तनी में त्रुटियों की जाँच करना।
- प्रलेख का मुद्रण।

वर्ड प्रोसेसर टाइपराइटर के समान स्टैंड-एलोन कम्प्यूटर यूनिट भी कही जा सकती है, लेकिन इसमें स्क्रीन, एडवांस फार्मेटिंग, प्रिंटिंग आप्शन्स और कम्प्यूटर मेमोरी या डिस्क पर डाक्यूमेंट सेव करने की क्षमता जैसा टेक्नोलाजी एडवांसमेंट्स भी होते हैं।[9]

शब्द संसाधक में वर्तनी जाँच, व्याकरणिक जाँच एवं पर्यायवाची शब्दकोष (Thesaurus) का भी समावेश होता है। थिसारस पर्यायवाची एवं विलोम शब्दों का अनुसंधान करता है।

कुछ महत्त्वपूर्ण शब्द संसाधक

i. देवनागरी क्रमकः देवनागरी में लिखे शब्दों या शब्द समूहों को देवनागरी वर्ण क्रम के अनुसार व्यवस्थित करने का प्रोग्राम।

ii. मात्रा गणकः देवनागरी में लिखे किसी शब्द या शब्द-समूहों में मात्राओं की संख्या की गणना करता है। कविता की मात्रा की दृष्टि से शुद्धता का विश्लेषण करने में सहायक।

iii. Hindi POS: यूनिवर्सिटी ऑफ लीड्स एवं स्केच इंजन, यूके द्वारा निर्मित एक शब्द-विश्लेषक।

iv. Linguist: इसके द्वारा किसी पाठ में आई आवृत्ति पता कर सकते हैं।

लिप्यंतरण

भारत की भाषाओं और लिपियों की ध्वनयात्मक एकरूपता को देखते हुए कम्प्यूटर में 'इस्की-8' के नाम से समान कोड प्रणाली विकसित की गई है। इसकी सहायता से भारतीय भाषाओं में परस्पर लिप्यन्तरण किया जा सकता है। 'जिस्ट' तकनीक पर आधारित युक्ति में रोमन से देवनागरी में लिप्यन्तरण का प्रावधान उपलब्ध है किन्तु रोमन लिपि की सीमाओं के कारण कतिपय विशेषक चिह्नों का भी उपयोग किया जाता है।[10]

Enabling the transliteration option allows you to type out Hindi words using phonetically equivalent English script and see the words getting transformed into the corresponding devnagri script.[11]

कम्प्यूटरी भाषा के इस अनुप्रयोग में लिप्यन्तरण का विकल्प हमें देवनागरी के टंकण में सहायता करता है। इस अनुप्रयोग से देवनागरी वर्णों के ध्वनयनुरूप रोमन वर्णों के टंकण करने के पश्चात् उनका देवनागरी वर्णों एवं शब्दों में रूपान्तरण हो जाता है।

कुछ महत्तवपूर्ण लिप्यन्तरण औज़ार

i. आनलाइन औज़ार: गूगल इण्डिक ट्रांसलिट्रेशन, लिपिक इन, Hindi Quill Pad, hitrans, हिन्दी लेखक **4.27**, हिन्दी कलम।

(क) इंस्क्रिप्ट की पैड: गेट **2** होम वर्चुअल हिन्दी की-बोर्ड (Gatee 2 Home Virtual Hindi Keyboard) हिन्दी का आनलाइन कुंजीपटल, अगोचर की पैड।

(ख) रेग्मिंटन की-पैडः आनलाइन क्रुती देव यूनिकोड.काम

ii. आफलाइन औज़ार: बरह आई॰एम॰ई॰, माइक्रोसॉफ्ट का इण्डिक आई॰एम॰ई॰, गूगल का विभिन्न भारतीय भाषाओं हेतु आफलाइन आई॰एम॰ई॰, विद्युत संस्कृत आई॰एम॰ई॰, कैफे हिन्दी की आई॰एम॰ई॰।

कोष निर्माण

वर्तनी-निरीक्षण कम्प्यूटर में पहले से उपस्थित शब्दकोष की सहायता से होता है। वर्तनी-निरीक्षण की क्रिया के उपरांत कम्प्यूटर उस वर्ण विन्यास को शब्दकोष में अन्वेषण कर दोनों की तुलना करता है एवं अशुद्ध होने पर उसके नीचे लाल रेखा दिखाता है। परन्तु कई बार यह संज्ञों के नीचे भी ऐसी ही रेखा दिखाता है। उस स्थिति में हमें उन संज्ञाओं एवं शब्दों को शब्दकोश में सम्मिलित करना पड़ना है।

शब्दकोष के लिए शब्द संसाधक के माध्यम के विभिन्न भाषाओं में प्रविष्टियों का कुंजीयन किया जा सकता है और यदि आवृत्ता के आधार पर शब्दों का संकलन करना हो, तो कम्प्यूटर में इसी विधि से उपेक्षित पाठों की संपूर्ण सामग्री का निवेश करके अधिकाधिक आवृत्ता वाले शब्दों की एक सूची तैयार की जा सकती है।[12]

पर्यायवाची कोष के निमार्ण के लिए शब्दों को समूहों में विभाजित करना आवश्यक है और उसके लिए प्रत्येक अर्थसमूह की समनुक्रमणिका बनानी पड़ती है।[13]

यही शब्दकोष विलोम शब्द ढूँढने के लिए भी प्रयोग किया जाता है। यह कोष अनुवाद की प्रक्रिया में अत्यंत सहायक होते हैं।

कुछ महत्तवपूर्ण कम्प्यूटरी शब्दकोष

i. **आनलाइन:** शब्दकोश.काम, हिन्दी शब्द तंत्र, ई-महा-शब्दकोश शब्दमाला, विक्षनरी, Hindi25.com

ii. **आफलाइन:** शब्द ज्ञान, गोल्डेन डिक्ट, Lingvosoft Talking Dictionary.

अनुवाद

कम्प्यूटर द्वारा किए जानेवाले अनुवाद कार्य में भाषिक विश्लेषण का बड़ा महत्तव है। संदर्भानुसार शब्द का अर्थ ग्रहण किया जाता है। उसके बाद इस अर्थ का अन्य भाषा में रूपान्तरण किया जाता है। यह अनुवाद

कार्य प्रायः 'अभिधा' प्रधान होता है। व्यंजना तथा भावों में उतार-चढ़ाव कम्प्यूटर के अनुवाद कार्य में नहीं आ पाता।[14] व्यवस्थित अनुवाद में पद-निरूपण की क्रिया होना अत्यन्त आवश्यक है। अनुवाद में विश्लेषण, संश्लेषण एवं अंतरण की आवश्यकता पड़ती है। इस विधि से पद निरूपण (Parsing) में सहायता मिलती है।

कुछ महत्त्वपूर्ण कम्प्यूटर साधित अनुवादक

i. आनलाइन: अनुसारका, गूगल अनुवाद, बैबीलान, विकिभाषा।
ii. आफलाइन: अनुवादक, मंत्रा (मशीन असिस्टेड ट्रांसलेशन)

डेस्क टाप पब्लिशिंग

पुस्तक, पत्रिका एवं समाचारपत्रों के मुद्रण एवं रूपरेखा तैयार करने में Desktop Publishing का महत्त्वपूर्ण योगदान होता है। चित्रों एवं लेख को संश्लिष्ट करना इसका वैशिष्ट्य है। प्रूफ रीडिंग एवं संशोधन इस साफ्टवेयर से अत्यन्त सरल हो गया है।

डी॰टी॰पी॰ से तात्पर्य है डेस्क टाप पब्लिशिंग। अर्थात् एक डेस्क पर बैठकर, एक की स्थान पर प्रकाशन का समस्त कार्य करना।[15]

चाहे समाचार-पत्र हों या पत्रिकाएँ, किताबें हों या स्कूलों के आवेदन-पत्र हर प्रकार की छपाई में कम्प्यूटर का प्रयोग किया जाता है। प्रकाशन के क्षेत्र में कम्प्यूटर निम्नलिखित कार्य करता है:

- समाचारपत्र व पत्रिकाओं के प्रकाशन में।
- पुस्तकों के प्रकाशन में।
- पुस्तकों के कवर डिजायन करने में।
- मुद्रण मशीनों के नियंत्रण में।
- प्रकाशित होनेवाली सामग्री को इंटरनेट की सहायता से एक स्थान से दूसरे स्थान को भेजने में।
- निमंत्रण पत्र और बधाईपत्रों की छपाई में।
- कंपनियों के लोगो, प्रतीक चिह्न आदि बनाने में।
- स्कूलों के आवेदन पत्र, कैश मीमो, बिल आदि छापने में।[16]

कम्प्यूटर साधित भाषा शिक्षण

भाषा अनुवांशिक अनुसरण द्वारा अर्जित की जाती है। किसी भी भाषा को जीवित, समृद्ध एवं उन्नत बनाने के लिए उसका प्रचार, प्रसार एवं शिक्षण करना आवश्यक है। प्राचीन काल से शिक्षण पद्धति लिखित एवं प्रकाशित माध्यमों द्वारा की जाती रही है। उदाहरणार्थ काष्ठ-पत्र, पुस्तकें, पत्रिकाएँ आदि परन्तु आधुनिकीकरण एवं कम्प्यूटर के आगमन ने नवीन माध्यम विकसित किये, जिनके द्वारा भाषा शिक्षण साफ्टवेयर एवं इंटरनेट के द्वारा भी किया जा रहा है, सुदूर देश में बैठे शिक्षक भी अपने छात्रों को सरलतापूर्वक व्याकरणिक सूक्ष्मताएँ एवं उच्चारण के उतार-चढ़ाव सिखाने में सक्षम हैं एवं भाषा नामक दीपक का प्रकाश से समस्त विश्व को प्रकाशमय कर रहे हैं। यहाँ ई-बुक्स का अनुप्रयोग उल्लेखनीय है जिसके अंतर्गत पुस्तकों को ज्यों-का-त्यों इंटरनेट पर उपलब्ध कराया जाता है जिसे पाठक बिना किसी शुल्क के पढ़ सकता है एवं कुछ पुस्तकों को तो अपने कम्प्यूटर में संग्रहित भी कर सकता है। हिन्दी एवं देवनागरी के लिए भी इस दिशा में कुछ महत्त्वपूर्ण प्रयास किये गये हैं जो निम्नलिखित हैं:

कम्प्यूटर साधित भाषा शिक्षण के कुछ महत्त्वपूर्ण अनुप्रयोग

- वेबलीला (इंटरनेट के माध्यम से हिन्दी सिखाने में सक्षम)
- लीला (लर्न इण्डियन लैंग्वेज थ्रो आर्टीफिशियल इटैलिजैंस)
- हिन्दी कार्नर, हिन्दी गुरू

देवनागरी सीखने के औज़ार

- Accha (देवनागरी लिपि सीखने का एक औज़ार)

हिन्दी और कम्प्यूटर क्रांति

भाषा के विकास एवं उन्नति का पारस्परिक संबंध जहँ समाज एवं साहित्य की समृद्धता से है, वहीं सूचना एवं प्रौद्योगिकी में उस भाषा की स्थिति भी उसके विकास का मुख्य कारक है। ऐसे युग में भाषिक तकनीकीकरण में पिछड़ा होना निश्चय ही बड़ी क्षति सिद्ध हो सकती है। भाषिक विकास

एवं तकनीकीकरण की यह संपृक्ता ही भाषा का आधुनिकीकरण करने के पश्चात् उसके प्रवर्द्धन के रूप में फलीभूत होते हैं। निष्कर्ष प्रयास यह रहना चाहिये कि भाषा में उत्कृष्ट साहित्य-सृजन कै समकक्ष की तकनीकीकरण के प्रयास भी निरंतर बने रहें।

"फ्रांसीसी बेकन के कथनानुसार राजनीति के विज्ञान और प्रौद्योगिकी के प्रवर्द्धन हेतु सहायक रूप से कार्य करना चाहिये"।[17]

यही कारण है कि स्वतंत्रता के पश्चात् हिन्दी के प्रचार-प्रसार एवं तकनीकी रूप से इसको दक्ष बनाने हेतु भारत सरकार निरन्तर प्रयासरत रहीं। इसका एक कारण यह भी है कि संप्रेषण एवं रचनात्मक संवाद ही तकनीक को वह उन्नति प्रदान कर सकते हैं, जिसके द्वारा तकनीक किसी राष्ट्र के कला, संस्कृति, साहित्य, अर्थव्यवस्था को गति प्रदान कर सके। निष्कर्षतः भाषा के विकास पर ही कोई राष्ट्र आवलंबित है। भाषा एवं तकनीकीरण के अंतःसंबंध का विवेचन करने के पश्चात् सहज ही निष्कर्ष प्राप्त किया जा सकता है कि-"कम्प्यूटर विज्ञान भी तभी मनुष्य से जुड़ सकता है। जब वह भाषा के पीछे-पीछे चले। भाषा को पीछे छोड़कर आगे बढ़ने वाले सारे ज्ञान-विज्ञान अंततः मनुष्य को आदिम युग में ही ले जा सकते हैं"।[18]

कम्प्यूटर एवं इंटरनेट ग्लोबल मीडिया है, उसमें अपार संभावना है कि किसी भी भाषा को ग्लोबल बना सके। हिन्दी का वैश्विक स्वरूप भी धीरे-धीरे आकार ले रहा है, एवं इसी ग्लोबल मीडिया की सहायता से हिन्दी वैश्विक भाषा बनने के पथ पर अग्रसर है। परन्तु इसके प्रयास स्वतंत्रता पश्चात् ही शुरू कर दिये गये थे कुछ महत्त्वपूर्ण एवं उल्लेखनीय प्रयास निम्नलिखित हैं।

26 जनवरी 1950 में भारतीय संविधान में स्पष्ट कर दिया कि हिन्दी भारतीय संघ की राष्ट्र भाषा रहेगी परन्तु कुछ कारणों के कारण द्विभाषिकता की स्थिति बनी रही अतः निर्णय यह लिया गया कि 15 वर्षों के भीतर ऐसे प्रयास किये गये, जिनसे हिन्दी को राजभाषा के अनुरूप विकसित करने इतना सक्षम बनाया जा सके कि वह राजभाषा के पद पर विराजमान हो सके।

सर्वप्रथम हिन्दी में वैज्ञानिक और तकनीकी शब्दावली के विकास के लिए शब्दावली आयोग का गठन किया गया, इस आयोग ने सन् 1962 में 'समेकित पारिभाषिक शब्द संग्रह' नाम से अंग्रेज़ी-हिन्दी शब्दकोश का प्रकाशन कार्य सपंन्न कर दिया। केंद्र सरकार के कर्मचारियों को हिन्दी सिखाने के लिए हिन्दी शिक्षण योजना आरंभ की गई आरंभ से इसे स्वैच्छिक बनाया गया, किन्तु बाद में इसे अनिवार्य कर दिया गया। इस योजना के तहत लाखों कर्मचारी अब तक हिन्दी का कार्य साधक ज्ञान प्राप्त कर चुके हैं"।[19]

इसी क्रम में 'राजभाषा अधिनियम 1963' में व्यवहार में लाने के लिए केन्द्रीय अनुवाद ब्यूरो का गठन किया गया, जो कि सरकारी प्रपत्रों एवं आदेशों का अनुवाद करने के लिए था। एवं केन्द्रीय आयोग अन्य पठनीय करता रहा। परन्तु अंग्रेज़ी उपभाषा के रूप में निरंतर मौजूद रहीं।

अंग्रेज़ी को महराजभाषा के रूप में स्वीकार कर लिया गया तथा सन् 1986 में एक आदेश जारी हुआ, जिसके अनुसार सरकारी कार्यालयों में खरीदे जाने वाले सभी इलेक्ट्रानिक यंत्रों का द्विभाषिक होना आवश्यक हो गया।[20]

इसके पीछे कहीं न कहीं प्रौद्योगिकी के इस युग में हिन्दी का भविष्य उच्चवल करने की भावना रहीं, हिन्दी भाषा एवं देवनागरी लिपि की वैज्ञानिकता और हिन्दी भाषा में व्याप्त लचीलेपन की प्रवृत्ति ने इसे प्रौद्योगिकी के लिए हिन्दी कोई नई भाषा नहीं रह गयी, हिन्दी कम्प्यूटरी के इतिहास को संक्षिप्त रूप देखते हैं।

1983	डास आधारित हिन्दी शब्द संसाधक अक्षर, शब्दरत्न इत्यादि का पदार्पण।
1983	सी-डैक द्वारा जिस्ट (GIST-Graphic and intelligence based script technology) का विकास भारतीय लिपियों के लिए इस्की मानक जरूरी।

1983	भारतीय भाषाओं के लिए इनस्क्रिप्ट कुंजीपटल मानक स्वीकृत
एएलपी (एप्रक्स लैंगवेज प्रोसैसर)	भारत के संस्थान सी-डैक का डॉस-आधारित स्वतंत्र बहुभाषी हिन्दी शब्द संसाधक-लगभग उतना ही शक्तिशाली और सुविधा-संपन्न जितना कि उस समय वर्ड-स्टार नामक अंग्रेज़ी साफ्टवेयर था।
1991	यूनिकोड का आविर्भाव। अक्टूबर 1991 में यूनिकोड का पहला संस्करण 1.0.0 जारी जिसमें नौ भारतीय लिपियाँ देवनागरी, बंगाली, गुजराती, गुरूमुखी, तमिल, तेलुगु, कन्नड़, मलयालम तथा ओड़िया शामिल की गयी ही निष्कर्ष प्राप्त किया जा सकता है कि - "कम्प्यूटर विज्ञान भी तथी मनुष्य से जुड़ सकता है। जब वह भाषा के पीछे-पीछे चले। भाषा को पीछे छोड़कर आगे बढ़ने वाले सारे ज्ञान-विज्ञान अंततः मनुष्य को आदिम युग में ही ले जा सकते हैं"।[18]

कम्प्यूटर एवं इंटरनेट ग्लोबल मीडिया है, उसमें अपार संभावना है कि किसी भी भाषा को ग्लोबल बना सके। हिन्दी का वैश्विक स्वरूप भी धीरे-धीरे आकार ले रहा हैं, एवं इसी ग्लोबल मीडिया की सहायता से हिन्दी वैश्विक भाषा बनने के पथ पर अग्रसर है। परन्तु इसके प्रयास स्वतंत्रता पश्चात् ही शुरू कर दिये गये थे कुछ महत्तवपूर्ण एंव उल्लेखनीय प्रयास निम्नलिखित हैं।

26 जनवरी 1950 में भारतीय संविधान में स्पष्ट कर दिया कि हिन्दी भारतीय संघ की राष्ट्र भाषा रहेगी परन्तु कुछ कारणों के कारण द्विभाषिकता की स्थिति बनी रही अतः निर्णय यह लिया गया कि 15 वर्षों के भीतर ऐसे प्रयास किये गये, जिनसे हिन्दी को राजभाषा के अनुरूप विकसित करने इतना सक्षम बनाया जा सके किवह राजभाषा के पद पर विराजमान हो सके।

सर्वप्रथम हिन्दी में वैज्ञानिक और तकनीकी शब्दावली के विकास के लिए शब्दावली आयोग का गठन किया गया, इस आयोग ने सन् 1962 में 'समेकित पारिभाषिक शब्द संग्रह' नाम से अंग्रेज़ी-हिन्दी शब्दकोश का प्रकाशन कार्य संपन्न कर दिया। केंद्र सरकार के कर्मचारियों को हिन्दी सिखाने के लिए हिन्दी शिक्षण योजना आरंभ की गई आरंभ में इसे स्वैच्छिक बनाया गया, किन्तु बाद में इसे अनिवार्य कर दिया गया। इस योजना के तहत लाखों कर्मचारी अब तक हिन्दी का कार्य साधक ज्ञान प्राप्त कर चुके हैं"।[19]

इसी क्रम में 'राजभाषा अधिनियम 1983' में व्यवहार में लाने के लिए केन्द्रीय अनुवाद ब्यूरो का गठन किया गया, जो कि सरकारी प्रपत्रों एवं आदेशों का अनुवाद करने के लिए था। एवं केन्द्रीय आयोग अन्य पठनीय करता रहा। परन्तु अंग्रेज़ी उपभाषा के रूप में निरंतर मौजूद रहीं।

विंडोज **(1985)**	माइक्रोसाफ्ट आफिस के पहले संस्करण (1990) के बाद 1993 में माइक्रोसाफ्ट आफिस प्रोफेशनल आने के बाद बिट हिन्दी फान्ट से विंडोज में हिन्दी में वर्ड प्रोसेसिंग संभव।
	एम.एस. आफिस (इसकी मदद से मौजूदा साफ्टवेयर पैकेज में भारतीय भाषा में काम किया जा सकता है।
	लीप आफिस **2000** (संपूर्ण भारतीय भाषा सॉफ्टवेयर)

1995	इंटरनेट पर हिन्दी का पदार्पण-रोमन व इमेज फ़ाइलों के रूप में तथा बाद में डायनैमिक फाण्टों के जरिये।
1995	सी-डैस्क लीप आफिस, श्रीलिपि तथा अक्षर फार विंडोज़ आदि वर्ड प्रोसेसरों का आगमन।
14 सितंबर 1996	हिन्दी दिवस के अवसर पर तत्कालीन रक्षामंत्री मुलायम सिंह यादव ने पीसी-डास के हिन्दी संस्करण का विमोचन किया जिसमें एक हिन्दी प्रोग्रामिंग भाषा भी शामिल थी।
2000	हिन्दी समाचारपत्र इंटरनेट की ओर, यूनिकोड हिन्दी का पदार्पण। इंटरनेटी हिन्दी में क्रांति की शुरूआत। सी-डैक के हिन्दी आपरेटिंग सिस्टम इंडिक्स की शुरूआत।
	विंडोज़ **2000** और माइक्रोसाफ्ट आफिस के दक्षिण एशियाई संस्करण में हिन्दी समर्थन प्रदान किया गया।
	2000 हिन्दी बालेन्द्रु शर्मा दाधीच द्वारा विकसित हिन्दी शब्द संसाधक 'माध्यम' निःशुल्क वितरण एवं प्रयोग के लिए जारी।
21 अप्रैल 2000	सी-डैक द्वारा हिन्दी ओ सी आर साफ्टवेयर 'चित्रांकन' का विमोचन किया गया।
2000	लिनक्स आपरेटिंग सिस्टम और अन्य प्रयोगों के हिन्दीकरण की शुरूआत।
जुलाई 2003	हिन्दी विकिपीडिया आरम्भ।
2003	हिन्दी (भारतीय बहुभाषायी) लिनक्स आपरेटिंग सिस्टम मिलन जारी। हिन्दी वर्तनी जाँचक

सुविधा मुक्त माइक्रोसाफ्ट का आफिस सुइट हिन्दी में जारी। इसी वर्ष ओपन आफिस का हिन्दी इंटरफेस युक्त संस्करण 2.2 भी जारी।

2000 — श्रीलिपि, अक्षर नवीन के यूनिकोड संस्करण जारी। अकाउंटिंग साफ्टवेयर टैली में हिन्दी समर्थन। हिन्दी के शब्दकोश, प्रोग्रामिंग औज़ार उपलब्ध।

2003 — इंटरनेट/डैस्कटाप सर्च हिन्दी में उपलब्ध। हिन्दी ब्लागों का पदार्पण, ज़ीमेल के जरिये हिन्दी में ई मेल की सुविधा।

2004 — रैड हैट ने पाँच भारतीय भाषाओं हेतु युक्त स्रोत लोहित फाण्ट जारी किये जिनका आगे जाकर अनेक लिनक्स वितरणों में प्रयोग हुआ।

2005 — माइक्रसाफ्ट एक्सरी आपरेटिंग सिस्टम का खास हिन्दी का स्टार्टर संस्करण जारी। तमाम लिनक्स वितरणों रैड हैट, डबुंटू के हिन्दी संस्करण जारी।

2006 — माइक्रोसाफ्ट, एम एस एन और याहू हिन्दी में जारी।

जनवरी 2007 — विंडोज विस्ता जारी, पहला विंडोज संस्करण जिसमें हिन्दी समर्थन अन्तर्निर्मित है। बाइ डिफाल्ट समर्थन लागू रहता है, अलग से कोई सैटिंग नहीं करनी पड़ती, बस टाइपिंग हेतु की बोर्ड जोड़ना पड़ता है।

मार्च 2007 — गूगल समाचार सेवा हिन्दी में शुरू।

जुलाई 2007 — हिन्दी का श्रुतलेखन साफ्टवेयर (स्पीच टू टेक्स्ट) सी-डैक द्वारा विमोचित।

अगस्त 2007	गूगल ट्रांसलिट्रेशन, गूगल का डिक्शनरी आधारित आनलाइन फोनेटिक टाइपिंग औज़ार जारी।
अक्टूबर 2007	गूगल ट्रांसलिट्रेशन तकनीक से गूगल सर्च में रोमन शब्द टाइप करने पर हिन्दी में सजैशन।
2007	इंटरनेट पर चीनी और अंग्रेज़ी भाषा के बाद हिन्दी सर्वाधिक लोकप्रिय तथा प्रयोग की जाने वाली भाषा।
मई 2008	गूगल ट्रँसलेट में हिन्दी से / को अन्य प्रमुख विदेशी भाषाओं में अनुवाद की सुविधा।
17 जून 2009	आइ ओ एस (तत्कालीन नाम आइफोन ओ एस) संस्करण 3 में आंशिक हिन्दी प्रदर्शन समर्थन आया।
31 अगस्त 2009	हिन्दी विकिपिडिया पर 40 हज़ार लेख पूरे हुए।
30 अक्टूबर 2009	आइकैन ने सियोल में देवनागरी सहित चीन, कोरियाई एवं हिब्रू लिपियों को यू आर एल में प्रयोग करने की अनुमति दे दी।
2010	तीसरी तिमाही में ब्लैकबेरी ओ एस संस्करण 6 में हिन्दी प्रदर्शन, हिन्दी समर्थन एवं हिन्द वर्चुअल कीबोर्ड आया।
3 मई 2010	टच स्क्रीन डिवाइसों पर हिन्दी टंकण हेतु टचनागरी नामक आनलाइन हिन्दी कीबोर्ड जारी।
21 जून 2010	आइ ओ एस 4 में पूर्ण हिन्दी प्रदर्शन समर्थन आया।
अक्टूबर 2010	भारतीय रूपया चिह्न यूनिकोड 6.0 में शामिल किया गया।

2011	गूगल बुक्स हिन्दी में उपलब्ध। अरविन्द कुमार का हिन्दी-अंग्रेज़ी-हिन्दी समान्तर कोश अरविन्द लैक्सिन आनलाइन जारी।
अप्रैल 2011	वैज्ञानिक तथा तकनीकी शब्दावली आयोग ने हिन्दी शब्दावलियाँ आनलाइन कीं।
6 जून 2011	आई ओ एस 5 में हिन्दी कीबोर्ड आया।
11 जून 2011	इन्स्क्रिप्ट कीबोर्ड ले आउट द्वारा चाणक्य, कृतिदेव आदि जैसे नान-यूनिकोड फाण्टों में टाइप करने हेतु पहला इनपुट मैथड एडिटर ई-पण्डित आइएमई जारी।
जून 2011	गूगल ट्राँसलेट में पाँच भारतीय भाषाओं बंगाली, गुजराती, कन्नड़, तमिल तथा तेलगु शामिल।
30 अगस्त 2011	हिन्दी विकिपिडिया पर एक लाख लेख से ऊपर हुए।
14 सितंबर 2011	ट्विटर हिन्दी दिवस के दिन जारी।
अक्टूबर 2011	एण्ड्राइड 4.0 (आइसक्रीम सैंडविच) में काफी हद तक हिन्दी, तमिल तथा बंगाली समर्थन आया। लोहित देवनागरी हिन्दी फाण्ट शामिल किया गया।
	स्टाक एण्ड्रायड ब्राउजर में हिन्दी तमिल एवं बंगाली का पूर्ण समर्थन।
मई 2012	गार्यिन ने हिन्दी भाषा सक्षम नैविगेशन डिवाइस जारी किये।
मई 2012	फायर फाक्स का मोबाइल ब्राउजर हिन्दी में जारी।[21]

यह संक्षिप्त परिचय कम्प्यूटर एवं इंटरनेट की दूनिया में हिन्दी का बढ़ता वर्चस्व दर्शाता है, जहँ माइक्रोसाफ्ट एवं गूगल जैसी कंपनियां हिन्दी को अपनाने लगी हैं, वहीं टी॰वी॰ चैनल चाहे वह नैशनल ज्योराफिक हो या डिस्कवरी, अपनी भाषा हिन्दी को बना चुका है। और यह उदारता का प्रमाण नहीं है, अपितु व्यवसायिक बाध्यता ही है, कारण स्पष्ट है कि हिन्दी भाषा एवं हिन्दी भाषी तकनीक के कदम मिलाते हुए संपूर्ण विश्व में अपनी जोरदार उपस्थित दर्ज करा चुके हैं। हिन्दी कम्प्यूटरीकरण एवं सरकारी नीनियों के चलते हिन्दी का विकास होने के समकक्ष विदेशों एवं विश्व पटल में हिन्दी के प्रयोग के परिणामस्वरूप राष्ट्र को आर्थिक विकास में सहायता मिलेगी।

निश्चित रूप से कम्प्यूटर, संचार-व्यवस्था और नियंत्रण से देश विकास की ओर अग्रसर होगा। सूचना प्रौद्योगिकी सीधे संचार व्यवस्था से जुड़ा है और संचार प्रणालियों में भाषा का महत्तवपूर्ण स्थान है। आज सभी दिशाओं में हिन्दी के कदम आगे बढ़े हैं। आज विश्व में यह प्रमाणित हो गया है कि नागरी लिपि में लिखी हिन्दी सर्वाधिक सक्षम और विकसित भाषा है।[22]

हिन्दी का यही तकनीकीकरण एवं आधुनिकीकरण इसे विश्व पटल पर स्थापित करने के साथ-साथ इसको कहीं देश की आर्थिक उन्नति में भागीदार बना रहा है।

कम्प्यूटर द्वारा विभिन्न कोशीय अध्ययन

सामाजिक उन्नति एवं मानसिक विकास की प्रक्रिया के चक्र के साथ ही मनुष्य ने यह जान लिया था कि अपेक्षित भाव की अभिव्यक्ति के लिए आवश्यक है, सटीक एवं मानक शब्द एवं इन शब्दों के मानकीकरण की प्रक्रिया इनके संकलन से शुरू होती है। संभवतः यही कारण है प्राचीन काल से मनुष्य ने शब्दों को लिपिबद्ध करके संग्रहीत करने को प्रयासरत रहा। यही प्रयास एसवे ऐसा ग्रंथ रचने के लिए प्रेरित करता रहा जिसमें शब्दों, उनकी वर्तनी, उनके व्युत्पत्ति के स्त्रोत, उनके प्रयोग के व्याकरण

निर्देश, उनके विभिन्न संदर्भों में अर्थ, उनके प्रयोग का तरीका, उनके पदार्थ आदि का लिपिबद्ध रूप में निवेश किया गया हो एवं उनके शुद्ध उच्चारण के लिए निर्देश भी दिये गये हों।

कोश निर्माण का शब्द संकलन सर्वप्रमुख आधार है। परन्तु शब्दों के संग्रह का कार्य अत्यंत कठिन है मुख्य रूप से शब्दों के चयन दो स्त्रोतों से होता है।

1. लिखित साहित्य से
2. लोक व्यवहार और लोक साहित्य से

लिखित साहित्य से सग्रह्य शब्दों के लिए हस्तलिखित और मुद्रित ग्रंथों का सहारा लिया गया जाता है, परन्तु इसके अंतर्गत प्राचीन हस्तलेखों और मुद्रित गंरथों का सहारा लिया जाता है। परंतु इसके अंतर्गत प्राचीन हस्तलेखों और मुद्रित ग्रंथों के आधार पर जब शब्द संकलन होता है, तब अभयविध आधारग्रंथों की प्रामाणिकता और पाठशुद्धि आवश्यक होती है। इनके बिना गृहीत शब्दों का काम हो जाता है, और उनमें भ्रमसृष्टि की संभावना बढ़ती है।[23]

इन्हीं त्रुटियों की संभावना न्यून करने हेतु शब्दकोश अनिवार्य हो चला। शब्दकोशों ने भी अपनी विकास यात्रा के दौरान विविध प्रकार की रूपतामक परिवर्तनों प्रक्रिया से गुजरा।

कोशकार्य व्यवहारिक भाषा विज्ञान का एक जटिल विषय है। बहुत ही श्रमसाध्य, समय साध्य और अर्थसाध्य। कोश विज्ञान के अंग होते-शब्द-रूप उच्चारण, व्याकरण-निर्देश, व्युत्पत्ति, व्याख्या, पर्याय, लिंग-निर्णय, चित्र, शब्द प्रयोग के उदाहरण।[24]

तकनीकीकरण के प्रादुर्भाव के समकक्ष हो कोश विज्ञान में भी अनेक प्रकार के परिवर्तन विपल्लव होने लगे, इनके प्रस्तुतीकरण का तरीका बदलने लगा, जहँ पहले केवल शब्दों से अर्थ व्यक्त किया जाता था, वहीं अब उन शब्दों के साथ चित्र एवं चलचित्र भी अर्थ अभिव्यक्ति का माध्यम बनकर उभरे।

आजकल ऐसे कम्प्यूटर प्रोग्राम उपलब्ध हैं, जो शब्दकोश के सारे काम करते हैं। यह कागज़ पर मुद्रित नहीं हैं बल्कि किसी विशिष्ट फाइल फार्मेट में हैं और किसी 'डिक्शनरी सॉफ्टवेयर' के द्वारा प्रयोक्ता को शब्दार्थ ढूँढ़ने में मदद करते हैं। इनमें कुछ ऐसी सुविधाएं भी उपलब्ध हैं जो परंपरागत शब्दकोशों ने संभव नहीं हैं, जैसे शब्द का उच्चारण ध्वनि के माध्यम में देना आदि।

शब्दकोशों के कुछ प्रकार यह हैं

- सामान्य कोश
- इलेक्ट्रानिक शब्दकोश
- ज्ञानकोशीय शब्दकोश
- बाल शब्दकोश तथा वृहत् शब्दकोश आदि
- तुकान्त शब्दकोश
- व्युत्क्रम शब्दकोश
- सचित्र शब्दकोश

शब्दकोश की परिभाषा देते कम्प्यूटर विशेषज्ञ David F. Coward एवं Charles E. Gri लिखते हैं:

A restricted portion of lexical database that is published for a primary and a primary andience. A decionary provides a systematic exploration of the vocabulary of a language, including among other things, meaning, range and usage. A dictionary normally uses some convention of alphabetizing to organize the material.[26]

कम्प्यूटर कोश विज्ञान के विविध पहलू होते हैं। जो इस प्रकार हैं

i. भाषाओं का अवबोध होना - अगर कोश द्विभाषी अथवा बहुभाषी है तो कोश निर्माता को स्त्रोत भाषा एवं लक्ष्य भाषा की रचनात्मकता, कार्यात्मक रूप में, शब्दार्थ विज्ञान की एवं सामाजिकक-सांस्कृतिक पक्ष का संपूर्ण ज्ञान होना चाहिये।

ii. आधार सामग्री का ढाँचा तैयार करना - जैसे कि शब्दों के बारे में जानकारी, कूट प्रदान करना अथवा उन्हें क्रमबद्ध रूप में व्यवस्थित करना।

iii. सूचनाओं का निवेश - (शब्दार्थ की आधार सामग्री का संकलन) शब्दों का संकलन करने के पश्चात् उनके अर्थों को लिपिबद्ध करके क्रमिक रूप में लगाना।

iv. अंत में उनका निरीक्षण करने के पश्चात् उनका परियोजन करना।

हिन्दी के शब्दकोश का इतिहास अत्यंत प्राचीन है। परन्तु हिन्दी जैसी प्राचीन एवं समृद्ध भाषा का शब्दकोश तैयार करने में विभिन्न समस्याओं का सामना करना पड़ता है।

हिन्दी कोश का कार्य भारत की सभी भाषाओं से कठिन है क्योंकि हिन्दी स्थानी और कई विस्तृत प्रदेशों की भाषा है। यह राष्ट्र के प्रत्येक भाग की भाषा है। विश्व के विभिन्न स्वरूप भारत की किसी अन्य भाषा को प्राप्त नहीं है। ऐसी स्थिति में यह असंभव है कोई एक व्यक्ति हिन्दी के कोश का निर्माण करे।[27द्य]

कम्प्यूटर मैं कोश निर्माण का एक लाभ यह है कि अगर शब्दकोश कम्प्यूटर में पहले से उपस्थित है तो वह शब्दकोश सहायता से वर्तनी-

निरीक्षण करने सक्षम हो जाता है। वर्तनी निरीक्षण की प्रक्रिया को उपरांत कम्प्यूटर उस वर्ग-विन्यास का शब्दकोश में अन्वेषण करने के उपरांत कम्प्यूटर उस वर्ण-विन्यास को प्रस्तुत वर्ण-विन्यास से तुलना करता है। एवं अशुद्ध होने की स्थिति मे उसके नीचे लाल रेखा दर्शाता है। परन्तु कई बार यह संज्ञाओं के निचे भी ऐसी ही रेखा दिखाता है। उस स्थिति में हमें उन संज्ञाओं एवं शब्दों को शब्दकोश में सम्मिलित करना पड़ता है।

शब्दकोश के लिए शब्द संसाधक के माध्यम से विभिन्न भाषाओं में प्रविष्टियों का कुंजीयन किया जा सकता है और यदि आवृत्ति के आधार पर शब्दों का संकलन करना हो, तो कम्प्यूटर में इसी विधि से उपेक्षित पाठों की संपूर्ण सामग्री का निवेश करके अधिकाधिक आवृति वाले शब्दों की एक सूची तैयार की जा सकती है।[28]

पर्यायवाची कोश के निर्माण के लिए शब्दों को समूहों में विभाजित करना आवश्यक है और उसके लिए प्रत्येक अर्थ समूह की समनुक्रमणिका बनानी पड़ती है।[29]

इसी शब्दकोश की सहायता से विलोम शब्द भी ढूँढे जा सकते हैं। अनुवाद प्रक्रिया में यह कोश अत्यंत सहायक होते हैं।

अनुवाद में कोश की आवश्यकता विभिन्न भाषाओं में भिन्न-भिन्न भाषा विन्यास होने के कारण भी अधिक होती है। कम्प्यूटर में हिन्दी शब्दकोश का निर्माण विंडोस, लाइनक्स, मैक ओ.एस, एक्स, एम.एस ऐसेस, एम.डी.एफ, (मल्टी डिक्शनरी फारमेटर), एवं नोट पेड डी.एस.एल. फाइल जिसमें यू.टी.एफ 8 एंकोडेड फाइल एवं यू.टी.एफ. 8 बोम हो से संभव है।

ऐसे ही कई आनलाइन एवं आफलाइन शब्दकोशों की सूची निम्नलिखित है

- सी डेक, पुणे द्वारा निर्मित ई-महाशब्द कोश हिन्दी का एक वृहत आनलाइन शब्दकोश है।

- वैज्ञानिक तथा तकनीकी शब्दावली आयोग द्वारा निर्मित 'तकनीकी शब्दावली' ऐसा आनलाइन शब्दकोश है, जिसमें तकनीकी एवं वैज्ञानिक शब्दों का समावेश किया है।
- 11 जुलाई 2003 को हिन्दी विकीपिडिया का शुभारम्भ हुआ जो कि हर शब्द का विस्तृत विवरण उपलब्ध कराता था।
- 5 जुलाई 2007 को ललित कुमार नामक एक हिन्दी प्रेमी ने 'कविता कोश' नामक आनलाइन कोश की स्थापना की। इस कोश में 34,000 कविताओं का संकलन है।
- भारतकोश नामक हिन्दी कोश भी काफी उपयोगी है।

अन्य आनलाइन शब्दकोश हैं-शब्दकोश.काम, हिन्दी शब्द तंत्र, शब्दमाला, विक्शनरी, हिन्दी25.काम आफलाइन शब्दकोश-इन शब्दकोशो में शब्दों का समावेश किया गया होता है एवं यह बिना इंटरनेट के स्वतः अर्थ बताने में सक्षम होते हैं।

कुछ महत्वपूर्ण आफलाइन शब्दकोश इस प्रकार हैं-शिपरा, शब्दज्ञान, गोल्डेन डिक्ट Lingvosoft Talking Dictionary (यह शब्दकोश ध्वनि के माध्यम से शब्द का सही उच्चारण भी बताता है।

वर्तमान में सबसे उल्लेखनीय प्रयास सूचना प्रौद्योगिकी द्वारा भारत सरकार द्वारा किया गया। सूचना प्रौद्योगिकी विभाग से किसी प्रकार के भाषायी अवरोध के मानव-मशीन संपर्क की सुविधा प्रदान करने के प्रयोजन से सूचना संसाधन साधनों का विकास करने, बहुभाषी ज्ञान स्रोतों का निर्माण एवं अभिगम करने तथा अभिनव प्रयोक्ता उत्पादों एवं सेवाओं के विकास के लिए उनका एकीकरण करने के उद्देश्य से टी.डी.आई.एल. (भारतीय भाषाओं के लिए प्रौद्योगिकी विकास) कार्यक्रम आरंभ किया। कार्पोरा तथा शब्दकोश जैसे भाषा विज्ञान के विकास तथा फॉन्ट, पाठ संपादक वर्तनी परीक्षक, ओ.सी.आर और पाठों से वाणी जैसे मूलभूत सूचना संसाधनों जैसे साधनों के विकास के लिए परियोजनाओं को धनराशि उपलब्ध कराई गई। मानक भी तैयार किये गये हैं।[30]

इसी प्रकार से संयुक्त प्रयास, जो कि हिन्दी प्रेमियों एवं सरकार दोनों की ओर से इस दिशा में किये जा रहे हैं, शब्दकोशों को एक नवीन आवरण एवं आयाम देने की ओर अग्रसर हैं। साथ ही साथ तकनीकरण की दौड़ में हिन्दी की अभीष्ट उपस्थित भी दर्ज करा रहे हैं।

हिन्दी-कम्प्यूटरीकरण: संप्रेषण एवं अभिव्यक्ति के नवीन आयाम

प्रज्ञान एवं लौकिकता के शिखर-पथ पर अग्रसर मनुष्य का, संप्रेषण एवं अभिव्यक्ति सदैव मार्ग दर्शन करते रहे हैं। जहँ संप्रेषण उसकी ज्ञान-अर्जन में सहायता करता, वहीं अभिव्यक्ति उसकी वैचारिकता की नैतिकता को समाजिकता के मापदण्डों पर कसती रही है। समान बौद्धिक स्तर के लोगों की तलाश एवं स्वजनों से दूरत्व कम करने की प्रबल अभिलाषा उसे संप्रेषण एवं अभिव्यक्ति के नवीन माध्यमों के अनुसंधान को प्रेरित करती रही। नवीन माध्यमों की इस कष्टसाध्य अन्वेषण-यात्रा में मनुष्य ने तकनीक का उपयोग अपने सहचर के रूप में किया एवं तकनीक की सहायता से ऐसे माध्यम विकसित किये, जिनसे संप्रेषण एवं अभिव्यक्ति की अभिगम्यता को विस्तार देने के साथ-साथ उन्हें तीव्र गति भी प्रदान की। इंटरनेट के युगांतकारी आविष्कार ने इस क्षेत्र में एक नई क्रांति का उद्भव किया। प्रस्तुत लेख इन्हीं में से कुछ महत्तवपूर्ण माध्यम जानने का प्रयास है:

1. **ई-मेल/इलेक्ट्रानिक मेल (E-mail):-** स्वजनों को संदेश प्रेषित करने के लिए पहले पत्र-व्यवहार का चलन था, पर ई-मेल के आगमन से संदेश-संप्रेषण की गति अकल्पनीय रूप से बढ़ गयी।

   "1960 में 'एस.एन.डी.एम.एस.जी.' नामक सॉफ्टवेयर विकसित हुआ, जिसकी मदद से उपभोक्ता इलेक्ट्रानिक संदेश लिखकर उसे अन्य कम्प्यूटर पर भेजा जा सकता था। टाम लिंसन ने इसमें कुछ सुधार कर उसे अधिक विकसित कर, पहली बार सफलतापूर्वक ई-मेल भेजने का श्रेय प्राप्त किया"।[31]

"इंटरनेट का ई-मेल के लिए सबसे पहले प्रयोग रे टामेलिनसन नामक अमेरिकी इंजीनियर ने किया था। उन्होंने इंटरनेट का प्रारंभिक संस्करण 'अपरा' का प्रयोग संदेशों के आदान-प्रदान के लिए किया था। इसके लिए उन्होंने 'रिमोट पर्सनल मेल बाक्स' का प्रयोग किया था टामे लिनसन ने यह कारनामा सन् 1971 में किया था और उसके बाद से आज तक ई-मेल का प्रचलन इतना अधिक हो गया है कि अब हम ई-मेल के बिना इंटरनेट की कल्पना भी नहीं कर सकते हैं।[32]

"Electronic mail, commonly referred to as e mail or e-mail, is a method of exchanging digital messages from an author to one or more recipients. Modern email operates across the internet or other computer networks".[33]

"वैद्युत्यिक डाक का अर्थ कम्प्यूटरी धृति संचार तंत्र के माध्यम से पत्रों का व्यापार है। इसमें वे सकल सूचनाएँ एक कम्प्यूटर प्रणाली से दूसरी कम्प्यूटर प्रणाली को प्रेषित की जा सकती हैं जिन्हें कम्प्यूटर में संगृहित किया जा सकता हो"।[34]

साधारण डाक के उपेक्षाकृत ई मेल की अति तीव्र गति, मूल्यहीन एवं सुविधाजनक प्रयोग इसे विशिष्ट बनाते हैं। इसके द्वारा कोई भी संदेश या सामग्री क्षण भर में विश्व के किसी भी हिस्से में पहुँच सकती है। किसी का ई-मेल पता (ई-मेल आई डी) होने भर से कम्प्यूटर द्वारा बनाई गई ग्राफिक्स, टेक्स्ट एवं चलचित्र आदि की फाइलों को सरलतापूर्वक अटैच करके भेजा या प्राप्त किया जा सकता है।

"भारत में प्रथम व्यापारिक ई-मेल सेवा नई दिल्ली में 11 फरवरी, 1994 को शुरू की गई, जिसे चेन्नई स्थित आई.सी.एन.ई.टी. नामक एक निजी कम्प्यूटर कंपनी द्वारा सरकार से लाइसेंस प्राप्त करके शुरू किया गया था"।[35]

"कम्प्यूटर में उपलब्ध ई-मेल सुविधा द्वारा एक दूसरे से सम्पर्क में बड़ी सहायता मिल रही है। अब कुछ मोबाइल फोन तथा टेलीफोन में भी ई-मेल की सुविधा उपलब्ध है"।[36]

देवनागरी में ई-मेल

देवनागरी ने तकनीकी क्षेत्र में अपना अस्तित्व पाने का संघर्ष शुरू कर दिया है। सर्वप्रथम विंडोस 2000 में, एम एस आफिस 2000 के अंतर्गत विश्व की समस्त जटिल लिपियों को समाहित किया गया। उदाहरणार्थ-हिब्रू, तमिल एवं देवनागरी, इन सभी भाषाओं के कुंजीयन (Keying) की सुविधा वैकल्पिक रूप से विद्यमान है। इसने देवनागरी में संदेशों के संप्रेषण की सम्भावना को जन्म दिया, यूनिको के कारण इसकी कोडिंग प्रणाली भी इसमें शामिल है।

"इसी क्रम में 'सी-डेक' द्वारा विकसित 'आई लीप-आफिस 2.0' तथा आर के कम्प्यूटर्स द्वारा विकसित 'सुविंडोस 2.0' के माध्यम से न केवल ई-मेल के संदेशों का आदान-प्रदान देवनागरी (हिन्दी) में किया जा सकता है। बल्कि वेब-पेज भी हिन्दी में लिखा जा सकता है। परन्तु जहाँ 'आई लीप' और 'लीप-आफिस 2.0' में यह सुविधा सभी भारतीय भाषाओं में सुलभ है। 'सुविंडोस 2.0' में यह सुविधा केवल देवनागरी में ही है"।[37]

3. ब्लाग (Blog)

इंटरनेट का संपूर्ण विश्व पर प्रभाव इस बात से कल्पित किया जा सकता है कि डेढ़ दशक पूर्व ब्लाग शब्द की उत्पत्ति भी नहीं हुई थी, परन्तु वर्तमान में सूचना एवं प्रौद्योगिकी की मुख्य धारा में इस शब्द का प्रयोग नियमित रूप से हो रहा है, वो भी इसे परिभाषित करने के चिन्ता किये बिना, तकनीकीकरण के वेग ने इसे स्वतः परिभाषित कर दिया है।

इस स्थिति को तकनीकीकरण का चरम कहना अतिशयोक्ति न होगा, जिसने संस्कृति की सभी सीमाएँ ध्वस्त करके संपूर्ण जगत को एक "वैश्विक गाँव" में परिवर्तित कर दिया है।

ब्लाग शब्द वेब और लाग शब्द का संक्षिप्त रूप है जहाँ वेब शब्द अंतरजाल (Internet) का सूचक है वहीं लाग शब्द नौचालन संबन्धी शब्द है। प्राचीन काल मे इस शब्द का प्रयोग किसी समुद्र यात्रा में जहाज़ की कार्य दैनिकी होनेवाली काल क्रमिक विशिष्ट घटनाओं को याद रखने के

लिए किया जाता था। इसका एक प्रयोग लट्ठे का जहाज की गति मापक-यंत्र के रूप में प्रयोग होने के कारण भी होता था। इस प्रक्रिया में रस्सी के अंदर नियमित दूरी पर गाँठें बाँध ली जाती थीं और इसके एक छोर पर लट्ठा बाँध लिया जाता और समुद्र में फेंक दिया जाता, समुद्री जल के वेग के कारण 30 क्षण में जितनी गाँठे हाथ से निकल जातीं उसी से जहाज की गति अथवा वायु-वेग का अनुमान लगाया जाता।

"A frequently updated website consisting of dated enteries arranged in reverse chronological order so the most recent post appears first".[38]

"ब्लाग एक प्रकार की वेबसाइट है जहाँ पर लोगों की प्रविष्टियों का संग्रह होता है। अधिकांश किसी विषय अथवा टापिक पर केंद्रित होते हैं। हालांकि अधिकांश ब्लाग लोगों द्वारा लिखे गये विचार होते हैं लेकिन कई ब्लाग किसी विषय पर लोगों के विचार अथवा न्यूज़ उपलब्ध कराते हैं। आम ब्लाग में टेक्सट इमेज और दूसरे ब्लाग के लिंग जुड़े रहते हैं। इंटरेक्टिव फार्मेट कई ब्लाग का एक महत्त्वपूर्ण भाग होता है जहाँ पर लोग अपने कमेंट दे सकते हैं"।[39]

निष्कर्षतः ब्लाग की आद्वितीयता यह है कि इसने संप्रेषण एवं अभिव्यक्ति को नितान्त संश्लिष्ट कर दिया है। विषयानुसार ब्लाग मुख्यतः तीन प्रकार में विभक्त किये जा सकते हैं।

i. **पर्सनल ब्लाग (Personal Blog) / Diary Style Blog:** डायरी स्टाइल ब्लाग में ब्लॉगर (ब्लॉग लिखनेवाला) के व्यक्तिगत जीवन के अनुभव उसके प्रमुख विषय के रूप में रहते हैं।

ii. **फिल्टर ब्लाग (Filter Blog):** फिल्टर ब्लाग इंटरनेट पर ब्लागर द्वारा किये गये अनुभव पर आधारित होता है, जिसमें वह अपने विषय अथवा जिस वेबसाइट की वह जानकारी दे रहा है उसके लिंक (वेब-एडरेस) का भी समावेश करता है।

III. **टापिक ड्राइवेन ब्लाग (Topic Driven Blog):** टापिक ड्राइवेन ब्लाग लेखक स्वयं द्वारा पूर्व निर्णीत विषय पर लिखता है।

ब्लागिंग में देवनागरी

हिन्दी ब्लागिंग करने के लिए लिपियन्तरण औज़ार काफी सुलभ हैं। खुद कई प्रमुख ब्लागिंग साइट्स ने अपने उपयोगकर्ताओं को यह वैशिष्टय प्रदान किया है, जिसके द्वारा लिप्यन्तरण से ब्लागिंग की रचना करना संभव है।

"Enabling the transliteration options allows you to type out Hindi words using phonetically equivalent English script and see th words getting transformed into the corresponding Devnagri script".[40]

अन्य प्रमुख लिप्यन्तरण औजार 'गुगल इण्डिक ट्रॉसलिट्रोन, लिपिक इन, हिन्दी लेखक, हिन्दी कलम, हिन्दी का आनलाइन कुंजीपटल[41] भी हिन्दी ब्लागिंग करने में सहायता प्रदान करते है।

सामाजिक साइट्स (Social Networking Sites): कम्प्यूटर एवं सूचना प्रौद्योगिकी के सम्मिलित होने से इस माध्यम का उद्भव हुआ। यह अनुप्रयोग बहुत की व्यापक रूप से प्रयोग में आते हैं। यह विभिन्न विषयों पर संदेश सूचनाओं की अभिव्यक्ति एवं संप्रेषण के नवीन माध्यम हैं। इस साइट पर व्यक्ति अपना व्यक्तिगत विवरण डाल कर लोगों से मित्रता कर सकता है एवं विचारों का आदान-प्रदान कर सकता है।

"इन साइटों पर किसी व्यक्ति विशेष के विवरण को 'प्रोफाइल' कहा जाता है"।[42]

यह साइट्स मुख्यतः स्वजनों से संपर्क साधने एवं वैचारिक या व्यापारिक एकरूपता वाले व्यक्तियों को संपर्क रखने अथवा स्थापित करने में सहायता करती हैं। इसका प्रयोग संपर्क बढ़ाने के लिए भी किया जा रहा है। इसमें प्रमुख साइट्स हैं आरकुट और फेसबुक।

क) **"आरकुटः-** यह गूगल की इंटरनेट सेवा है। इसका नाम इसे बनानेवाले गूगल के ही कर्मचारी आरकुट बायकोटन के नाम पर रखा गया है। इसे इस प्रकार डिजाइन किया गया है जहाँ पर एक

ही सोच के लोग आपस में बातचीत व संपर्क कर सकें। 'फ्रेंडस्टर' और 'माई स्पेस' की तरह 'आरॅकट' भी आपको काफी आसान तरीके से अकाउंट बनाने की सुविधा देती है। वर्ष 2006 से उपभोक्ता बिना इन्विटेशन (आमंत्रण) के इस पर अपना अकाउंट तैयार कर सकता है"।[43]

ख) **फेसबुक** (www.facebook.com):- मार्क जुकरबर्क द्वारा संस्थापित 'फेसबुक' भी इंटरनेट पर मौजूद काफी लोकप्रिय वेबसाइट है। यूजर इसमें दोस्तों को जोड़ सकते हैं और उन्हें संदेश भेज सकते हैं। 'फेसबुक' वर्ष 2004 में हावर्ड विश्वविद्यालय के छात्रों को एक-दूसरे से कनेक्ट करने के लिए शुरू की गयी थी। लेकिन जल्दी ही यह दूसरे विश्वद्यियालयों में भी लोकप्रिय हो गई और बाद हाईस्कूल के छात्रें ने भी इसका इस्तेमाल शुरू कर दिया।[44] आज यह सबसे प्रसिद्ध सामाजिक साइट है, और हर गुजरते क्षण के साथ इसका प्रभुत्व बढ़ता जा रहा है।

माइक्रो ब्लागिंग सामाजिक साइट (Micro Blogging Social Site)

ट्विटर (Twitter): मार्च 2006 में एक नया प्रयोग किया गया जिसके अंतर्गत सामाजिक साइट एवं ब्लाग को संयुक्त करके एक नये अनुप्रयोग का जनन किया गया जिसको माइक्रो-ब्लागिंग का नाम दिया गया। और ट्विटर इस अनुप्रयोग की सबसे महत्वपूर्ण साइट बनकर उभरी "Twitter is an online social networking service and micro blogging service that enables its users to send and read text based messages of upto 140 character know as tweets. Twitter was created in March 2006 by Jack Dorsey and July".[44]

इन अनुप्रयोग में अपना संदेश-संप्रेषण अधिकतम 140 वर्णों में देना था और इस संदेश को ट्वीट्स कहा जाता है।

सोशल साइट्स और देवनागरीः- सोशल साइट्स में पोस्ट एवं ट्वीट्स हिन्दी में भी किये जा सकते हैं।

प्रमुखतः इस साइट्स पर देवनागरी लिखने के गूगल के लिप्यन्तरण टूल का प्रयोग किया जाता है।

"You can visit google transliteration labs. It is very simple to use, just write in hindi or any supported language, copy it and then paste it on any website you want".[45]

निष्कर्षतः इंटरनेट पर देवनागरी का प्रभुत्व भले ही न हो परन्तु या धीमी गमि से अपनी विकास यात्रा पर अग्रसर है इस संदर्भ में जार्ज बर्नाड शा का एक कथन याद आता है जिसका तात्पर्य था कि "प्रगति पाने की पहली शर्त है, बन्धनमुक्त होना" तो यह हम हिन्दी भाषियों का कर्तव्य है कि तकनीक को अंग्रेज़ी के बन्धन से मुक्त करा कर हिन्दी में सुलभ बनाया जाये, चाहे लिपियन्तरण औज़ारों द्वारा ही क्यों न हो, क्योंकि संप्रेषण एवं अभिव्यक्ति ही जागरूकता एवं ज्ञान अर्जन का सेतु बन सकती है। एवं भाषा का तकनीकरण ही एक विकासशील राष्ट्र को एक विकसित राष्ट्र बनने के पथ पर ले जा सकता है।

संदर्भ

1. Some applications of computer in linguistic-Victor H. Yngve (www.mt-archive.info/BobrinsKoy-1967-Yngve.pdf)

2. en.wikipedia.org/wiki/Computational_linguistic.

3. Knowledge representation in Sanskrit and artificial intelligence - Rick Briggs. (www.aaai.org/ojs/index.php/aimagzine/article/view/ 466/402)

4. वेद प्रकाश-हिन्दी कम्प्यूटर-सूचना प्रौद्योगिकी के लोकतांत्रिक सरोकार-पृष्ठ 33, प्रथम संस्करण-2007

5. Morton Resenstein - Computing with Scientific Calculaor, Page 68.

6. राम बंसल विज्ञाचार्य-कंम्प्यूटर सामान्य ज्ञान एवं यूज़र गाइड, पृष्ठ 30, संस्करण-2010

7. राम बंसल विज्ञाचार्य-कम्प्यूटर क्या, क्यों और कैसे-पृष्ठ 16, प्रथम संस्करण-2001

8. विजय कुमार मल्होत्रा-कम्प्यूटर के भाषिक अनुप्रयोग-पृष्ठ 80, संस्करण-1998

9. दवेन्द्र सिंह मिन्हास-डायनैमिक मेमोरी कम्प्यूटर कोर्स, पृष्ठ 26, संस्करण-2012

10. डा॰ आरिफ़ नज़ीर-हिन्दी में अनुवाद की भूमिका और द्विभाषी कम्प्यूटरीकरण, पृष्ठ-110, संस्करण-2005

11. Now you can blog in hindi - google.blogspot.in/2007/4/now-you-can-blog-in hindi.html

12. विजय कुमार मल्होत्रा-कम्प्यूटर के भाषिक अनुप्रयोग, पृष्ठ 71, संस्करण-1998

13. डा॰ आरिफ़ नज़ीर-हिन्दी में अनुवाद की भूमिका और द्विभाषी कम्प्यूटरीकरण, पृष्ठ-110, संस्करण-2005

14. वही, पृष्ठ 112, संस्करण-2005

15. संतोष गोयल-कम्प्यूटर एक सरल अध्ययन, पृष्ठ 197, प्रथम संस्करण-2005

16. गुन्जन शर्मा-कम्प्यूटर बेसिक शिक्षा, पृष्ठ 36, प्रथम संस्करण-2011

17. डा॰ विनोद कुमार प्रसाद-भाषा और प्रौद्योगिकी, पृष्ठ 133, द्वितीय संस्करण, 2008 वाणी प्रकाशन, नई दिल्ली।

18. **40** साल का हो गया अपना ई-मेल-कम्प्यूटर मंत्रा-तैयारी उम्मीदों की - पृष्ठ 41, जनवरी 2013, अंक 2

19. विनय श्रीवास्तव - इंटरनेट महत्व और उपयोगिता-पृष्ठ 79, प्रथम संस्करण, 2010

20. en.wikipedia.org/wiki/email

21. राम बंसल 'विज्ञाचार्य'-कम्प्यूटर-क्या, क्यों और कैसे-पृष्ठ 162, प्रथम संस्करण, 2001

22. गुंजन शर्मा-कम्प्यूटर बेसिक शिक्षा-पृष्ठ 155, प्रथम संस्करण, 2011

23. डा॰ आरिफ़ नज़ीर-हिन्दी में अनुवाद की भूमिका और द्विभाषी कम्प्यूटरीकरण, पृष्ठ-179, संस्करण-2005

24. विनय श्रीवास्तव - इंटरनेट-महत्व और उपयोगिता-पृष्ठ 49, प्रथम संस्करण, 2010

25. Jill Walker Rettberg' - Blogging digital media and society series, page 19-First Edition - 2008

26. दवेन्द्र सिंह मिन्हास-डायनैमिक मेमोरी कम्प्यूटर कोर्स, पृष्ठ 81, संस्करण-2012

27. Now you can blog in hindi-google.blogspot.in/2007/4/now-you-can-blog-in-hindi.html

28. विकिपीडियाः इण्टरनेट पर हिन्दी के साधन (hi.wikipedia.org/wiki/ विकिपीडीयाःइण्टरनेट पर हिन्दी के साथन

29. विनय श्रीवास्तव - इंटरनेट-महत्व और उपयोगिता-पृष्ठ 112, प्रथम संस्करण, 2010

30. दवेन्द्र सिंह मिन्हास-डायनैमिक मेमोरी कम्प्यूटर कोर्स, पृष्ठ 81, संस्करण-2012

31. en.wikipedia.org/wiki/twitter

32. technostroke.com/now-to-write-in-hindi-in-social-networking-sites/.

उपसंहार

विगत अध्यायों से यह निष्कर्ष निकाला जा सकता है कि भाषा एवं तकनीक एक दूसरे के सम्पूरक हैं। तकनीक भाषा का प्रसार कर रही है, तो भाषा तकनीक को ग्रहणीय बना रही है। इस प्रक्रिया में भाषा एवं तकनीक दोनों परिवर्तन-सापेक्ष हैं। भाषा तकनीकी रूप से ढलने के लिए स्वयं को परिमार्जित कर रही है, तो तकनीक मशीनी भाषा के समकक्ष प्राकृतिक भाषाओं को भी अंगीकृत करने हेतु स्वयं को सक्षम बना रही है। भाषिक विकास, परिवर्तन एवं तकनीकीकरण समानान्तर रूप से साथ चल रहे हैं।

भाषिक प्रवृत्तियों के स्तर पर हिन्दी एवं देवनागरी पूर्णतः वैज्ञानिक एवं आदर्श है। विश्व की प्राचीनतम भाषा में से एक होने पर भी हिन्दी किसी भी तकनीक में सहभागी बनने में पूर्ण रूप से सक्षम है। यह धारणा कि कम्प्यूटर पर हिन्दी भाषा का प्रयोग असाध्य एवं कठिन है, अब टूटती हुई प्रतीत हो रही है। जैसे-जैसे कम्प्यूटर सामाजिक तंत्र के तौर पर सबसे बड़ा विकल्प बनकर उभरा है, तब से भाषिक अनुप्रयोगों की असीम संभावनाओं ने दस्तक देनी शुरू कर दी है।

संगणक के यंत्र के रूप में विकसित हुआ कम्प्यूटर आज संप्रेषण एवं अभिव्यक्ति के सबसे सशक्त माध्यम में परिवर्तित हो चुका है। संगणन से अभिकल्प तक की यह यात्रा जितनी संघर्षपूर्ण रहीं, उतनी ही विविधतापूर्ण भी। जहाँ पहले व्यक्तिगत उपयोग के लिए भाषिक अनुप्रयोगों का सृजन किया वहीं इंटरनेट के आने पर भाषिक परिवर्तन एवं संरचना का गति मिली।

हिन्दी के कम्प्यूटरीकरण के प्रयास का इतिहास तो पुराना नहीं है, परन्तु पाश्चात्य जगत से हिन्दी भाषा की वैज्ञानिकता को लेकर स्वर उठते रहे हैं, यही कारण है कि अमेरिकी भाषाविद् रिंग ब्रिग्ज़ ने जहाँ देवनागरी लिपि को कम्प्यूटर के लिए आदर्श लिपि बताया, वहीं गूगल के मुख्य कार्यकारी अधिकारी एरिक स्मिथ का कथन कि पाँच-दस साल के भीतर भारत दुनिया का सबसे बड़ा इंटरनेट उपभोक्ता बाजार के रूप में स्वयं को स्थापित कर लेगा। इन कथनों से अनुमान लगाना कठिन नहीं कि हिन्दी या भारत की स्थिति तकनीकी रूप से कैसी है? आँकड़ों के अनुसार कुछ वर्षों पश्चात् भविष्य में इंटरनेट पर तीन भाषाएँ आधिपत्य रहेंगी-हिन्दी, मैंडरिन एवं इंग्लिश। वर्तमान में हिन्दी की स्थिति विकासशील तो है, परन्तु कुछ क्षेत्रों में स्थिति अभी भी असंतोषजनक है। इसका विवेचना करने हेतु शोध से प्राप्त कुछ तथ्यों पर विचार करते हैं।

सबसे महत्त्वपूर्ण है, आपरेटिंग सिस्टम जो कि हिन्दी में कार्य करने हेतु इण्डिक सपोर्ट होना चाहिये। विंडो विस्टा में इण्डिक सपोर्ट बाई डिफाल्ट निविष्ट है, परन्तु विण्डो 2000 तथा एक्स-पी या तो सी.डी. से इण्डिक सपोर्ट इन्सटाल करना पड़ेगा या फिर बेहतर विकल्प है, इण्डिक आई.एस.ई. इन्सटालर, जो बिना साफ्टवेयर सी.डी के ही इण्डिक सपोर्ट इस्टाल करने में सक्षम है। दूसरी बात इण्डिक आई.एम.ई. टूल्स को डाउनलोड करके पड़ता है, जबकि हिन्दी भाषा की प्रगति देखकर विंडोस को इन्हें इन्बिल्ट बना देना चाहिये। इनस्क्रिप्ट आई.एम.ई. तो इन्बिल्ट है, परन्तु आवश्यकता है रेमिंग्टन एवं फोनेटिक आ.एम.ई की। पुराने आरेटिंग सिस्टम में आई.एम.ई. के लिए ब्राउज़र में प्लग-इन ही एक उपाय है। आपरेटिंग सिस्टम के यूनिकोड समर्थन देने से भी स्थिति में बहुत सुधार आता है। अयूनिकोडित प्रोग्राम भाषाएं अगर हट जाएं, तो यह समस्या काफी हद तक हल हो जाए। भाषाओं की स्थिति जानने का सबसे बड़ा स्रोत है, सर्च इसी से ट्रैफिक के द्वारा पता लगाया जा सकता है कि किस भाषा के प्रयोगकर्ता कितने हैं। इसलिए इंटरनेट पर हिन्दी की उपस्थिति दर्ज कराने हेतु हमें गूगल में हिन्दी सर्च आन करनी चाहिये

इसके लिए इण्डिक ट्रांसलेशन टूल गूगल सर्च पर लगाना चाहिए या फिर गूगल सर्च पेज पर हिन्दी का आप्शन आंन करना चाहिये।

लिप्यंतरण या ट्रांस्लिट्रेशन नये हिन्दी प्रयोगकर्ता या टंकण करनेवालों के लिए हिन्दी में लिखने का सबसे बड़ा माध्यम है। सरल होने के बावजूद इसमें थोड़ी सी समस्या यही है कि इसका मानकीकरण नहीं हुआ है, अगर ऐसा हो जाए तो यह और अधिक ग्रहणीय बन सकता है। इनस्क्रिप्ट टाइपिंग से पहले यही फोनेटिक टाइपिंग एक विकल्प है।

हिन्दी भाषा की वैज्ञानिक एवं ध्वनयात्मक वैज्ञानिक प्रवृति के कारण टंकण हेतु स्पीच टू टेक्स्ट प्रणाली कारगर तो होती है, परन्तु त्रुटिरहित नहीं ऋुतलेखन के रूप में राजभाषा विभाग द्वारा इस दिशा में प्रयास किया गया है। परन्तु इसमें थोड़ा सुधार संभावित है।

ब्लाग के विषयों में अनुवाद भी है। कई कृतियों के अनुवाद ब्लाग्स पर उपलब्ध होते हैं। वेब ट्रैनिंग में हिन्दी का सबसे अधिक सर्च ब्लाग्स पर ही होता है। इसलिए हिन्दी की उपस्थिति विश्वपटल पर दर्शाने के लिए एक उत्कृष्ट अनुवादक की आवश्यकता है। अक्षरग्राम का निपुण इस दिशा में सराहनीय प्रयास है।

हिन्दी भाषा के जितने अनुप्रयोग एवं साफ्टवेयर हैं, वह स्वयं ही विदेशियों द्वारा बनाए जाते हैं। विचारणीय तथ्य है कि अगर कोई भारतीय या भारतीयों का समूह या संस्था मिलकर इस दिशा में कार्य करे तो अपनी भाषा को सूक्ष्मतर ढंग से समझने के कारण हिन्दी में अधिक उपयोगी एवं बेहतर तकनीक का सृजन कर सकते हैं। अर्थात् हिन्दी भाषी प्रोग्रामरों एवं डैवलपरों को यह जिम्मेदारी उठानी होगी।

आई.टी. के अनुरूप ढलना हिन्दी भाषा के लिए अपरिहार्य है। और अपनी साइट्स और सेवाओं का भविष्य भारत में तय करने के लिए विदेशी लोगों को भी भारतीय परिवेश के अनुसार अपने आपको प्रस्तुत करना होगा या वहाँ की भाषा अपनानी होगी मतलब स्वयं का लोकलाइजेश करना होगा। और इस संदर्भ में अन्तरराष्ट्रीय आई.टी

कम्पनियों का रूझान काफी सकारात्मक है, वह हिन्दी की ओर तीव्र गति से आकर्षित हो रही है। हालांकि लिनक्स एवं मैकिंटोश में अभी हिन्दी को लेकर इतनी सुविधा नहीं है परन्तु गूगल, माइक्रोसाफ्ट याहू, एम एस एन, आई बी एम, सन माइक्रोसिस्टम और आरेकिल जैसी कम्पनिया हिन्दी में अधिक रूचि दर्शा रही हैं।

यूनिकोड एवं फोनेटिक के माध्यम से हिन्दी इंटरनेट पर दिखाई देती तो शुरू हुई परन्तु इनस्क्रिप्ट तकनीक को समझने की एवं सीखने की आवश्यकता है। उस पर नियंत्रण होने से त्रुटिरहित एवं शुद्ध हिन्दी वर्तनी का प्रयोग साध्य हो जाएगा।

ठन विवेचनों के पश्चात् कुछ सुझाव भी मस्तिष्क में आए पहला तो हमारी शिक्षा प्रणाली को कम्प्यूटिंग विषय के समकक्ष ही हिन्दी या इण्डिक कम्प्यूटिंग का भी पाठ्यक्रम आवश्यक नही तो वैकल्पिक तो कर ही देना चाहिये। विकीपिडिया पर हिन्दी तकनीक के बारे में अधिक से अधिक लेख लिखे जाने चाहिये एवं अधिक से अधिक लोगों को हिन्दी कम्प्यूटिंग से जोड़ना चाहिये। इन छोटे परन्तु महत्त्वपूर्ण प्रयासों से हिन्दी की स्थिति और सुदृढ़ एवं सशक्त होती जायेगी।

आवश्यकता अविष्कार की जननी होती है, इसी प्रकार से तकनीक भी प्रयोगकर्ताओं की आवश्यताओं की आपूर्ति के लिए विकसित होती है। इसलिए जैसे-जैसे हिन्दी के प्रयोगकर्ताओं की संख्या बढ़ेगी कम्प्यूटर जगत में हिन्दी का प्रभुत्व स्वयं ही बढेगा। **निष्कर्षतः** आवश्यकता है हिन्दी का प्रयोग बढ़ाने की।

इसी बढ़ते प्रयोग से यूनीकोड के द्वारा की सही हिन्दी भाषा एवं देवनागरी लिपि का भूमण्डलीकरण कर दिया और हिन्दी विश्व पटल पर अपनी उपस्थिति दर्ज कराने में सफल हुई।

इसी यूनीकोड के द्वारा जीमेल ने हिन्दी में यूटीएफ-8 रूप में संदेश भेजने की सुविधा प्रदान कर पाठ का विकृत होना खत्म कर दिया **पूर्वतः** यूनीकोड पूर्व निर्धारित न होने के कारण किसी दूसरे कम्प्यूटर पर

खोलने पर पाठ विकृत होकर गारबेज में परिवर्तित हो जाता था। इसलिए आवश्यक है कि संप्रेषण माध्यमों जैसे ई-मेल में यूनीकोड के मापदण्ड पूर्व-निर्धारित कर दिये जाएं।

देवनागरी यूनीकोड में अंकार-युक्त अक्षरों को ही कोडिंग में समाहित किया गया है जबकि शुद्ध व्यंजनों के कोड निर्धारित न करके उन्हें यूनीकोडिंग में निविष्ट नहीं किया गया। व्यंजनों को हलन्त का प्रयोग करके दर्शाना पड़ता है। इसका प्रभाव यह होता है कि अनुक्रमणी बनाने में देवनागरी के पाठ एवं आंकड़े कभी वर्णक्रमानुसार क्रमबद्ध रूप से व्यवस्थित नहीं हो पाते। उल्लेखनीय है कि इस दिशा में प्रयास जारी है और आशा की जा सकती है कि शीघ्र ही उन प्रयासों के प्रत्यक्ष परिणाम मिलेंगे।

और सबसे आवश्यक है कि पाठ्यक्रमों में यूनीकोडिंग एवं इस्की (ISCII) को अनिवार्य कर देना चाहिये एवं या पाठ्यक्रम हिन्दी में ही तो अधिक सफल रहेंगे इसका कारण यह है कि आंग्ली में विकसित एवं परिभाषित तकनीक अधिकांश हिन्दी भाषियों के लिए असाध्य है।

इन सब अवरोधें के विद्ध भी हिन्दी भाषा एवं देवनागरी लिपि तकनीकी विकास के पथ पर अग्रसर है। पाश्चात्य तकनीकीविद्, भाषाविद् एवं वैज्ञानिक देवनागरी एवं हिन्दी भाषा का महत्व समझकर उप पर कार्य कर रहे हैं क्योंकि उन्हें पता है कि भविष्य में कम्प्यूटर जगत में हिन्दी भाषा एक सशक्त भाषा के रूप में उभरेगी। भारतीय तकनीकविद्, भाषाविद् एवं वैज्ञानिक भी अपनी भाषा को प्रौद्योगिकी के अनुरूप विकसित करने में प्रयासरत है।

वर्तमान काल में कम्प्यूटर जगत में हिन्दी भाषा की स्थिति संतोषजनक है। हिन्दी में डोमेन नेम, चिट्ठे, वेबसाइट, ई-मेल, चेट एवं सर्च इंजन तक उपलब्ध है। हिन्दी कम्प्यूटिंग में संसाधन बाजार में सहज उपलब्ध है। कई साइट्स इन्हें फ्री में डाउनलोड करने का अवसर भी दे रही है। परन्तु मुख्य समस्या है कि इस स्रोतों एवं संसाधनों के बारे में हिन्दी भाषियों में जागरूकता का अभाव है। इनके बारे में थोड़ी

अभिज्ञता ही हिन्दी भाषा का प्रयोग अधिकाधिक लोगों द्वारा कम्प्यूटर पर करने को प्रेरित करेगा जो कि हिन्दी भाषा एवं हिन्दी भाषियों की संचार क्रांति में बहुमत में उपस्थिति दर्ज कराते हुए देश एवं हिन्दी भाषिक समाज के विकास को अभूतपूर्व परिवर्द्धन प्रदान करेगा।

सहायक-ग्रंथ-सूची

अग्रवाल, कुसुम. बीसवीं शताब्दीः दो दशक-पत्र पित्रकाओं का अवदान. वाराणसीः नागरी प्रचारिणी सभा. वि. सं॰ 2033.

डा. अनुज प्रताप सिंह भाषा विज्ञान, नमन प्रकाशन, नई दिल्ली, प्रथम संस्करण-2005

डा. अमर सिंह वधान कम्प्यूटर क्रांति और साहित्य, अभिषेक प्रकाशन, दिल्ली, प्रथम संस्करण-2006

डा. आरिफ़ नज़ीर अनुवाद सिद्धांत और स्वरूप, साहित्य प्रकाशन, आगरा, प्रथम संस्करण-1992

डा. आरिफ़ नज़ीर राष्ट्रीयता और भारतेन्दु हिरशचन्द्र, साहित्य प्रकाशन, आगरा, प्रथम संस्करण-1993

डा. आरिफ़ नज़ीर हिन्दी में अनुवाद और द्विभाषी कम्प्यूटरीकरण, अनंग प्रकाशन, दिल्ली, संस्करण-2005

डा. आरिफ़ नज़ीर हिन्दी में शोध और विकास के आयाम, अनंग प्रकाशन, दिल्ली, संशोधित संस्करण-2015

डा. आरिफ़ नज़ीर भारत की उन्नति और साहित्य, अनंग प्रकाशन दिल्ली, प्रथम संस्करण-2015

डा. एस.के. शर्मा — कम्प्यूटर एवं पुस्तकालय नेटवर्क एडवांस क्रिएटिव सर्विसेज, इलाहाबाद, संस्करण-1998

डा. केशव दत्त रूवाली — हिन्दी भाषा और नागरी लिपि ग्रंथायन, सासनी गेट, अलीगढ़-202001, संस्करण-1998

डा. कैलाश चन्द्र भाटिया — हिन्दी का आधुनिकीकरण, तक्षशिला प्रकाशन, संस्करण-2008

कुलश्रेष्ठ, राम प्रकाश कोश — निर्माणः विद्धांत और परम्परा, केन्द्रीय हिन्दी संस्थान, आगरा, प्रथम संस्करण-1983

गोयल, संतोष — कम्प्यूटरः एक सरल अध्ययन, श्री नटराज प्रकाशन, दिल्ली, संस्करण-2005

गोयल, संतोष — हिन्दी भाषाऔर कम्प्यूटर, श्री नटराज प्रकाशन, ए-507/12, साउथ गावडी एक्सटेंशन, दिल्ली-110053, प्रथम संस्करण-2008

जी. गोपीनाथन — अनुवादः सिद्धांत और प्रयोग, लोक भारती प्रकाशन, इलाहाबाद, द्वितीय संस्करण-1990

जो. बन्द्रियैज — भाषाः इतिहास की भाषा वैज्ञानिक भूमिका, अनुवादकः जगवंश किशोर बल्कीर, हिन्दी समिति, लखनऊ, प्रथम संस्करण-1996

तिवारी, भोलानाथ	भाषा विज्ञान, किताब महल, 22-ए, सरोजिनी नाएडू मार्ग, इलाहाबाद-211001, सत्रहवाँ संस्करण
द्विवेदी, हजारी प्रसाद	हिन्दी साहित्यः उद्भव और विकास, राजकमल प्रकाशन, नई दिल्ली, छठा संस्करण-1990
देवी शंकर द्विवेदी	भाषा और भाषिकी, राधाकृष्ण प्रकाशन प्राइवेट लिमिटेड, नई दिल्ली-110059, प्रथम राधाकृष्ण संस्करण-1993
डा. नारायण दास समाधिया	भाषा विज्ञान और हिन्दी भाषा, दया प्रिंटिंग प्रेस, खुर्जा
पांडे, हेमचन्द्र	भाषा, मस्तिष्क और चेतना, स्वाति पब्लिकेशन, दिल्ली, संस्करण-1990
डा. नगेन्द्र/डा. हरदयाल	हिन्दी साहित्य का इतिहास, मयूर पेपर बैग्स, नोएडा, चालीसवां पुनमुर्द्रण संस्करण-2013
ब्लूमफील्ड	भाषा (अनुवादकः डा. विश्वनाथ प्रसाद) मोतीलाल बनारसीदास प्रकाशन, 40-41 यूएस, मैक्डोनल्ड के समीप बंग्ला रोड, जवाहर नगर, दिल्ली-110007, संस्करण-1965
भूषण, प्रशांत	मानव मित्र कम्प्यूटर, वाणी प्रकाशन, नई दिल्ली, प्रथम संस्करण-2002
डा. भोलानाथ तिवारी	हिन्दी भाषा, किताब महल, इलाझाबाद, संस्करण-2010

डा. भोलानाथ तिवारी	हिन्दी भाषा का इतिहास, वाणी प्रकाशन, नई दिल्ली, संस्करण-2010
मल्होत्रा, विजय कुमार	कम्प्यूटर के भाषिक अनुप्रयोग, वाणी प्रकाशन, 21-ए, दरियागंज, नई दिल्ली-110002, संस्करण-1998
डा. महेन्द्र नाथ दूबे	भाषा, भाषा विज्ञान और राजभाषा, वाणी प्रकाशन, दिल्ली, संस्करण-2010
मिन्हास, देवेन्द्र सिंह	डायनैमिक मेमोरी कम्प्यूटर कोर्स, डायमण्ड पाकेट बुक्स, दिल्ली, संस्करण-2012
मिश्र, विनोद कुमार	आधुनिक कम्प्यूटर विज्ञान, आलेख प्रकाशन, बी-8, नवीन शाहदरा, दिल्ली-110032, संस्करण-2012
मैनेजर पाण्डेय	साहित्य और इतिहास, पीपुल्स लिटरेसी, 517, माटिया महल, दिल्ली, प्रथम संस्करण
डा. युगेश्वर	कोश विज्ञान सिद्धांत और प्रयोग, विश्वविद्यालय प्रकाशन, वाराणसी, संस्करण-1981
डा. राजमणि शर्मा	हिन्दी भाषाः इतिहास और स्वरूप, वाणी प्रकाशन, नई दिल्ली, प्रथम संस्करण-1998
डा. विनोद कुमार प्रसाद	भाषा और प्रौद्योगिकी, वाणी प्रकाशन, नई दिल्ली, द्वितीय संस्करण-2008

विज्ञाचार्य, राम बन्सल	कम्प्यूटरः सामान्य ज्ञान एवं यूज़र गाइड, वाणी प्रकाशन, 21-ए, दरियागंज, नई दिल्ली-110002, संस्करण-2010
वेद प्रकाश	हिन्दी कम्प्यूटरीः सूचना प्रौद्योकिगी के लोकतांत्रिक सरोकार, लोकमित्र प्रकाशन, दिल्ली, संस्करण-2007
शर्मा, गुंजन	कम्प्यूटर बेसिक शिक्षा, ठाकुर एंड संस, 38/ए, पहली मंजिल, कृष्ण कुंज एक्सटेंशन पार्ट-1, गली नं. 7, लक्ष्मी नगर, दिल्ली-110092, प्रथम संस्करण-2011
शर्मा, राजमणि	आधुनिक भाषा विज्ञान, वाणी प्रकाशन, 4695, 21-ए, दरियागंज, नई दिल्ली-110002, तृतीय संस्करण-2000, आवृत्ति-2009
शर्मा, रामकिशोर	आधुनिक भाषाविज्ञान के सिद्धांत, लोक भारती प्रकाशन, पहली मंजिल, दरवारी बिल्डिंग, महात्मा गांधी मार्ग, इलाहाबाद-1, पंचम संस्करण-2009
शर्मा रामविलास	भाषा और समाज, राजकमल प्रकाशन, ऑफिस नं॰ 1-बी, नेता सुभाष मार्ग, दरियागंज, दिल्ली-110002, पांचवाँ संस्करण-2002, आवृत्ति-2011
शर्मा, विजयमोहन	हिन्दी साहित्य का वृहत् इतिहास, नागरी प्रचारिणी सभा, वाराणसी, संस्करण-संवत् 204

शुक्ल, आचार्य रामचन्द्र — हिन्दी साहित्य का इतिहास, कमल प्रकाशन, नई दिल्ली, संस्करण-नवीनतम

सलिल, सुरेश — कम्प्यूटर का सहजबोध, दिवि इंटरनेशनल 35-ए, डी.डी.ए. फ्लेट्स, मानसरोवर पार्क, दिल्ली-110032, प्रथम संस्करण-2003

प्रो. सूरज भान सिंह — हिन्दी भाषा-संदर्भ और संरचना, साहित्य सहकार, दिल्ली, प्रथम संस्करण-1991

श्रीवास्तव, विनय — इंटरनेटः महत्व और उपयोगिता, श्री शिव बजरंग सर कॉलोनी उत्तम नगर, नई दिल्ली-110059, प्रथम संस्करण-2010

श्रीवास्तव, रवीन्द्र नाथ — भाषाः सरंचना के विविध आयाम, राधाकृष्ण प्रकाशन प्राइवेट लिमिटेड, 7131, अंसारी रोड, दरियागंज, नई दिल्ली-110002, पहला संस्करण-1995, दूसरी आवृत्ति-2010

श्रीवास्तव, रवीन्द्र नाथ — भाषाः हिन्दी भाषा सरंचना के विविध आयाम, राधाकृष्ण प्रकाशन प्राइवेट लिमिटेड, 7131, अंसारी रोड, दरियागंज, नई दिल्ली-110002, पहला संस्करण-1995, दूसरी आवृत्ति-2010

पत्र एवं पत्रिकाएँ

1. अतएव — संपादक-विनोदचन्द्र पाण्डेय, उत्तर प्रदेश हिन्दी संस्थान, लखनऊ

2. रसंनवती — संपादक-प्रेमनारायन टण्डन, रसंनवती कार्यालय, लखनऊ, अंक-3, वर्ष-1964

3. राष्ट्रवाणी — संपादक-गो॰पे॰ नेने, महाराष्ट्र राष्ट्र भाषा, पूना, अंक-5, नवंबर-1966

4. वार्षिक संदर्भ ग्रंथ — प्रकाशन विभाग, सूचना एवं प्रचारण मंत्रालय, भारत सरकार, 2006

5. हंस — संपादक-राजेन्द्र यादव, अक्षर प्रकाशन प्रा. लिमि., 2/36, अंसारी रोड, दरियागंज, नई दिल्ली-110002

6. कथादेश — संपादक-हरिनारायण, यहयात्रा प्रकाशन लिमि., एल-57, बी, दिलशाद गार्डन, नई दिल्ली-110095

7. खोज — संपादक-प्रोफैसर सूर्यप्रसाद दीक्षित, दिशा एजूकेशन सोसायटी, दिशा टावर, अशोक पार्क, शकंरनगर रायपुर-492007

8. पंचशील, शोध समीक्षा — संपादक-डा. हेतु भारद्वाज, पंचशील प्रकाशन, फिल्म कालोनी, चैड़ा रास्ता, जयपुर-302003 (राजस्थान)

9. समकालीन भारतीय साहित्य — संपादक-विश्वनाथ प्रसाद तिवारी, के. श्रीनिवास राव, साहित्य अकादमी रवीन्द्र भवन, 35-फिरोजशाह रोड, नई दिल्ली-110001

10. भारतीय लोक — संपादक-हरिपाल त्यागी, डी-180, सेक्टर-10, नोयडा-201301

11. विकल्प — संपादक-शैलेश मिटयानी, मोनी नेहरू नगर, इलाहाबाद-211001

12. कथा — संपादक-मार्कण्डेय, एडी-2, एकांकी कुंज-24, म्योर रोड, इलाहाबाद 211001

13. अमर उजाला — दैनिक समाचार पत्र

14. तद्भव — संपादक-अखिलेश, सितंबर, 1999, अंक-2, लखनऊ

15. वर्तमान साहित्य — संपादक-अरविंद त्रिपाठी, हिन्दी आलोचना पर एकाग्र. 1, 2, 3, (मई. जून. जुलाई 2002) दिल्ली

16. आजकल — संपादक-सेतिया, सुभाष जुलाई 1997, प्रकाशन विभाग, पटियाला हाउस, नई दिल्ली

वेबसाइट्स

1. www.google.com
2. http://hi.wikipedia.org/wiki/
3. http://tdil.mit.gov.in/
4. http://ni.wikibooks.org/wiki/
5. hi.wikipedia.org./wiki/
6. google.blogspot.in/2007/4/now-you-can-blog-in-hindi.html
7. en.wikipedia.org/wiki/twitter
8. technostroke.com/now-to-write-in-hindi-in-social-networking-sites/
9. http://ildc.in/Hindi/hindioduction.html#top
10. en.wikipedia.org/wiki/email
11. http://en.wikipedia.org/wiki/History_of_literature
12. http://quod.lib.umich.edu/cgi/t/text/text-idx?c=jep;view=text;rgn= main;idno=3336451.0008.104
13. http://archiv3.iwm.at/publ-jvc/jc-14-06.pdf

शब्दकोश

1. मानक हिन्दी कोश — संपादक-रामचन्द्र वर्मा, हिन्दी साहित्य सम्मेलन, प्रयाग, 1965

2. शब्द परिवार कोश — संपादक-डा. बद्रीनाथ कपूर, इलाहाबाद रचना प्रकाशन, 1986

3. सामान्य विज्ञान कोश — ओमप्रकाश गावा, बी.आर. पब्लिकेशन, कापरेशन, विवेकानंद नगर, दिल्ली

4. हिन्दी भाषाकोश — संपादक-रामशंकर शुक्ल, रसाल, भा 11 क 491.433

5. हिन्दी शब्दसागर — मूल संपादक-श्यामसुंदरदास, नागरी प्रचारिणी सभा, वाराणसी

6. संक्षिप्त हिन्दी शब्द सागर — संपादक-रामचंद्र वर्मा, नागरी प्रचारिणी सभा, काशी, त्रयोदश संस्करण-2004

7. साहित्यिक शब्दावली — संपादक-प्रेमनारायण टंडन. लखनऊः हिन्दी साहित्य संसार, 1962

8. हिन्दी शब्दकोश — हरदेव बाहरी. सोलहवाँ संस. दिल्लीः राजपाल एंड संस, 2002

9. वर्मा, धीरेंद्र — ब्रजेश्वर, धर्मवीर भारती, रामस्वरूप चतुर्वेदी, रघुवंश, हिन्दी साहित्यकोश-भाग-एक और दो. तृतीय सं. वाराणसीः ज्ञानमंडल लिमिटेड, 1985

English Books

1. Briggs, Rick, Knowledge representation in Sanlirits and artificial Intelligence, Calafornia, AI magazine.

2. Carroll, Josepu, Literary Darvinism, Evolution, Human Nature, Literature Routledge New York, Edition - 2004.

3. Cristal, David Language and the internet Cambridge University Press United Kingdom, Edition - 2004.

4. Clifford Hawkins & Marco Sorgi - Research How to plan, speak and write about it, narosa publishing house, New Delhi, Madras, Bombay, Kolkata, Ist Narosa publishing house New Print 1987, IInd Reprint 1990.

5. David F Coward/Charles Grimes Making dictionaries: A guide to lexicography and the multi dictionary Formatter Waxnaw NC 2813, USA, Edition - 2000.

6. Encyclopaidea Britannica, Vol. 16, 1965.

7. IBM Staff, BITS AND BYTES, Fourth Edition - 1995.

8. Leon, Alex & Mathew leon internet for everyone vikas publishing house New Delhi, Edition - 1997.

9. Mario Pei, Invitation to linguistics-a basic introduction to the science of language, Double Day, Edition - 1965.

10. Sindhu, Anju, Computer Fundamental in vayu education of India, First Edition - 2008.